人生三書 1

論語新繹

積極向上的生活態度

吳宏一

「人生三書」總序

吳宏一

年紀逐漸老大，回首向來蕭瑟處，覺得人生雖然風雨載塗，但畢竟時有陽光普照。有些人，值得紀念；有些事，值得回憶；有些書，值得推薦。

人生的道路有很多很多條，所謂「世路多歧」。有人生來渾渾噩噩，白白走了一遭；有人不知方向，猶如暗夜到了十字路口，徬徨而無依；有人則始終認定一個方向，勇往而直前。哪一條路適合你呢？完全在乎你自己的選擇。

書有很多很多種，但就一般人而言，「書到用時方恨少」。少的不是書，是你所需要的知識。知識，包括智慧和見識。對於人生的道路，很多書都曾談到，但值得推薦的，不會多；可以真正給你智慧和見識的，當然更少。

我年紀逐漸老大以後，覺得有三本書真的值得推薦：《論語》、《老子》和《六祖壇經》，恰好是儒、道、釋三教的必讀經典。這三本書代表人生三條道路的大方向，可以給大家智慧和見識。它們都言簡而意賅，句子簡短，容易記誦，可是仔細體會，卻意義深遠。

《論語》、《老子》、《六祖壇經》代表儒、道、釋三家不同的思想，也分別代表追求人生、完成理想的三個指標，為我們揭示安身立命之方、為人處世之道，是現代人不能不讀的三本「聖經」。《論語》教讀書人如何進德修業，以期成為國家有用的人才；《老子》教統治者如何清靜無為，以期做為治國安民的指標；《六祖壇經》則教萬方俗眾如何明心見性，以期達到開悟解脫的境地。因此為「人生三書」作白話注譯、闡釋評述的工作，讓讀者藉此親近經典智慧，省思生命的意義與價值，是我長久以來的心願。

如今「人生三書」終於完成，令我有如釋重負的感覺。人生的路該怎麼走？如何安頓身心，活出積極、清靜、圓融的人生？答案就在書裡面。

目錄

《論語新繹》序論

一

孔子名丘，字仲尼，春秋時魯國陬邑（今山東省曲阜市附近）人，生於周靈王二十一年（西元前五五一年），即魯襄公二十二年，卒於周敬王四十一年（西元前四七九年），即魯哀公十六年，年七十三歲。

他幼年孤苦，但從小就愛好學問。當時魯國雖然不強，但文化氣息卻極濃厚，他在這種環境的薰陶下，早已養成了勤奮好學的習慣。

他長大後，想學以致用，曾做過管理糧食帳目和牛羊畜牧的小官，也做過魯國的小司空、大司寇，負責農工、司法行政的職務，但時間都不長。後來他離開故鄉，遊歷齊、宋、衛、曹、鄭、陳、蔡、楚等國，看看是否能被任用，以便施展抱負，實現理想。可惜道術不同，事與願違，他在經歷幾次危難之後，不得不又回到魯國：一方面整理文獻，從事著述，修訂《詩》、《書》，編次禮樂，撰寫《春秋》；一方面開創私學，廣收門徒，以學不厭、教不倦的精神，主張有教無類，顧及因材施教，不但重視學識的充實，而且也注意品德的陶冶。他的學生前後一共有三千人之多，傑出的有七十二人。因此，他被後人尊為萬世師表，是我國歷史上最偉大的教育家。

二

《論語》是記錄孔子言行的典籍。雖然全書只有一萬五千多字，但從這部書中，我們可以認識孔子的思想學說，並且得到很多關於為人處世、求學做事的寶貴教訓。這些教訓，兩千多年來，只要是讀書人，甚至是不識字的人，都直接或間接，很少不受到影響。可以說，上自帝王公卿，下至販夫走卒，無不奉為治國修身的圭臬。尤其從宋代朱熹以後，更是家傳戶誦，成為我國人人必讀的文化遺產。即使到了今天，科學文明日新月異，但《論語》這部書，仍然歷萬古而常新，不失其時代意義。有人說它是我們國人的「聖經」，實在很有道理。

三

《論語》這部書的命名，據班固《漢書．藝文志》說：

《論語》者，孔子應答弟子、時人及弟子相與言而接聞於夫子之語也。當時弟子各有所記，夫子既卒，門人相與輯而論纂，故謂之《論語》。

可見「論」有「論纂」、「編撰」的意思，「語」是語言，指孔子所說的話。許慎《說文解字》說：「直言曰言，論難曰語。」《論語》一書，有孔子的直言，也有他與弟子及時人的論難之語，因此，也可以說，「論語」就是把「接聞於夫子之語」編纂起來的意思。

《論語》固然不是孔子親自編撰的，但也不可能是某一個弟子所編撰的。因為它集合很多片斷的篇章而成，前後篇章的排列次序，往往沒有什麼關連和道理；文字和內容也有些重複的地方。這可能是由於當時弟子各有記錄，後來才彙編成書的緣故。但究竟是哪些弟子所編撰，卻無法確定。另外，從〈泰伯篇〉第一章等篇章看來，《論語》中不但有孔子弟子的記錄，而且也有孔子再傳弟子的記錄。曾子、有子，甚至子張、子夏、閔子騫的學生，都可能是某些篇章的記錄者。據柳宗元《論語辨》的推斷，最後編定《論語》的人，應該是曾子的學生。

我們可以這樣說：《論語》這部書，在春秋末期已由孔子弟子開始記錄，但到編輯成書時，卻已是戰國時代的初期了。一九七三年在河北定州八角廊的漢墓中，發現的《論語》竹簡殘本，雖然研究者對其著成年代的看法頗不一致，但認定它成於戰國至西漢宣帝五鳳四年（西元前五四年）之間，則不成問題。這個時候，我們今天所看到的《論語》，可以說已大致成形了。

《論語》傳到漢朝時，有《魯論語》、《齊論語》和《古文論語》三種不同的本子。篇數、篇目和編次都不盡相同。文字也有一些差異。西漢末年，漢成帝的師傅安昌侯張禹，把《魯論語》和《齊論語》融合為一，刪去《齊論語》中的〈問王〉、〈知道〉二篇，篇目則以《魯論語》為依據，號《張侯論》；漢靈帝時所刻的《熹平石經》，以至我們今天通行的《論語》本子，基本上都以此為依據。

東漢末年，鄭玄以《張侯論》為主，參考《齊論語》和《古文論語》，作《論語注》；此後，魏代何晏的《論語集解》，梁代皇侃的《論語集解義疏》，宋代邢昺的《論語注疏》、朱熹的《論語集注》，清代劉寶楠的《論語正義》，這些書在注釋方面，都有一定的成績，是閱讀《論語》時，值得一讀的參考書。

四

南宋著名的詞人辛稼軒曾有〈讀語孟二首〉：

（一）

道言不死真成妄，佛語無生更轉誣。
要識生死真道理，須憑鄒魯聖人儒。

（二）

屏去佛經與道書，只將《語》《孟》味真腴。
出門俯仰見天地，日月光中行坦途。

把《論語》、《孟子》比成太陽和月亮，可見他對《論語》、《孟子》之推崇備至。他的這些話，真是於我心有戚戚焉。可是，我對佛經與道書的看法，卻與稼軒不一樣。我一向認為儒、道、釋三家各有各的價值，尤其是《論語》、《老子》、《六祖壇經》三書，更是想認識我國歷史文化的人不能不讀的三本「聖經」。大體而言，《論語》教讀書人如何進德修業，《老子》教統治者如何清靜無為，《六祖壇經》則教萬方俗眾如何明心見性。我以為這三本「聖經」，它們說教的對象，代表三種不同的社會階層，也代表三種不同的思想文化，但它們皆為人揭示安身立命之方，則無不同。因此很久以來，我早就想為此人生三書作一些推闡評述的工作，還曾經用稼軒韻寫過這樣的一首七絕：

聖經何必分先後，大道從來不可誣。
我自瓣香三教在，參禪學老更崇儒。

因為有此信念，所以我在一九八〇年前後，曾應台灣新生報石永貴社長之邀，以白話譯解《論語》全書，在該報連載，後由該報出版，書名即定為《白話論語》。由於受到當時台灣省政府及若干縣市政府的推廣，做為社會公益書刊發行，三幾年間，竟然印行近百版之多。到了一九八三年秋，還由台北市政府將拙著與辜鴻銘英譯的《論語》，合編印成《論語中英文合訂本》，分送台北市各國際觀光旅館，供旅客參閱。我雖然始終沒有獲得應有的版稅，但做為該書的譯解者，仍然覺得受到莫大的鼓勵，因而更堅定了我要完成譯解人生三書的想法。

不過，從一九八〇年代中期起，我因為參與國立中正大學文學院、中央研究院中國文哲研究所的籌備工作，後來又出國長期在海外講學，工作過於繁忙，這個願望不得不中途停輟。一直到一九九九年秋，自香港退休返台，才又提筆繼續這人生三書的撰寫工作。

首先，我修訂《白話論語》一書，增訂後易名為《論語新繹》，交給台北聯經出版事業公司發行，並曾作兩首詩來表達我當時的願望：

（一）

向來我亦聖為師，論道參禪未是痴。
最愛春衣已裁就，冠童舞雩詠歸時。

（二）

敢言譯解費工夫，但願人人識正途。
忠恕終歸仁一字，請從平淡契真吾。

我認為要譯解人生三書，當然應該先從《論語》開始；要重新闡述《論語》的道理，當然要先從讀懂《論語》、明白它的文字開始。

五

《論語》是語錄體，對古人來說，雖然明白如話，但對現代一般人來說，畢竟已是兩千年前的古語，並非人人所能閱讀。即使有前人的注解，但同樣是文言，對一般讀者不一定有多少幫助。所以用白話把它譯注出來，這種工作是很有意義的；不但《論語》如此，《老子》、《六祖壇經》如此，恐怕還有很多其他的古書，也需要如此。

我用白話譯注《論語》這部書，就基於這種認識。所以譯文力求淺白，注文力求簡明，同時採用直譯的方式，盡量照原文的句型逐字逐句譯成白話，希望讀者不但能了解原文的大意，而且能明白每字每句的意義，藉以提升初學者閱讀古書的能力。例如〈為政篇〉第四章「吾十有五而志於學」這句話，假使要求簡練，可以譯為：「我十五歲立志求學」，但我卻直譯成：

吾十有五　而　志於　學

我十又五歲就有志於求學

目的就是在於：使讀者對照原文，逐字逐句明白意義。

當然，書中有少數不易直譯或不便直譯的地方，只好採用簡譯或其他的方式。例如〈為政篇〉第五章「死，葬之以禮，祭之以禮」這幾句話，直譯應是：「死了，埋葬他們依照禮制，祭祀他們依照禮制」。但為了照顧全文不致過於累贅，所以改譯成書中現在的樣子。又如〈為政篇〉

第二十二章「大車無輗，小車無軏」這兩句話，實在不易直譯，所以只好先譯為：「就好像大車子沒有輗，小車子沒有軏」，然後加注來補充說明輗和軏的讀音和意義。書中引用《詩》、《書》等古書的地方，也都用這個辦法。像這類沒有直譯的篇章，為數並不多。

其次，對於歷來有歧說異義的字句，通常採用其中一種比較可取的說法，直接譯成白話，不另說明。例如〈為政篇〉第十六章「斯害也已」這句話，有人（像楊伯峻的《論語譯注》）把它譯成：「（這種）禍害就可以消滅了。」這是把「也已」的「已」，看做動詞，作「止」解。事實上，《論語》書中如「好學也已」等句，「也已」都作語氣詞用，而且多作語末助詞，以加強語氣，本來就是《論語》的特色，所以我不贊成上述的那種解釋，譯文自然也就採用了另一種說法，但在譯文後並不加注說明，以免旁枝蔓延，增加篇幅。通常只有在譯文採用的說法，和原文的字面意義有所出入，或擔心初學者不懂，或跟現代的用法不同時，才會另外加注補充說明。例如〈學而篇〉第四章「吾日三省吾身」的「三」字，我在譯文中採用「三」為虛指、表示「多次」的說法，所以才特別加注解釋。基本上，這本書的譯注，是以「直譯」為主，以「注釋」為輔。

在「注釋」和「直譯」之外，為了幫助讀者更能了解書中各篇各章的旨趣，在每一篇之前，都有介紹全篇的提要內容，而在每一章之後，則另加「新繹」，對其字句的音義、寫作的技巧以及文字背後的含意等等，作種種不同的補充說明。少數例外，例如〈學而篇〉第一章對每一字句的析論，例如〈微子篇〉第七章對荷蓧丈人「植其杖而芸」的解說，它們都有示例的作用，也有比較完整詳細的說明。

另外，因為時代觀念的不同，書中有些篇章恐怕難免會引起一些讀者的誤會。像〈泰伯篇〉

第九章「民可使由之，不可使知之」、〈陽貨篇〉第二十二章「不有博弈者乎？為之猶賢乎已」、第二十五章「唯女子與小人為難養也」，等等，這些話大概都會有人表示異議。我覺得讀書原來就不可以辭害意，也不應該以今律古，所以這種地方，除了在「新繹」中稍作提示、說明之外，都不多加解說，希望讀者自己去神領意會。

六

最後，為了便於讀者閱讀本書時，作對照之用，筆者特地根據朱彝尊《孔子弟子考》、姜可久《四書人物輯略》、諸橋轍次《論語人物考》以及歷來各種孔子年譜資料，新撰〈孔子年表簡編〉一種，做為本書的附錄。所謂「簡編」，就是不求周全的意思，目的不過是方便讀者對照參考而已。它也像本書的其他部分，我都曾做了多次的修訂和改寫。

「文章千古事，得失寸心知。」我想書中一定還有不能令人滿意的地方，希望讀者多多指教，以便修訂時改正。

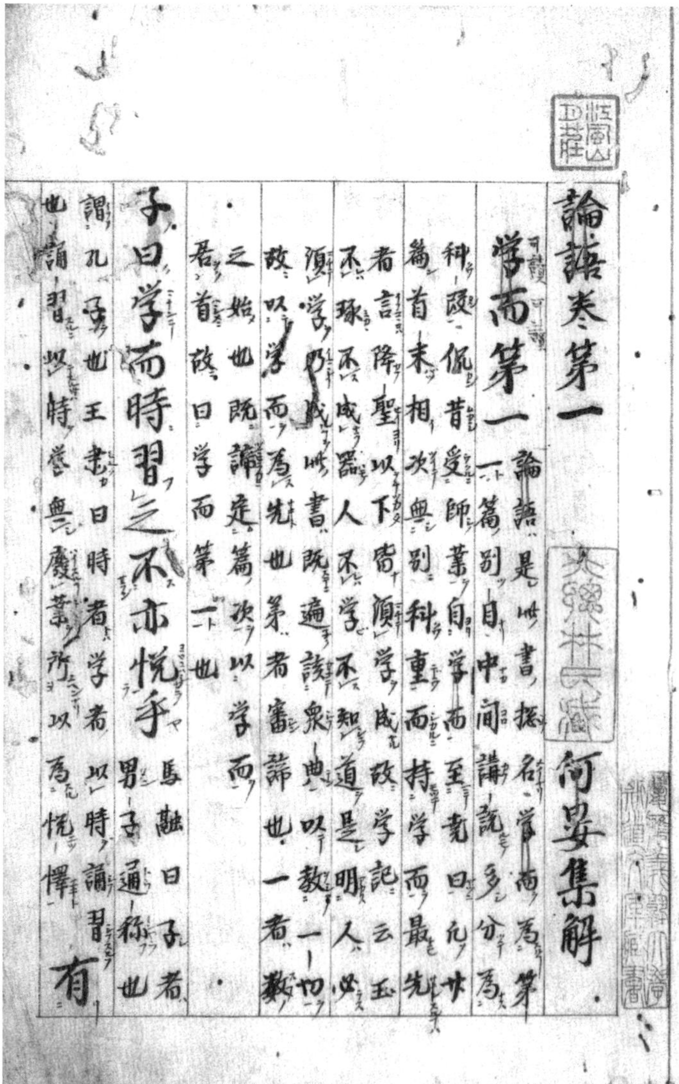
論語巻第一　何晏集解
学而第一　論語是此書摠名学而為第一篇別目中間講説多分為
科段侃昔受師業自学而至堯曰凡廿
篇首末相次無別科重而持学而最先
者言降聖以下皆須学成故学記云玉
不琢不成器人不学不知道是明人必
須学乃成此書既遍該衆典以教一切
故以学而為先也第者審諦也一者數
之始也既諦定篇次以学而
居首故曰学而第一也
子曰学而時習之不亦悅乎　馬融曰子者男子通稱也
謂孔子也王肅曰時者学者以時誦習
也誦習以時学無廢業所以為悅懌
有

何晏《論語集解》古鈔本，日本林泰輔藏本

何晏《論語集解》古鈔本，日本林泰輔藏本

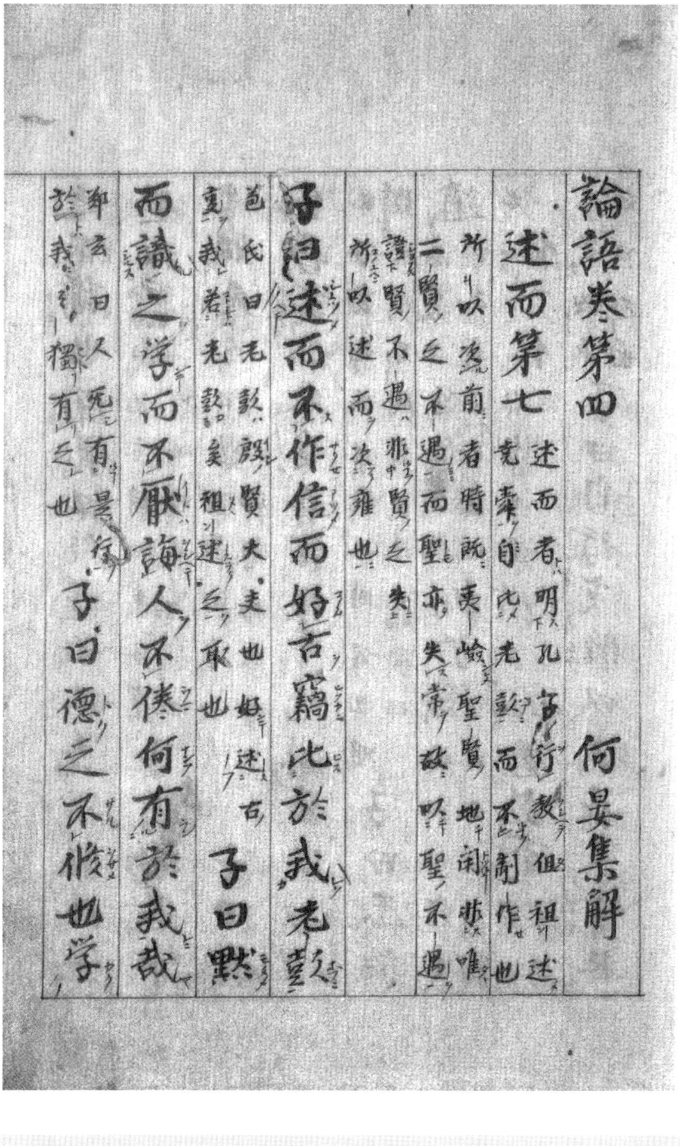

論語卷第四　何晏集解

述而第七　述而者，明孔子行教，但祖述堯舜，自比老彭，而不制作也。所以次前者，時既夷嶮，聖賢地閉，非唯二賢之不遇，而聖亦失常，故以聖不遇證賢不遇，非中賢之失，所以述而次雍也。

子曰：述而不作，信而好古，竊比於我老彭。包氏曰：老彭，殷賢大夫也，好述古事，我若老彭矣，祖述之耳也。

子曰：默而識之，学而不厭，誨人不倦，何有於我哉。鄭玄曰：人無有是行於我，我獨有之也。

子曰：德之不修也，学

【一】學而篇

《論語》分為二十篇，它們的編次，沒有一定的體例，也沒有一定的內容。各篇的篇名，只是取自篇首第一句的兩、三個字而成，沒有什麼特別的含意。

本篇共十六章，論君子求學之道。學，不只指學識才藝，也包括品德修養。此篇以論孝悌、忠信為主。朱熹《論語集注》說本篇：「所記多務本之意，乃入道之門，積德之基，學者之先務也。」

第1章

子❶曰：「學而時習之，不亦說❷乎？有朋自遠方來，不亦樂乎？人不知而不慍❸，不亦君子❹乎？」

【校注】

❶ 子——先生；古代對男性的尊稱，相當於白話的「您」。有時也用來指兒女。《論語》裡「子曰」的「子」，大都是指孔子而言。

❷ 說——同「悅」，喜悅、高興。「不亦說乎」是疑問句的句型，其實它的意思就是「說（悅）」。下同。

❸ 慍——音「運」，怨怒。慍怒的原因，是因為「人不知」。「人不知」有二義：一是人不知我，一是人不知學。

❹ 君子——古代君子有二義：一指才德兼備的人，一指在上位的統治者。這裡應指前者。

【直譯】

孔子說：「求得的學識，還能夠時時去溫習它，不也是高興的嗎？有同學從遠方來請教，不也是快樂的嗎？人家不了解我，我卻不怨恨，不也是君子嗎？」

【新繹】

首章開宗明義，說明求學的道理，重在為學的層次。

第一個層次是自立自修的工夫。「學」，用今天的話說，就是求學、學習。古人解釋為「覺」，為「效」。「覺」是解悟，化不知為知，化不能為能。「效」是模仿，以好的強的為榜樣，轉惡為善，轉弱為強。「學」，在這裡不只是當動詞用的「學習」，它還指經過學習之後，所求得的學識。它已當名詞用，指的不只是書本上的學問，它還泛指一切外在的行為規範，包括道德的認知和實踐。孔子教導學生要學習詩、書、禮、樂、射、御等等，是文武合一的教育，認為這樣才能訓練出對社會對國家有用的人才。所以「學」所指的學識技能，範圍極廣。「時習」的「時」，有時時、及時、按時等義。及時、按時又兼含有按季節和按年紀作不同學習的意思。古人所謂「春夏學詩、樂」、「秋冬學書、禮」，以及幾歲學習什麼知識技能，都是指此而言。「習」，除了學習新知、溫習舊學之外，它同時還有實習、演習、操練的意思。因為禮、樂、射、御等等，是需要實習操演的。

第二個層次是自立立人的成效。學生能夠「學而時習之」，溫故而知新，自然可以成為別人的老師，教導別人。「有朋自遠方來」，「有朋」古本一作「友朋」。「朋」可以指志同道合的同門、同窗，也可以指一般的朋友。一個人讀書有成，不但近者心悅誠服，肯拜他為師；連遠方的朋友也會慕名而來，大家一起討論，互相印證。不但學生受到啟發，連當老師的人也可以從中教學相長。這就成為真正一同學習的「同學」了。

第三個層次是治學有成以後的修養態度。治學有成，有人慕名而來，請教學習，固然值得欣幸，但萬一別人不曉得你有學問，沒有登門請教，你該怎麼辦？「人不知而不慍」，正說明了該有的修養和態度。也有人說：「人不知而不慍」，是指人不知學而已亦不慍。意思是：君子看到別人不知學，對某些事物有所不解，也不會求全責備。這也是做為師長的人一種難得的修養。

「不亦說乎」、「不亦樂乎」和「不亦君子乎」，也同樣代表三種不同的層次。「不亦……

乎」，是疑問句，翻成白話是：「不也是……嗎？」用肯定句來說，它說的正是「說（悅）」、「樂」和「君子」。「說」古代可以借用為「悅」，它和「樂」意義雖近，但層次不同。「學而時習之」，是從初學時的辛苦到「溫故而知新」以後所得的喜悅，畢竟還免不了有許多解說、體會的過程，所以它帶來的喜悅，往往是「獨樂樂」的。而「有朋自遠方來」，是代表自己學習有成，可以教導別人，也可以與人商榷討論，它所帶來的快樂，超過了「獨樂樂」的階段，已經到達「眾樂樂」的境地了。「君子」在古代是指在上位的貴族和有品德的人。這是孔子教導學生追求的理想目標。一個人能夠文武合一、才德兼備，服務社會、貢獻國家，不管為人知或不知，孔子以為都是值得大家敬佩的君子人物。

最後要說說虛字在古文中的作用。古人讀書，所用紙筆不像我們今天這樣方便，所用書本也不像我們今天這樣便宜，因此為了省時省工，刻寫在簡冊竹帛上的古代書籍，通常是「文不加點」的，文字能省則省，密密麻麻，連在一起，當然沒有標點符號。古書裡的虛字，其實就是標點符號的替代品。有人以為虛字不重要，錯了！沒有這些虛字，有的文章就不成文章了。例如這一章的首句：「學而時習之」，如果把虛字的「而」、「之」拿掉，只剩下「學時習」三字，這還成其為文章嗎？還有人能了解「學時習」的意義嗎？同樣的，把「不亦……乎」拿掉，那剩下的幾句也同樣會令人不忍卒「讀」！事實上，「而」作句中連接詞，「之」作代名詞。「之」指的就是「學而時習」的「學」。就因為有「之」字，我們才認為「學」是名詞，而不只是當動詞的「學」而已。「不亦」作發語詞，「乎」作語末助詞，和「也」一樣，它們原來都有替代今日新式標點符號的作用，表示講話的神氣，也表示字句語氣已到了該停頓的地方。不了解的讀者，把原文多朗誦幾遍，追摹其語氣，自然就懂了。

第2章

有子❶曰：「其為人也孝弟❷，而好❸犯上者，鮮❹矣；不好犯上，而好作亂者，未之有也。君子務本；本立而道生。孝弟也者，其為仁之本與❺！」

【校注】

❶有子——孔子的學生。姓有，名若。魯國人。比孔子小四十三歲，一說小三十三歲。他在孔子死後，可能因相貌像孔子，曾經受到同學們的尊重。《論語》裡記載孔子的學生，一般都稱字（如子路、子貢、子張等），只有有若和曾參稱為有子、曾子，因此很多人以為《論語》這本書，有他們兩人的學生參與編纂。

❷弟——音「替」，同「悌」，敬愛兄長。

❸好——這裡讀去聲（音「浩」），喜愛。

❹鮮——這裡讀上聲（音「險」），少、不多的意思。

❺與——音「餘」，同「歟」，語末助詞。表示感嘆和反詰的語氣。《論語》中的「歟」，都寫作「與」。

【直譯】

有子說：「他的為人呀，孝順父母，尊敬兄長，卻喜歡冒犯上級的，這種人很少吧；不喜歡冒犯上級，卻喜歡作亂的，這種人不曾有過呢。君子注意根本；根本樹立了，然後道理才會產生出來。孝順父母和尊敬兄長這兩件事，大概就是實踐仁道的根本吧！」

【新繹】

孔子標舉仁道，認為它是道德的最高標準。仁道可以從很多方面去推闡解說，這一章記載的是有子對仁道根本的看法。

有子以為仁道的根本，在於孝弟（悌）。孝是孝順父母，悌是尊敬兄長，按常理說，這都是人類的天性。通常一個人在成長過程中，最先接觸到的，給他關懷、照顧、養育、教導的人，就是父母和兄長這些人。而人是有感情的動物，等到他成長以後，有了知識，自然會孝順父母、尊敬兄長。這一切發自天性，不一定要靠法令規定或強制手段才能達成。所以，有子說懂得孝悌之道的人，自然不會冒犯上級，而不會冒犯上級的人，自然也不會犯法作亂了。

那麼，為什麼有人會犯上作亂呢？有子以為那一定是天性泯滅的緣故。因此要防止犯上作亂的現象，必須先固守根本，保持每個人孝悌的善良天性。「其為仁之本與！」句，讀者應注意「為仁」二字。它說的不只是「仁」的天性本身而已，它更進一步指出：「為仁」即實踐、推行仁道的重要性。因此，治國安民，教導子弟，務必讓他們保持孝悌的天性，不可使之泯滅。

第3章

子曰：「巧言令色❶，鮮矣❷仁！」

【校注】

❶ 令色——討好人家的臉色。令，原有讚美的意思。例如《詩經・大雅・烝民》的「令儀令色」，就是讚美

人家有美好的容儀。

❷鮮矣——鮮，讀上聲（音「險」），少。《論語》中「鮮矣」二字常連用，表示少見、少有的意思。

【直譯】

孔子說：「動聽的言論，討好的臉色，是很少有仁心的。」

【新繹】

說話動聽，表情和悅，本來不是壞事，但是，如果不是發自內心，那就是別有居心，刻意去討好別人了，這種人不值得信任。所以《中庸》上說：「不誠，無物。」不過，孔子只是說這種人「鮮矣仁」，「鮮」只是很少或不多，不等於全部。孔子的意思並不是說：所有巧言令色的人，一定全是不仁之人。這一點讀者要特別留意。

第4章

曾子❶曰：「吾日三❷省吾身：為人謀而不忠乎？與朋友交而不信乎？傳❸不習乎？」

【校注】

❶曾子——孔子的學生。姓曾，名參，字子輿。魯國南武城（故城在今山東省費縣西南）人。比孔子小四十六歲。歷史上著名的孝子。

❷三——古人常用「三」來代表多數，這裡不必著實地說是三次。也有人以為這裡的「三」，是指下列「為人謀而不忠乎」等三件事。

❸ 傳——讀去聲（音「撰」）。指老師所傳授的經典文獻。

【直譯】

曾子說：「我每天幾次反省我自己：替人策畫事情，不盡心嗎？跟朋友來往，不誠實嗎？傳授的學業，不曾溫習嗎？」

【新繹】

曾子說他每天用三幾件事來反省自己：「忠」是盡己之心，發乎真誠，這是一種自律的工夫；「信」是遵守諾言，與同學朋友交往，不可言而無信，這是一種處事的原則；傳授學業，除了自己溫習之外，把老師傳授的道理，再教給學生，一定要好好準備，這樣才能溫故而知新，不致荒疏學問，這是一種負責的表現。

孔子門下弟子據說有三千之多，曾子、有子等得意弟子，有時候需要代孔子教導其他弟子。這一章記載的正是曾子的進德修業之道。

第5章

子曰：「道千乘之國❶，敬事而信，節用而愛人，使民以時❷。」

【校注】

❶ 道千乘之國——治理有千輛兵車的國家。道，動詞，領導、治理。乘，音「勝」，名詞，一輛兵車叫一

乘。

❷ 時——這裡指一定的時間、適當的時候。例如古代以農業為主，役使人民就要在農忙以後，以免妨害耕作。

【直譯】

孔子說：「治理擁有千輛兵車的國家，要慎重政事而且講求信用，節省開支而且愛護人民，差遣人民要在適當的時候。」

【新繹】

孔子教學生，不是只要他們讀書做學問、獨善其身而已，他還希望他們學成之後，能為社會為國家做事。這一章所記載的，就是有關治理千乘之國的道理。

千乘之國，指擁有千輛兵車的國家。周朝實行井田制度，方里為井，十井為乘。乘，指兵車一輛，配戰馬四匹，甲士三人，步卒七十二人。所以，所謂千乘之國，也就是擁有千輛兵車、戰馬四千匹、武裝戰士三千人、步兵七萬二千人左右的兵力。這樣的國家，孔子以為治理的原則有五項：慎重、誠信、節用、愛人和便民。在上位者自己慎重其事，人民就不敢怠慢；自己講求信用，人民就不會懷疑；自己節省用度，就不會勞民傷財；關心百姓，要使他們安居樂業；要人民為公家勞動服務，也要在適當的時機。

孔子所說的話，今天看來，還是很有參考價值。

第6章

子曰：「弟子❶入則孝，出則弟❷，謹而信，汎愛眾而親仁。行有餘力，則以學文。」

【校注】

❶ 弟子——對兄父而言，這裡指青年學生。為人師長者，正宜視學生如子如弟。

❷ 弟——同「悌」，敬愛兄長。已見前。

【直譯】

孔子說：「青年學生，在家就要孝順父母，出外就要尊敬兄長，做事謹慎而且說話誠實，博愛群眾而且親近仁人。實踐這些道理，還有多餘的精力，才用來學習文藝。」

【新繹】

上面第二章有子講孝悌，第四章曾子講忠信，還有第五章孔子自己講敬事而信、愛人便民，都可與本章合看。可以看出這些都是孔子諄諄教導學生的行為準則。

「親仁」因與上文「汎愛眾」對舉，所以譯解為「親近仁人」。「行有餘力，則以學文」，有人認為應該解釋為：在學習、實踐上述孝悌忠信等德行之外，不要忘記讀書。可供參考。可是，對孔子的弟子而言，學習上述孝悌忠信等德行，讀書與實踐應該是同時並進的。因此這裡所說的「學文」，不應泛指讀書，而是指比較專門的文學藝術而言。

從這一章可以看出孔子認為德行實踐的重要性。讀書所以明理，但光是明理還不夠，必須要去實踐，才算真知。

第7章

子夏❶曰：「賢賢易色❷；事父母能竭其力；事君能致其身；與朋友交，言而有信。雖曰未學，吾必謂之學矣。」

【校注】

❶子夏——孔子的學生。姓卜，名商，字子夏。春秋末年晉國溫邑（今河南省溫縣西南）人，後溫邑為魏所滅。一說衛國人。比孔子小四十四歲。做過魯國莒父（今山東省高密市東南）邑宰。擅長文學，熟悉《詩經》及《春秋》之學。晚年在魏國西河行教，是魏文侯及吳起、段干木的老師。

❷賢賢易色——賢賢：上字動詞，敬重之意；下字名詞，指賢人或品德。易：輕易、忽略、替代。

【直譯】

子夏說：「重視賢德，忽略容貌；侍奉父母，能夠竭盡他的力量；侍奉君上，能夠犧牲他的生命；跟朋友交往，說話能有信用。這樣的人雖然說沒有讀過書，我也一定說他讀過書了。」

【新繹】

子夏所說的「學」，表面上看，是說讀書、追求知識，但重點仍在道德的實踐。換句話說，讀書是為了學習做人的道理，而且必須去實踐它。

在這一章裡，子夏所說做人的道理共有四項，都是人倫之本。從下面三項「事父母」、「事君」、「與朋友交」來看，前人把「賢賢易色」解釋為男女夫婦之道，是有道理的。娶妻當娶德，品德比容貌重要。

第8章

子曰：「君子不重則不威；學則不固。主忠信❶，無友不如己者。過則勿憚❷改。」

【校注】

❶ 主忠信——就是以忠信為主。主，注重、崇尚。

❷ 憚——音「旦」，怕。

【直譯】

孔子說：「君子如果不莊重，就沒有威嚴；讀書，就不會踏實。重視忠實誠信，沒有朋友不如自己的。有了過錯，就不要怕改正。」

【新繹】

孔子說明君子的成就之道。被稱為君子的人，不但地位高，而且品德也要好，因此為人處事不能不莊重。否則就失去威嚴，不受敬重了，而且所學的道理，也就不能落實了。有人把「學則不固」解釋為：君子要多求學問，才不致頑固蔽塞。也有道理，可供參考。不過，既然是君子，在古代很少是不學的。

標舉忠信之道和有過則改，義理非常明確，不必多講，但「無友不如己者」此語，現代人可能會斥為勢利不當。其實，這說的是古代的貴族，不是一般平民。古代的貴族自有其身分地位，是不可以濫交朋友的，也因此上文才會說「君子不重則不威」。

第9章

曾子曰：「慎終追遠，民德歸厚矣。」

【直譯】

曾子說：「能夠慎重父母的喪事，追念遠代的祖先，社會風氣自然就趨向淳厚了。」

【新繹】

古代君王非常重視戰爭和祭祀兩件大事。曾子說的「慎終」是指喪事、葬禮；「追遠」是指拜祖、祭禮。在上位者為父母料理喪事，能慎重敬謹；祭祀祖先，能追述遠德，這對於一般的人民和社會的風氣，自然會產生趨於淳厚的影響。

第10章

子禽❶問於子貢❷曰：「夫子至於是邦也，必聞其政，求之與？抑與之與❸？」

子貢曰：「夫子溫、良、恭、儉、讓以得之。夫子之求之也，其諸異乎人之求之與❹？」

【校注】

❶ 子禽——姓陳，名亢，字子禽，一字子亢。陳國人，一說齊國人。相傳是孔子的學生，比孔子小四十歲。一說他是子貢的後輩。

❷ 子貢——孔子的學生。姓端木，名賜，字子貢（定州竹簡古抄本作子贛）。衛國人。比孔子小三十一歲。很有口才，善外交，經商致富。最推崇孔子，曾為守墓六年。

❸ 抑與之與——抑，音「亦」，或者是。上「與」字，同「予」，動詞，給予。下「與」字，同「歟」，語末助詞。

❹ 其諸異乎句——其，推測的語氣。諸，指上文求得五種德性的方法。與，同「歟」。

【直譯】

子禽有問題向子貢請教說：「我們老師一到了這個國家啊，一定聽得到這個國家的政事，是求來的呢？還是人家自動告訴他的呢？」

子貢說：「我們老師溫和、善良、恭謹、節約、謙遜，因而得到的。我們老師的這些求得的方法，應該都不同於別人求得的方法吧？」

【新繹】

子禽一字子亢，子貢一字子贛。貢，是下獻上；贛，是上賜下。本名端木賜，自以作「子贛」者為是。唯「贛」字筆劃過煩，故後世多作「子貢」。

從子禽和子貢的問答中，可以看出孔子在他學生心目中的印象。溫、良、恭、儉、讓，正是一個周遊天下者應有的修養。它們指的分別是態度、性情、舉止、用度和言語等方面的表現。

這一章以前，《論語》記述孔子的話，都稱「子」，此章記子禽和子貢的對話，卻稱孔子為「夫子」。這是有分別的。「子」和「夫子」雖然同是敬稱，但在孔子面前就稱「子」，而在別人面前提到孔子時，則稱「夫子」。這猶如我們今天在老師面前稱老師為「老師」，在別人面前稱老師時，就說是「我們老師」一樣。

第11章

子曰：「父在，觀其志；父沒❶，觀其行。三年無改於父之道，可謂孝矣。」

【校注】

❶ 沒——音「寞」，通「歿」，死亡。

【直譯】

孔子說：「父親在世的時候，觀察他的志向；父親死了以後，觀察他的行為。三年能不改變他父親的主張或教誨，就可以說是孝順的了。」

【新繹】

這是孔子教人辨識一個有職位的君子孝不孝順的方法。按照古代的習俗，父親在世時，一切行事由父親做主，做兒子的不敢自專，所以只能觀察他的志向。等到父親去世三年後，他已經繼位，可以自己做主下決定了，所以這時候可以看他實際的作為。

為什麼要等「三年」或多年後，才能自己做主下判斷呢？這是因為繼位者對於他父親生前的行事，未必都贊成，贊成的固然可以繼續發揚光大，不贊成的也不宜一繼位就馬上變動。更何況不贊成而想變動的部分，未必都合乎正道呢！至於何以三年為期？有人說這與「三年之喪」有關。服喪期間，自然不忍心改變。

有人把「父在，觀其志；父沒，觀其行」的「其」，都說是指「父」而言。這樣解釋是有問題的。父在世時，固可觀其父之志，但其父死後，怎麼能觀其父之行呢？

第12章

有子曰：「禮之用，和❶為貴，先王之道，斯❷為美；小大由之。有所不行，知和而和，不以禮節之，亦不可行也。」

【校注】

❶ 和——合拍、中節。孔子重視禮樂，樂以中和為貴。

❷ 斯——指示代名詞，此、這。《論語》書中凡用義同「此」、「茲」者，都用「斯」字。

【直譯】

有子說：「禮的實施，合適是最重要的。古代聖王制定的道理中，這是最優美的；小事大事都要遵照它。但是有的地方卻行不通，知道合適的重要而一味求合適，不用禮來節制它，也是不能行得通的呀。」

【新繹】

禮是行為的規範，樂是心靈的調和，不過禮樂在執行實施的時候，一定要注意中節合拍，不可過或不及。因為禮貌太過，則為繁文縟節，限制太多，難免動輒得咎；不及，則為輕慢。音樂也一樣，過則流蕩忘返，所謂「淫」；不及則情感無從表達，所謂「煞」。《中庸》說：「喜怒哀樂之未發，謂之中，發而皆中節，謂之和。」「中和」與「禮節」，重在「和」與「節」，都有從容不迫、調和適中的意思。

有子的這番話，無異為孔子的禮樂主張，下一注腳。所謂「小大由之」，有人說「小」指老百姓，「大」指國君，意思是：自天子以至於庶人，一切都要遵照禮節而行。這樣解釋也很好，跟上文譯解為：「小事大事都要遵照它」，並無牴觸。

第13章

有子曰：「信近於義，言可復也。恭近於禮，遠恥辱也。因❶不失其親，亦可宗也。」

【校注】

❶ 因——依靠、親近。一說：因通「姻」。如此則下文的「宗」，不作崇尚、效法講，當指宗廟而言。

【直譯】

有子說：「和人約定的諾言，要合乎義理，諾言才值得去實踐呀。對人表示恭敬，要合乎禮節，才能避免被人恥笑侮辱呀。依靠那不失為自己所應當親近的人，也才值得效法呀。」

【新繹】

孔子常講禮、信等等德行的重要，有子在這裡為它們加以闡釋。有子認為：如果不顧正義，只講守信用，一定要實踐諾言，那可能會莽撞犯錯而不自知；如果講禮節，不懂得節制，那麼過度的恭敬，近於諂媚，可能會自取其辱；如果不辨是非，就隨便親近依靠別人，將來也可能會受到牽累。這些話告訴我們與人交往時，要慎始。

「因不失其親」的「因」，如果如劉寶楠《論語正義》所言，是「姻」字省文的話，那麼「亦可宗也」的意思，應該是：親近有婚姻關係的人，視之為同宗，要祭祀同一宗廟的祖先。這種親近親屬的行為，就叫做親親之道。《中庸》說：「仁者，人也。親親為大。」它是仁道的根本。能親親尊祖，才能重社稷、愛百姓。這也是儒家倫理思想的根源所在。

第14章

子曰：「君子食無求飽，居無求安，敏於事而慎於言，就有道而正焉，可謂好學也已❶。」

【校注】

❶ 也已——表示肯定的語氣詞。《論語》通常在加強語氣時，用「也已矣」；表示疑問時，用「也與（歟）」；表示感嘆時，用「也夫」或「也哉」。

【直譯】

孔子說：「君子飲食不要求滿足，居住不要求舒適，做事勤勉而且說話謹慎，接近有道德的人來端正自己，就可以說是好學的了。」

【新繹】

孔子說明好學的君子在生活言行方面，應該注意哪些事項。通常君子都是有地位的貴族，他們本來就衣食無憂，生活上沒有憂慮，所以孔子告訴他們不必過於「求飽」、「求安」。因為飽樂之後容易思淫逸，安適之後容易失鬥志。孔子要求他們在品德、學問上，多下工夫。做事勤快，說話謹慎，這是就品德而言。「就有道而正焉」，和上文第八章所說的「無友不如己者」，是一樣的意思，也都是就品德的養成而言。

一個在上位的君子，如果不過於求飽求安，而能夠在品德上求進境，這當然可以說是好學的了。

第15章

子貢曰：「貧而無諂，富而無驕，何如？」

子曰：「可也；未若貧而樂（道）❶、富而好禮者也。」

子貢曰：「《詩》云：『如切如磋，如琢如磨。』❷其斯之謂與❸？」

子曰：「賜也，始可與言《詩》已矣。告諸往而知來者。」

【校注】

❶ 貧而樂——據何晏《論語集解》本，「樂」下有「道」字。樂道與好禮相對。

❷ 如切如磋二句——語見《詩經・衛風・淇奧篇》。《詩經》，春秋時只稱為《詩》。切，割牛骨。磋，音「搓」，磨象牙。琢，雕玉器。磨，磨亮寶石。切磋琢磨，原來都是指取材加工製成寶器的工夫，後來古人借此指精益求精的工夫，用來比喻互相研究討論。

❸ 與——同「歟」。已見前。

【直譯】

子貢說：「貧窮卻不諂媚，富貴卻不驕傲，這種人怎麼樣？」

孔子說：「可以啦；但還不如貧窮卻樂道、富貴卻好禮的人。」

子貢說：「《詩經》上說：『如切如磋，如琢如磨。』應該就是這個意思吧？」

孔子說：「賜呀，開始可以跟你討論《詩經》了。告訴你過去的（一件事情），你就能推知未來的（另一件事情）。」

【新繹】

從這一章所記載的子貢與孔子的對話裡，可以看出孔子師生之間平常討論學問的情況，以及孔子諄諄善誘的教學方法。

子貢說的「貧而無諂，富而無驕」，已經是難能可貴的修養，而孔子所說的「貧而樂道、富而好禮」，卻又確然更上一層。尤其可貴的是，子貢聽了，竟然會馬上聯想到《詩經》的「如切如磋」等句。它們代表詩的感發作用，能夠舉一反三，體會言外之意。

《詩經．衛風．淇奧篇》的「如切如磋，如琢如磨」，本來是藉切牛骨、磨象牙和雕琢玉石，來形容有才有德的君子，而子貢在與孔子討論問題的時候，竟然會聯想到它，卻又如此貼切。因此，孔子特別讚賞。讀《詩經》，正需要有這樣豐富的聯想力。

第16章

子曰：「不患人之不己知，患（己）不知人也❶。」

【校注】

❶ 患不知人也——皇侃本、高麗本、足利本皆作「患己不知人也」。見劉寶楠《論語正義》。

【直譯】

孔子說：「不必擔心別人不了解我們自己，只擔心自己不了解別人。」

【新繹】

別人了不了解我們，操之在人，我們管不到。但是了解別人，操之在我。能夠了解別人，這就好像得到了一面鏡子，可以看到自己的缺點和別人的長處，然後才能去己之短，取人之長，知所取捨。因此，了解別人，對修養而言，非常重要。

【二】 爲政篇

本篇共二十四章，論為政者之德。求學目的在為政，在成為君子、仁人。此篇所論，多與政治、教育思想有關，以孝、信、勇、敬為主。

第1章

子曰：「為政以德，譬如北辰❶，居其所，而眾星共❷之。」

【校注】

❶ 北辰——北極星。

❷ 共——同「拱」，環繞、拱衛。

【直譯】

孔子說：「用道德來治理政事，就好像北極星一樣，在它一定的位置上，而其他所有的星辰都來拱衛著它。」

【新繹】

古人以為北極星居天之中，固定不動，而其他的星辰環繞周圍，好像在拱衛著它。孔子拿這個現象比喻：治理國家政事的人，也應該有個固定不移的核心價值，那就是道德。

現代的科學知識，讓我們知道北極的星辰也是會動的，只是動得很緩慢，肉眼看不清楚而已。不過，我們不可以此否定孔子所說的道理。他所說的「北辰」，只是一個譬喻。事實上，為政者以道德來感化人民，它所發揮的力量，出自內心，比刑法政令讓人畏懼卻想盡辦法逃避，兩相比較，道德的力量仍然較大。

第2章

子曰：「《詩》三百，一言以蔽之，曰：『思無邪。』❶」

【校注】

❶ 思無邪——語見《詩經．魯頌．駉篇》。這裡的意思是：思想純正；心裡不生邪念。

【直譯】

孔子說：「《詩經》三百篇，可以用裡頭一句話來概括它，那就是：『思無邪。』」

【新繹】

孔子這裡所說的「詩三百」，指的就是我們今天所看到的《詩經》。《詩經》共三百多篇，這裡說三百篇，是舉其成數而言。《詩經》是孔子教導學生必讀的經典，它的內容題材豐富多樣，其中有不少詩篇描寫愛情婚姻的生活和政治社會的黑暗，所謂哀人倫之廢、傷刑政之苛，容易使人誤會為淫亂的作品，因此孔子就此提出看法。他說可以用「思無邪」一句話來概括整部《詩經》。「思無邪」，語出該書〈魯頌．駉篇〉，原詩中的「思」，是語首助詞，沒有意義，可是孔子在這裡卻斷章取義，把「思」當做「思想」、「情思」講。「無邪」，和道德禮教有關。

「斷章取義」，本來就是古人解讀《詩經》時常採用的一種方法。現代人一聽到「斷章取義」，往往以為它有貶意，但事實上，古人在政治外交等正式場合，引用《詩經》，解讀《詩經》，都常用這種方法。因此，這種方法也自有其正面的意義。

第3章

子曰：「道❶之以政，齊之以刑，民免而無恥；道之以德，齊之以禮，有恥且格❷。」

【校注】

❶ 道——同「導」，引導、誘導。

❷ 有恥且格——有羞恥心而且能改正。定州簡本作「有佴且格」，「佴」即「恥」。格，糾正、改正。

【直譯】

孔子說：「用政令來引導他們，用刑法來整肅他們，民眾只求免於刑罰，卻沒有廉恥；用道德來誘導他們，用禮教來約束他們，民眾不但有廉恥，而且能端正自己。」

【新繹】

這一章和上文本篇第一章所說的「為政以德」，可以合看。政令刑法是後設的、消極的，側重使人民不敢為惡犯罪。人民只求能逃避刑罰，心中未必向善，而有羞恥之心。道德禮教，卻是預設的、積極的，注重在誘發人們善良的本性；事先感化他們，導正他們，自自然然使他們有羞恥之心，不會為非作歹。

孔子的這番話，是比較政令刑法和道德禮教的優劣，而不是說要廢除政令刑法。因為人畢竟是人，道德禮教對某些人發揮不了作用，那時候也只有等而下之，用政令刑法來規範他們了。

第4章

子曰：「吾十有五而志於學❶，三十而立，四十而不惑，五十而知天命，六十而耳順❷，七十而從心所欲，不踰矩❸。」

【校注】

❶ 吾十有五句——我十五歲就立志向學。「有」通「又」，古人說數目字，習慣在整數和零數之間，加一「有」字。於，漢石經作「乎」，一作「于」。義皆可通。這樣的例子，下文不一一注明。

❷ 耳順——入耳即知其意，不覺逆耳。所謂入乎耳，順乎心，了無滯礙。一說：「耳」疑是衍文，本無此字。

❸ 踰矩——踰，通「逾」，超過。矩，古人用來畫直線或方形的工具，引申為規範、法度。

【直譯】

孔子說：「我十又五歲就有志於求學，三十歲就能有所樹立，四十歲就對事物不致迷惑，五十歲就知道大自然所運行的法則，六十歲就耳朵一聽到話，馬上了解話裡的含義，到了七十歲，便隨心所欲，卻不曾超越規矩。」

【新繹】

這是孔子自述為學進德的歷程。這些歷程可供後學者對照參考。

孔子說他自己十五歲開始有志於求學修德，三十歲如何，四十歲如何，五、六十歲如何，一直說到他七十歲能夠隨心所欲卻不逾越規矩。有兩點值得注意：一是這些年紀數目，應該只是舉其成數；讀者可以每隔十年左右效法孔子自我反省一番，不必死看文字；二是這些話對照《論語》的其他篇章，可以發現每一階段，都代表他有不同的成就。例如：十五歲是古人所謂成童的年紀，從這一年起到十八歲，可以入大學，學習大學之道。孔子說他十五歲就立志向學，那是表示他起步不晚。三十而立，說他三十歲已能樹立自己，對照〈泰伯篇〉的「立於禮」、〈季氏篇〉的「不學禮，無以立」，可知那是表示他到了三十歲，已知禮儀，進退有節，可以立足於社會。四十而不惑，對照〈子罕篇〉和〈憲問篇〉都曾說過「知者不惑」的話，可知那是表示他到了四十歲，知識智慧都自信已臻成熟。五十而知天命，那必然和他從四十七歲起，開始學《易》有關。學了《周易》，既知上天運行的道理，亦知上天所賦予的責任，心有所主，真的可以「無大過矣」。也因此，他到了六十歲，可以入乎耳，順乎心，到了七十歲，可以從心之所欲，而不踰矩。這裡孔子既然說七十歲如何如何，那當然是表示說的是他晚年的知道之言。

「從心所欲」人人都能做到，但「從心所欲」、率性而為時，卻能「不踰矩」，這是一種多麼難得的境界啊！

俞樾《群經平議》卷三十曾說：「七十而從心所欲，不踰矩」，應該斷句為：「七十而從心，所欲不踰矩」，他還引用《禮記·樂記》鄭注的「六十而耳順，七十而從心」為證。似亦可備一說。

第5章

孟懿子❶問孝。子曰：「無違。」

樊遲❷御。子告之曰：「孟孫❸問孝於我；我對曰：『無違。』」

樊遲曰：「何謂也？」

子曰：「生，事之以禮；死，葬之以禮，祭之以禮。」

【校注】

❶ 孟懿子——魯國的大夫。姓姬，氏仲孫（後改稱孟孫），名何忌。「懿」是謚號，「子」是尊稱。仕於魯昭公、定公、哀公之世。他的父親孟僖子臨死時，曾要他和弟弟南宮敬叔向孔子學禮。

❷ 樊遲——孔子的學生。姓樊，名須，字子遲。魯國人。一說齊國人，錢穆疑非是。比孔子小三十六歲，一說小四十六歲。曾仕於季氏，魯哀公十一年（西元前四八四年）齊、魯之戰時，勇武敢衝。

❸ 孟孫——就是孟懿子。

【直譯】

孟懿子請教孝道。孔子說：「不要違背。」

樊遲替孔子駕車。孔子告訴他說：「孟孫向我問孝道，我回答說：『不要違背。』」

樊遲說：「什麼意思呢？」

孔子說：「父母生前，要依照禮制來侍奉他們；死後，要依照禮制來埋葬他們，祭祀他們。」

【新繹】

魯桓公的兒子仲慶父（亦稱孟氏）、叔牙、季友三人，自魯宣公九年（西元前六〇〇年）開始輪流執政。他們的後代子孫，通稱為孟孫、叔孫、季孫，在魯國號稱「三家」，也稱「三桓」。

孟懿子是孟僖子的兒子，孟僖子曾要他向孔子學禮，但從有關史料看，孔子並沒有把他當弟子看待。孔子認為魯國三家的後代，不過是大夫的職位，但是在行禮時，卻有時用諸侯之禮，甚至用天子之禮，顯然是僭越該有的禮制。因此孔子藉他與學生樊遲的問答，來說明孝道和禮制的道理。

根據《左傳．襄公二十六年》「古人凡背禮者謂之違」的記載，可知孟懿子問孝時，孔子告訴他「無違」，就是教他不要違背禮制。他不知道孟懿子是否聽懂這個道理，所以在與樊遲的對話中，預設問題，進一步說明「無違」，就是生時、死時、葬時、祭時都要遵守該有的禮制。換句話說，不同的身分地位（大夫、諸侯、天子）、不同的時間場合（生、死、葬、祭），都有不同的禮節。能夠遵守、實踐，才是真正的盡了孝道。

第6章

孟武伯❶問孝。子曰：「父母唯其疾之憂。」❷

【校注】

❶ 孟武伯——孟懿子的兒子，名彘。「武」是諡號，「伯」是尊稱。仕於魯哀公之世。

❷ 父母唯其疾之憂——這句話也可譯成：對待父母親，就是擔心他們生病。

【直譯】

孟武伯請教孝道。孔子說：「讓父母只有在兒女生病時才擔憂。」

【新繹】

孟武伯是孟懿子的兒子。孔子回答孟懿子問孝時，說是「無違」，不要違背禮節，這一章寫他回答孟武伯問孝時，卻只說是擔心身體生病的小事情。比較之下，給人一代不如一代之感。

「父母唯其疾之憂」，歷來有兩種解釋。主要是對「其」字的認知不同。「其」是第三人稱，但他究竟是指父母或子女，卻無法確定。一是說父母憂子女生病，所以孝順的子女，只有在自己生病的時候才會讓父母操心，表示自己謹言慎行，從來不為非作歹，這當然是孝道的一種表現；另外一種解釋是說子女憂父母之疾，所以做人子女的，處處關心照顧父母，無微不至，連父母生個疾病都很擔心，更不必說其他讓父母擔心受怕的事了。兩種說法都講得通，這是讀古書時常遇到的情形。有人根據《左傳．哀公十四年》有關孟武伯父子的記載，認為後面的說法才對。其實也未必，兩種說法都各有其存在的道理。

第7章

子游❶問孝。

子曰：「今之孝者，是謂能養，至於犬馬，皆能有養；不敬，何以別乎？」

【校注】

❶ 子游——孔子的學生，姓言，名偃（音「演」），字子游。吳國人，一說魯國人。比孔子小四十五歲。擅長文學，曾任魯國武城（今山東省費縣西南）邑宰。晚年也授徒講學。

【直譯】

子游請教孝道。

孔子說：「現在的所謂孝，只是說能夠養活父母。但就是連狗馬之類，也都能得到飼養的；假如不尊敬父母，那麼和養活狗馬如何來區別呢？」

【新繹】

有人把孝順父母看成奉養父母，以為只要父母衣食無缺，在物質上得到滿足就夠了，就算盡了孝道。孔子以為這還不夠，父母更需要的是關心。如果對父母沒有誠敬之心，那跟犬馬禽獸有什麼分別？

比起上一章所說的「父母唯其疾之憂」，此章所說「能養」的孝道，似乎層級又低了一些。

第8章

子夏問孝。

子曰：「色難❶。有事，弟子服其勞；有酒食，先生饌❷，曾❸是以為孝乎？」

【校注】

❶ 色難——臉色神情最難注意。請參閱下文【新繹】部分。

❷ 先生饌——先生，這裡指父兄長輩。饌，音「撰」，飲食，這裡作動詞用。鄭玄注本「饌」作「餕」，餕，音「俊」，指剩飯。意思是吃父兄長輩所剩餘的酒菜。

❸曾——音「增」，竟然、難道。

【直譯】

子夏請教孝道。

孔子說：「和顏悅色是難做到的。有事情，年輕後輩替他效勞；有酒菜，年長的人吃喝，難道這樣就算是孝順了麼？」

【新繹】

此章和上一章一樣，都說孝道重在有誠敬之心。若對父母兄長有誠敬之心，自然在他們面前，言語動作不敢放肆，表現出來的是和顏悅色。否則，光是在他們有事的時候效勞一下，有酒菜的時候請他們先享用一番，是不能稱為孝順的。《鹽鐵論．孝養篇》說：「故上孝養志，其次養色，其次養體。」意思是說：最上等的孝道，是能預測父母的想法，「先意承志」，不必等父母吩咐，就能達成父母的願望。其次是養色，就是善於察言觀色，了解父母的心意。再其次才是養體，也就是飲食的供養，包括本章和上章所說的「有酒食」和「能養」。

第9章

子曰：「吾與回❶言終日，不違，如愚。退而省❷其私，亦足以發。回也不愚！」

【校注】

❶ 回——孔子最得意的學生。姓顏，名回，字子淵。魯國人。安貧樂道。比孔子小三十歲，一說小四十歲。他的父親顏无繇是孔子早期的學生。

❷ 省——音「醒」，視、察。

【直譯】

孔子說：「我和顏回談論整天，他從不反問，像個傻瓜。等他退下後，觀察他自修的情形，卻也能夠有所發揮。顏回呀，並不愚蠢！」

【新繹】

此章記載孔子稱讚顏回能夠謹言受教，自修悟道。〈先進篇〉第四章也說孔子認為顏回「非助我者也，於吾言無所不說（悅）。」可見顏回對孔子所講的道理，完全信從不疑。「吾與回言終日，不違」，有人斷作「吾與回言，終日不違」，意思都講得通。「退而省其私」句，對照《禮記‧學記》所說的：「大學之教也，退息必有居學。」可見是指下課休息以後的自修作業。顏回上課論學時，謹言受教，下課自修時，卻能有所發揮。所以孔子最欣賞他。

第10章

子曰：「視其所以❶，觀其所由，察其所安。人焉廋❷哉？人焉廋哉？」

【校注】

❶ 以——因，動機；一說：「以」即「為」，作為。

❷ 廋——音「搜」，隱藏、掩飾。

【直譯】

孔子說：「注視他做事的動機，觀察他採行的途徑，檢驗他最終的心得。這個人哪裡能隱藏自己呢？這個人哪裡能掩飾自己呢？」

【新繹】

孔子說，觀察一個人的好壞，可以從動機、方法和結果三方面去看。如果動機不純、行不由徑、心中有愧，就表示有問題。《大戴禮記・文王官人篇》說：「考其所為，觀其所由，察其所安，此之謂視中也。」「中」，同「衷」。從內心的反應，觀察外在的表現，真的可以「以其小占其大」。

第11章

子曰：「溫故而知新❶，可以為師矣。」

【校注】

❶ 知新——定州簡本作「智新」，意思是說：智慧得以提升。

【直譯】

孔子說：「溫習學過的東西，而能體會新的道理，就可以當老師了。」

【新繹】

求學，不但要追求新知，趕上時代潮流，而且要常溫習舊學，以免流於空疏。有人把「溫故而知新」解釋為兼具新知和舊學兩項，「而」作「而且」講。我以為把「而」解作「卻」，似乎也不錯。意思是說：常常溫習學過的東西，卻能從舊事物中體會出新道理，所謂「推陳出新」，這樣才有資格當別人的老師。否則只是溫習舊的，又學新的，淺學即止，記誦之學，無得於心，是不足為人師的。第一章所說的「學而時習之」，也就是在說明這個道理。

第12章

子曰：「君子不器。」

【直譯】

孔子說：「君子不像器具（只有一定的用途）。」

【新繹】

通常一個器物只有一個形狀，一個用途，孔子說在上位的君子，他的學識不可限於一業一隅，才能不可囿於一技一藝，品德也要能圓融通貫。《禮記．學記》說的：「大道不器」，就是這個意思。這跟一般人勉勵人要「成材」、「成器」的出發點，有所不同。

第13章

子貢問君子。

子曰：「先行其言，而後從之。」

【直譯】

子貢請教君子的道理。

孔子說：「先實踐他自己所說的言論，然後話才說出來。」

【新繹】

《禮記．緇衣篇》說：「君子寡言而行，以成其信。」《大戴禮記．曾子制言篇》也說：「君子先行後言」，和此章所言，以及〈學而篇〉說的「敏於事而慎於言」、〈里仁篇〉說的「古者，言之不出，恥躬之不逮也」，都是在強調力行、實踐的重要，可以互相發明。

有人把「先行其言，而後從之。」斷成：「先行，其言而後從之。」道理是一樣的。

第14章

子曰：「君子周而不比❶；小人比而不周。」

【校注】

❶ 比——音「必」，偏私、與人勾結營私。

【直譯】

孔子說：「君子團結卻不勾結；小人勾結卻不團結。」

【新繹】

此章是孔子比較君子與小人在交友合群上的不同。一個人在社會上，自然會與人交往，參加一些團體。有人考慮的是利害關係，有人考慮的是是非公義。以利害相結合的人，結黨營私，一旦有利益衝突，就分道揚鑣了，甚至反目成仇。孔子稱之為「比」。以公道是非相結合的人，則崇禮守法，急公好義，為理想而奮鬥。孔子稱之為「周」。可以看出這裡的君子與小人，是從品德方面來區別的。

實際上，「周」和「比」都有親近密切的意思。差別在於一合公義、一言私利而已。

第15章

子曰：「學而不思則罔❶；思而不學則殆❷。」

【校注】

❶ 罔——通「惘」，迷惘。

❷殆——通「怠」，疲困、懈怠。殆，通常作「危亡」講，但這裡所說的問題，沒有這麼嚴重，大概也只是徒勞而無功的意思。

【直譯】

孔子說：「光是讀書，卻不去思考，便會沒有心得；光去思考，卻不肯讀書，便會缺乏信心。」

【新繹】

此章說明孔子認為學、思二者必須並重，不可偏廢。學，指讀書學藝而言，不管是自己從書本上或從他人聽聞而來，都包含在內。如果僅僅知道不斷的求取新知識，卻不用腦筋多思考其中的道理，那麼對所學必有惘然不知之處。相反而言，如果只是一味喜歡思考，卻不讀書學藝，那也容易失之空談，所謂胡思亂想。〈衛靈公篇〉說的：「吾嘗終日不食、終夜不寢，以思，無益，不如學也。」也是同樣的意思。因此二者必須兼顧。

儒家常說為學之道，在「博學、審問、慎思、明辨、篤行」，從「博學」到「篤行」的過程中，所謂「審問、慎思、明辨」都是本章所謂「思」的工夫。

第16章

子曰：「攻❶乎異端，斯❷害也已！」

【校注】

❶ 攻——研討。一說：攻擊，與「小子鳴鼓而攻之」的「攻」同義，指攻擊與自己不同的言論。定州簡本「攻」作「功」，意思是「用功於」。

❷ 斯——連接詞，這、這就。

【直譯】

孔子說：「花精力在不正當的言論上，這是有害的啊！」

【新繹】

孔子講中庸之道，以為一切事物都有中心點和兩端，而兩端者，往往過猶不及，這就是所謂「異端」。有人說異端指楊、墨學說或佛教等等，那是以後代學說做為例證說明，不足為據。不過，異端必有其理論依據，所以才會迷惑人心，這是無庸置疑的。

第17章

子曰：「由❶，誨女❷知❸之乎？知之為❹知之，不知為不知，是知❺也。」

【校注】

❶ 由——孔子的學生。姓仲，名由，字子路。魯國卞（故城在今山東省泗水縣東）人。比孔子小九歲。出身貧賤，個性勇敢。曾任衛國邑宰，後來死於孔悝之難。參閱附錄〈孔子年表簡編〉。

❷ 女——同「汝」，你。

❸ 知——這裡是「記」、「志（誌）」的意思。請參閱下文【新繹】部分。
❹ 為——這裡用法同「謂」，是「曰」、「說是」的意思。下句「為」字亦同。
❺ 知——同「智」，真知。

【直譯】

孔子說：「仲由，教你的都記得了嗎？知道它就說是知道它，不知道就說是不知道，這才是『知道』呀。」

【新繹】

子路一向勇於自信，孔子擔心他太愛面子，強不知以為知，所以告誡他要虛心學習。能夠承認自己「不知為不知」的人，才不自欺，會不斷的求進步。

《荀子．子道篇》有一段文字，可與本章對照：「由，志之！吾語女。……故君子知之曰知之，不知曰不知。」其他如《韓詩外傳》卷三、《說苑．雜言篇》也都有可資比對的字句，可以明白本章的「知」，分別有記得、明白、智慧的不同意義，而「為」則通「謂」，是「曰」的同義詞。

第18章

子張❶學干祿❷。

子曰：「多聞闕疑，慎言其餘，則寡尤❸；多見闕殆❹，慎行其餘，則寡悔。行寡

尤，言寡悔，祿在其中矣。」

【校注】

❶子張——孔子的學生。姓顓孫，名師，字子張。陳國陽城（今河南省淮陽縣）人。比孔子小四十八歲。出身微賤，卻學業有成，與子夏、子游齊名。孔子死後，子張居陳國，講學授徒，自成一派。

❷干祿——營求祿位。干，求。祿，俸祿、官位。

❸寡尤——少過失。尤，錯誤、過失。

❹殆——危險不安。

【直譯】

子張要學求得祿位的方法。

孔子說：「多聽，保留有疑問的地方，謹慎地說出其他足以自信的部分，就能減少錯誤；多看，保留不安心的地方，謹慎地實踐其他足以自信的部分，就能減少後悔。說話少過錯，做事少後悔，祿位就在這裡面了。」

【新繹】

孔子告訴子張要做官求祿位，先要多聽多看，謹言慎行。多聽多看，是增廣見聞，這樣才不致被蒙蔽而判斷錯誤。「多聞闕疑」與「多見闕殆」互文見義。闕，是空著、保留、去除的意思。旨在說明慎言慎行。謹言慎行，是避免惹是生非，這樣才不致製造困擾。謹言，避免別人的怪罪；慎行，減少內心的後悔。這是做人的基本道理，也是做官的先決條件。不然，即使有機會做了官，也必然宦途多艱，不能長久。

第19章

哀公❶問曰：「何為則民服？」

孔子對曰：「舉直錯諸枉❷，則民服；舉枉錯諸直，則民不服。」

【校注】

❶ 哀公——春秋末年魯國的國君。姓姬，名將，一作蔣，是魯定公的兒子。「哀」是謚號，「公」是尊稱。周敬王二十六年（西元前四九四年）即位，在位二十七年。對外曾隨吳伐齊，敗齊之軍；對內則被季孫等「三家」脅制而無可奈何。曾多次向孔子及其弟子問政。孔子是魯國人，因此「哀公」上面不加「魯」字。

❷ 舉直錯諸枉——錯，「措」的借字，安置。枉，邪曲。

【直譯】

哀公問道：「怎樣做，才能使人民服從？」

孔子答道：「提拔正直的人，安置他在邪曲的人上面，那麼人民就會服從；提拔邪曲的人，安置他在正直的人上面，那麼人民就不會服從。」

【新繹】

孔子告訴魯哀公，想要人民服從，必須舉用正直的賢才。直和枉，代表正直和枉曲的兩種人，是就品行而言。品行好的人在上位，容易得到人民信賴，有如古人所說的：「君子之德風，小人之德草。草上之風，必偃。」

《論語》中凡是臣下回答君上問題，皆用「對曰」。本章中的「孔子對曰」，就是依照這個體例。

第20章

季康子❶問：「使民敬、忠以勸，如之何？」

子曰：「臨❷之以莊，則敬；孝慈，則忠；舉善而教不能，則勸。」

【校注】

❶ 季康子——魯國的大夫。姓季孫，名肥。「康」是謚號，「子」是尊稱。他的父親季桓子，是魯定公的權臣。魯哀公時，季康子當正卿，權力一樣很大。

❷ 臨——面對。這裡有統治的意思。

【直譯】

季康子問：「要使人民敬重、忠誠以及奮勉，應該怎麼做？」

孔子說：「用端莊的態度對待人民，他們便會敬重；孝敬慈愛百姓，他們便會忠誠；提拔好人而教導無能的人，他們便會奮勉。」

【新繹】

從此章可以看出孔子認為有權位的人，治理人民，首先要以身作則，以德化民，人民才會勸勉向上。臨事莊重，是就態度而言；統治百姓，對年老的孝敬，對年少的慈愛，是就德行而言；舉用賢良的人才，教導能力不足的人，是就行政而言。如此自然能上行下效，政治清平。

第21章

或謂孔子曰：「子奚❶不為政？」

子曰：「《書》云：『孝乎惟孝，友于兄弟，施於有政。』❷是亦為政，奚其為❸為政？」

【校注】

❶ 奚——何、為何。

❷《書》云三句——《書》指《尚書》（也叫《書經》）而言。所引三句，是《尚書》的逸文。施，推及、影響到。有政，為政。有人說：《偽古文尚書．君陳篇》有「惟孝友于兄弟，克施有政」的句子，恐怕就是根據《論語》這幾句話偽造出來的。

❸ 奚其為——何必那樣才算是。其，指「為政」。

【直譯】

有人對孔子說：「你為什麼不參與政治？」

孔子說：「《尚書》上說：『孝順呀，唯有孝順父母，友愛兄弟，才能影響到執政的人。』這樣做也就是參與政治了，為什麼一定要執政才算是參與政治呢？」

【新繹】

此章說孝順父母、友愛兄弟，與政治的關係，和上章所說的道理，可以互相發明。「或」，是說「有人」，至於是什麼人，可能是記述者不知道，或者認為不必記，或者提問的人很多，無法一一記下。孔子回答時，引用《尚書》的話來說明：懂得孝友之道的人，他的德行可以影響到執政者，這也就是參與政事了；不一定自己出來做官，才算是從政。

《尚書》上的那兩句話，有人斷成「孝乎，惟孝友于兄弟」，也有的本子，「乎」作「于」，這都可能是受了《偽古文尚書．君陳篇》「惟爾令德孝恭，惟孝友于兄弟」等等成句的影響。這裡就不贅論了。

第22章

子曰：「人而❶無信，不知其可也。大車無輗❷，小車無軏❸，其何以行之哉？」

【校注】

❶ 而——這裡當轉接詞用，有「如果」的假設語氣。也有人認為當作「卻」字講才對。

❷ 輗——音「泥」，大車（古代用牛拉的車）車轅前橫木兩頭的活塞。這是車子能夠行動的關鍵。少了它，車子就無法前進轉動。

❸輗——音「悅」，小車（用馬拉的車）的輗。

【直譯】

孔子說：「一個人如果沒有信用，不知道他怎麼辦才好呢。就好像大車子沒有輗，小車子沒有軏，那怎麼能夠讓它前進呢？」

【新繹】

此章說明誠信的重要。不管是大車或小車，如果沒有輗軏，就難以行動，這是古人生活中的常識，大家所共知的生活經驗，所以孔子藉此來說明：一個人如果沒有誠信，在社會上也就很難立足了。

第23章

子張問：「十世可知也❶？」

子曰：「殷因❷於夏禮，所損益，可知也；周因於殷禮，所損益，可知也。其或繼周者，雖百世，可知也。」

【校注】

❶可知也——可以推測而知嗎。「也」在這裡用法同「耶」，是表示疑問的語詞。

❷因——沿襲、依照。

【直譯】

子張問：「今後十代的事情可以預先知道嗎？」

孔子說：「殷代因襲夏代的禮制，所減少和增加的，是可以知道的呀；周代因襲殷代的禮制，所減少和增加的，也是可以知道的呀。將來假設有繼承周代而興起的，即使是以後一百代，也是可以推知出來的呀。」

【新繹】

歷史的演進，歸納起來，有其一定的規律。子張的問題，應該與禮制有關，所以孔子才會以禮制的因革為例來加以說明。

有人以為孔子所說的因革損益，指的是三綱五常、文章制度之類而言。因為這是天地之常經、古今之通義，不論是十世萬載，如何更易，也萬變不離其宗。這是值得我們參考的說法。

第24章

子曰：「非其鬼而祭之❶，諂也。見義不為，無勇也。」

【校注】

❶ 非其鬼而祭之——不是自己已死的祖先，卻去祭饗他，祈求福祥。鬼，古人以為人死後仍有感應，所以稱已死的祖先為鬼，與神並稱。

【直譯】

孔子說：「不是自己應當祭祀的鬼神，卻去祭祀他以求福祚，這就是諂媚呀。看見合理該做的事情，卻不去做，這就是沒有勇氣呀。」

【新繹】

《禮記．祭法篇》說：「人死曰鬼。」古代人認為人死了以後，和天神、地祇一樣，也有靈異，就叫做「鬼」，又認為自己的祖先化為鬼之後，會庇護自己的子孫，所以常按時祭拜，表示追念報恩，同時用以祈福。此章孔子批評那些只為祈福而亂拜鬼神的人，又批評那些見義不為、沒有道德勇氣的人，應是各有所指。但為什麼把二者合在一起說，不得而知。

【三】八佾篇

本篇共二十六章，承接上篇，專論禮、樂之事。內容比較統一，似乎經過編者特意的安排和整理。

篇名不取首章開端的「季氏」二字，有人以為是因為第十六篇篇名也題為「季氏」，要避免重複的緣故。

第1章

孔子謂季氏❶八佾❷舞於庭：「是❸可忍也，孰❹不可忍也！」

【校注】

❶季氏——魯國大夫，魯桓公之子季友的後裔，也就是執掌國政的季孫氏。魯宣公九年（西元前六〇〇年），與孟孫氏、叔孫氏輪流執政，號稱「三桓」或「三家」。自季文子開始，季武子、季平子、季桓子、季康子相繼掌握大權，至其家臣陽虎掌權而告失勢。有人以為這裡的季氏，是指季平子，也有人以為是指季康子或季桓子。

❷八佾——古代祭祀時的樂舞，天子用八佾的儀式。佾，音「亦」，舞蹈的行列。天子每佾八人，八佾就是六十四人。這種儀式只有天子才能用。其他依次諸侯六佾三十六人，卿大夫四佾十六人，士二佾四人。季氏是魯國大夫，按規定只能用四佾，卻用了八佾，因此是越禮的行為。

❸是——此。指季氏僭用天子八佾。

❹孰——誰、什麼事情。

【直譯】

孔子談到季氏在家廟庭院中用八個行列六十四人舞蹈的這件事：「這種事可以容忍的話，那還有什麼不可以容忍的呢！」

【新繹】

古禮最重視名位之制，認為必須嚴加遵守，不可僭越，否則一切禍亂將因此而起。季氏職位是大夫，行祭禮時，按規定只能用四佾，他卻用了天子八佾的儀式，所以孔子對他口誅筆伐。

有人以為孔子當時並沒有討伐季氏的條件和意志，因而認為文中的「忍」字，不宜解作孔子的「容忍」，而應是感嘆季氏「狠心做出來」。這種說法，宋儒早已有之。但如此講，會讓人以為孔子連口誅筆伐的道德勇氣都沒有，所以不採用。

第2章

三家❶者以〈雍〉❷徹。

子曰：「『相維辟公，天子穆穆。』❸奚取❹於三家之堂？」

【校注】

❶ 三家——仲孫（後改稱孟孫）氏、叔孫氏、季孫氏，魯國當政的三個貴族，都是魯桓公的後代。季孫建有「桓廟」，令仲孫、叔孫同祭祖先。大夫世襲，有封邑，就稱為「家」。

❷〈雍〉——也寫作「雝」，《詩經．周頌》的一篇。古禮，天子祭宗廟完畢時，規定唱〈雍〉這篇詩來撤（同「徹」）去祭品。一說先唱〈雍〉篇，然後才撤去祭品。

❸ 相維辟公二句——這是〈雍〉篇詩中的兩句，意思是說：助祭的是諸侯，天子莊莊嚴嚴（在主祭）。相，音「向」，助。維，是。辟，國君。公，指二王（夏、殷）的後代。辟公泛指諸侯。

❹ 奚取——何取、哪裡找得到。

【直譯】

仲孫、叔孫、季孫這三家魯國大臣在祭祀祖先完畢時，唱著〈雍〉詩來撤除祭品。

孔子說：「『相維辟公，天子穆穆。』這種景象，在三家的廟堂裡，哪裡找得到？」

【新繹】

此章和上章一樣，都是記載孔子對魯國季氏三家僭越用禮的批評。按古禮規定，天子祭宗廟、撤祭品時，才歌唱〈雍〉詩，詩篇中二句寫的就是天子主祭、諸侯助祭的景象。如今三家祭祀，主祭者不過是大夫，助祭者不過是家臣，怎麼可以在家廟裡僭用天子之禮呢？所以孔子譏其無知妄作。

第3章

子曰：「人而❶不仁，如禮何❷？人而不仁，如樂何？」

【校注】

❶ 而——連接詞，假設的語氣，通「如」，如果。一說：轉折詞，卻、但是。

❷ 如禮何——禮能對他怎麼樣。如之何，奈他何。下文「如樂何」句型同。

【直譯】

孔子說：「一個人假使沒有仁心，禮節又奈他何？一個人假使沒有仁心，音樂又奈他何？」

【新繹】

此章孔子強調仁為禮樂之本，不修德行仁，禮、樂便沒有意義了。《禮記．儒行篇》說：「禮節者，仁之貌也；歌樂者，仁之和也。禮樂所以飾仁，故惟仁者能行禮樂。」可見禮是外在行為，須加節制，才能成為規範；樂是內心感應，必須中和，才能薰陶人。而唯有修德行仁之人，才能懂得禮節歌樂的真諦。

有人以為記述者將此章列於上章八佾、〈雍〉徹之後，「疑其為僭禮樂者發也。」至於僭越禮樂者是誰，是不是季平子或三桓之家，已經無從推斷了。

第4章

林放❶問禮之本。

子曰：「大哉問！禮，與其奢也，寧儉；喪，與其易❷也，寧戚。」

【校注】

❶ 林放——姓林，名放，字子丘。魯國人。是否孔子學生，不能確定。

❷ 易——和易。喪禮而有和易之感，一定與其禮儀的周備有關，所以有人釋「易」為「周備」。它既與「戚」對，應有平和、喜悅之義。

【直譯】

林放請教禮的本質。

孔子說：「很重要啊這個問題！禮節，與其奢侈呀，寧可儉省；喪事，與其周備呀，寧可哀戚。」

【新繹】

孔子回答林放的問題，重在「禮之本」的「本」，而且重在講喪祭之禮。禮是外在行為的規範，必須知所節制，否則會有「過」與「不及」的流弊。過則太講求繁文縟節，逾越本分，失之奢侈，只重形式；不及則少簠、簋、籩、豆等物，只強調內心的哀戚，顯得太寒酸。二者各有所失，所以古人說：「過猶不及」。

不過，行禮首在人有仁心，喪祭重在表示悼念，所以林放問禮之本，孔子就回答他與其奢、易，還不如儉、戚了。

第5章

子曰：「夷狄❶之有君，不如諸夏之亡❷也。」

【校注】

❶ 夷狄——泛指中原地區以外，沒有禮教文明而尚未開化的野蠻民族。

❷ 諸夏之亡——華夏各國沒有君王的時代。諸夏，泛指漢族所統治的中原地區。亡，同「無」。

【直譯】

孔子說：「夷狄這些不重禮教的野蠻民族，在有君王統治的時候，也趕不上華夏地區沒有君王的時候呢。」

【新繹】

古人稱周圍文化落後的民族，東叫「夷」，西叫「戎」，南叫「蠻」，北叫「狄」。這裡舉「夷」、「狄」二者以概其餘。諸夏，指的就是中國境內的諸侯。

孔子重視禮教人文，此章即就文化程度而言，並非以種族、地域或哪一個君王來區分。有人以為這有傷其他民族感情，所以將「不如」解作「不像」，說夷狄有君主的時候，總比華夏各族紛爭交戰的好。將此章譯為：「四周蠻夷之邦都知道有君主，不像中國諸侯沒有君臣的名分。」這樣講也很好。

第6章

季氏旅❶於泰山。子謂冉有❷曰：「女弗能救與？」❸對曰：「不能。」子曰：「嗚呼！曾❹謂泰山不如林放❺乎？」

【校注】

❶ 旅——一種祭山的古禮。這裡作動詞用。按照古禮，天子才可旅祭天下名山大川，諸侯才可祭祀境內名山大川，季氏只是魯國大夫，卻去祭泰山，那是僭禮的行為。

❷ 冉有——孔子的學生。姓冉，名求，字子有。亦稱冉子或有子。魯國人。比孔子小二十九歲。多才藝，善政事，當時他是季康子的家臣。

❸ 女弗能救與——女，同「汝」，你。弗，不。救，挽救，有阻止的意思。與，同「歟」。

❹ 曾——音「增」，乃、難道、竟然。

❺ 泰山不如林放——泰山的神靈還不如林放知禮。林放，見本篇第四章。

【直譯】

季氏（季康子）要到泰山去祭祀。孔子對冉有說：「你不能阻止嗎？」冉有答道：「不能。」

孔子說：「喔唷！難道說泰山（神靈）還不如林放（知禮）嗎？」

【新繹】

古人以為名山大川都有神靈，所以古禮制定：天子祭天下名山大川，諸侯祭境內山川，大夫只能祭家廟。泰山，按禮，魯國國君可以往祭，季氏，大夫而已，是不可以的。孔子的學生冉有，當時正做季氏季康子的家宰，卻不勸阻（參閱《左傳・哀公七至十二年》），所以孔子批評他們不如林放知禮之本。

有人認為末句「曾謂泰山不如林放」頗難理解，依其上下文理推測，懷疑「泰山」二字，應為「季氏」、「季孫」，或「求也」、「冉求」之誤。這是合理的推測，但未必對。

第7章

子曰：「君子無所爭。必也射乎！揖讓而升❶、下而飲❷。其爭也君子。」

【校注】

❶ 揖讓而升——揖讓，古代的一種禮讓動作。拱手及胸叫揖，推手叫讓。升，指揖讓之後，升堂比賽射箭。

❷下而飲——下，指射完箭仍然揖讓之後，走下臺階。飲，罰別人飲酒。按照古禮，勝方請敗方飲酒。

【直譯】

孔子說：「君子沒有什麼爭勝的事情。有的話，一定是在比賽射箭的時候吧！但也要互相揖讓，而後升堂、下堂，而後飲酒。他們的比賽呀，有君子的風度。」

【新繹】

這一章講射箭比賽，一樣與禮有關。在上位的有品德的君子，是不與人爭的，但參加飲酒或舉行射禮，有時候要比賽射箭，也就不能不與他人爭個勝負。文中的「射」，原指射箭，這是古人必備的生活技能。「揖讓而升」以下，指的是舉行射禮的儀節。古代射禮分大射、賓射、燕射、鄉射等四種。禮當然有一定的儀節，射以前要互相揖讓而後升堂，射完了又要揖讓而後下堂；勝的人請對方飲酒，也一樣要揖讓升降。揖讓是謙遜禮讓的表示，勝者不驕，敗者不餒，雖然儀節和現代頗不相同，但一樣能充分表現出現代人所強調的「體育精神」和君子風度。

第8章

子夏問曰：「『巧笑倩兮，美目盼兮。素以為絢兮。』❶何謂也？」子曰：「繪事後素。❷」

曰：「禮後乎？」子曰：「起予者商❸也，始可與言《詩》已矣❹。」

【校注】

❶ 巧笑倩兮三句——前兩句見於《詩經．衛風．碩人篇》，末句是逸詩。這三句詩的意思是：輕巧的笑容在嘴邊流露呀，美麗的眼神黑白分明地在溜轉呀，用粉白打底再畫上五彩的顏色呀。倩，笑容可愛的樣子。盼，眼睛轉動的樣子。素，本色。指粉白色的顏料或絲絹。絢，音「陷」，色彩美麗。

❷ 繪事後素——彩色繪畫的工作，在粉白打底之後。一說：先素粉勾勒。

❸ 起予者商——能啟發我的人是子夏。商，子夏的名。見前。

❹ 已矣——表示肯定的連用語氣詞。

【直譯】

子夏問道：「『巧笑倩兮，美目盼兮。素以為絢兮。』是什麼意思呢？」孔子說：「繪畫的工作，在先有粉白打底之後。」

（子夏）說：「禮也是後起的嗎？」孔子說：「啟發我的是卜商呀！開始可以跟你討論《詩經》了罷。」

【新繹】

此章孔子讚許子夏讀《詩經》能懂得觸類旁通的道理。「巧笑倩兮，美目盼兮」在今《詩經．衛風．碩人篇》；「素以為絢兮」一句應該是逸詩。前兩句寫衛莊姜的容色之美，沒有疑義。子夏的問題，應該在於「素以為絢兮」一句。

《周禮．考工記》說：「畫繪之事，後素功」，「後素功」是「在素功之後」的意思，與「素以為絢兮」同義，都是說繪畫先以白底為質地，然後才施以五彩。孔子的回答，也就是在確定這個道理。《禮記．禮器篇》說：「甘受和，白受采」，須先有白的質地，才可以表現文采。問答本來可以到此為止，然而子夏卻因孔子的回答而觸類旁通，起了聯想，以為孔子常說的禮，與此有關係。「繪事後素」，就如同禮儀於人是後起的一樣，必須人有誠實的本質，然後才可以接受禮儀文飾。也因此，孔子稱許他知道觸類旁通、興諷託喻的道理，說是「始可與言《詩》」了。

第9章

子曰：「夏禮，吾能言之，杞❶不足徵也；殷禮，吾能言之，宋❷不足徵也。文獻❸不足故也。足，則吾能徵之矣。」

【校注】

❶杞——音「啟」，國名，故城在今河南省杞縣。夏禹的後裔。周武王所封，後為楚國所滅。

❷宋——國名，故城在今河南省商丘市南。商湯的後裔。周武王所封，後為齊、楚、魏所滅。

❸文獻——文，典籍。獻，賢聖，指耆舊的口述史料。

【直譯】

孔子說：「夏代的禮制，我能說出它的，可惜杞國（所保存的）不夠用來印證呀；殷代的禮制，我能說出它的，可惜宋國（所保存的）不夠用來印證呀。這是兩國的史料和賢人不夠的緣故呀。要是夠，那麼我就可以證明我所說的話了。」

【新繹】

此章，孔子感嘆夏、商二代禮制的失傳和文獻的不足。杞、宋是夏、商禮制的繼承者，但因為歷史文件很少保存下來，而且杞、宋也沒有可以徵詢請教的遺老耆舊，所以孔子感嘆周代以前的禮制，已無從考察證驗了。

〈為政篇〉第二十三章孔子與子張談論「殷因於夏禮」，以及《禮記．禮運篇》孔子所謂「我欲觀夏道」、「我欲觀殷道」等等，都可與本章合看。

第10章

子曰：「禘❶，自既灌❷而往者，吾不欲觀之矣。」

【校注】

❶ 禘——音「帝」，古代一種只有天子才能舉行的祭祖大典，五年在太廟舉行一次。周成王因為周公功高，特許他舉行禘祭。以後魯國國君（周公後代）都沿用它，成為慣例。

❷ 灌——也寫作「祼」。古代祭典開始時，獻酒給尸（代替受祭者的活人），由尸澆酒在地，用以迎神的儀節。古代祭祀祖先時，找受祭者親族中的年輕人扮成「尸」，代替神靈受祭，接受獻酒，再把酒澆灌在地，藉以迎接神靈降臨。

【直譯】

孔子說：「禘祭，從已經獻酒以後的儀式，我就不想看它們了。」

【新繹】

此章記孔子參加魯國所舉行的禘祭時，從「灌」這個儀節以後，就不想看了。為什麼會如此？孔子沒說，後人紛紛猜測，朱熹《論語集注》曾引述幾位宋儒的意見，但都無法定論。不過，可以確定的是，當時魯國所舉行的禘祭，一定有不合禮處。《禮記．禮運篇》說：「魯之郊禘，非禮。」很可能它的不合禮處，早已有之，而且行之甚久。

第11章

或問禘之說。

子曰：「不知也。知其說者之於天下也，其如示諸斯❶乎！」指其掌。

【校注】

❶ 示諸斯——示，同「視」。諸，「之於」的合音。斯，此，指其掌中。

【直譯】

有人問禘祭的道理。

孔子說：「不知道呀。知道它道理的人，對於天下的事情，應該就像在這裡看見一樣吧！」說時指著他的手掌。

【新繹】

前章已經說過禘是一種極為莊嚴隆重的大禮，它每隔五年才由天子一祭宗廟。周成王因為周公有莫大功勳，特許他可以舉行禘祭。魯國為周公之後，所以後來魯國之君都沿用此例。事實上，魯君舉行禘祭，本來就不合古禮的。上一章說：「禘，自既灌而往者」，孔子就不想看，應該是他在魯君舉行的禘祭上，看到更多不合古禮的地方，所以不想看了，同時避而不談。「指其掌」，是瞭若指掌的意思，表示道理很明白，不必再說了。

孔子知道魯國的禘祭非禮，又不便批評，因此深諱之而說不知，這也是一種合禮的表現。

第12章

祭如在，祭神如神在。

子曰：「吾不與祭，如不祭。」

【直譯】

祭祖先就像祖先真在面前，祭神靈就像神靈真在面前。

孔子說：「我不親自參加祭禮，（雖然有人代祭）就像沒有祭一樣。」

【新繹】

此章說孔子認為祭禮重在誠敬，不尚虛文。有人說首句：「祭如在」，應是孔子以前即已流傳的賢聖之言，所以孔子用「祭神如神在」來解釋它。有人說最後兩句應斷成：「吾不與，祭如不祭。」「與」作「贊同」講，意思是：我不贊成祭如不祭那種態度。也有人解作：「我心裡不喜歡祭，還不如不祭。」這些意見都可備一說。

第13章

王孫賈❶問曰：「與其媚於奧，寧媚於竈。❷何謂也？」

子曰：「不然！獲罪於天，無所禱也。」

【校注】

❶ 王孫賈——周靈王的孫子，名賈。一說：本衛國人，以王孫為氏。善治軍旅，當時是衛國執政的大臣。

❷ 與其媚於奧二句——這兩句可能是當時的俗語。奧，室內西南角，尊者所居。定州簡本「奧」作「窖」，恐為誤字。竈，音「燥」，做飯的大灶，也是設饌迎尸的地方。古人以為這些地方都有神靈。

【直譯】

王孫賈問道：「與其討好奧神，不如討好竈神。這是什麼意思呢？」

孔子說：「不對！如果得罪了上天，就沒有地方可以禱告了。」

【新繹】

此章記述孔子與王孫賈的問答，都以比喻為說，其用意何在，只能推測。前人以為王孫賈引用「與其媚於奧」二句，用意是在請教孔子：與其尊重國君，是不是寧可親近在位當權的人。而孔子的回答，是說只要違禮悖理，得罪上天，不管怎麼祈禱都沒有用。也就是說為政但求公正無私，不須對人諂媚。

因為王孫賈與孔子都以比喻為說，究竟王孫賈問話的用意是請教孔子，他應該親近衛君或親近衛君身邊當權得勢的南子、彌子瑕？或者是在暗示孔子來到衛國，自當親近王孫賈他自己？孔子答話中的「天」，究竟是指有意志力的天神，或指有道德性的天理？歷來學者各有不同的主張和詮釋，很難確定誰是誰非。

第14章

子曰：「周監❶於二代，郁郁乎文哉❷！吾從周。」

【校注】

❶ 監——通「鑑」，銅鏡。這裡當動詞用，是「借鑑」的意思。

❷ 郁郁乎文哉——郁，音「玉」，文采燦爛的樣子。文，文采，此指禮儀制度。

【直譯】

孔子說：「周代以夏、殷二代為借鏡，煥煥然禮儀文采多麼美盛呀！我贊同周代。」

【新繹】

此章記載孔子對周禮的讚美之辭。〈為政篇〉第二十三章說：「殷因於夏禮，所損益，可知也；周因於殷禮，所損益，可知也。」這是就歷史演進的規律而言。本篇第九章說：「夏禮，吾能言之，杞不足徵也」，那是感嘆文獻不足，因而無法了解夏禮、殷禮的全部。而第十一章談到禘祭時，孔子「指其掌」，則是說明周朝所行的禘祭，原是明白可考的。

對照以上的記載，可以了解孔子所以讚美周朝的禮儀制度，是因為它比夏、商二代要美善完備。

第15章

子入大廟❶，每事問。

或曰：「孰謂鄹人❷之子知禮乎？入太廟，每事問。」

子聞之，曰：「是禮也。」

【校注】

❶ 大廟——即周公廟。大，通「太」。周公因為功勞大，他的兒子伯禽被封於魯，為開國之君，尊稱周公為太祖，其廟即稱太廟。

❷ 鄹人——指孔子的父親叔梁紇。鄹，音「鄒」，地名，在今山東省曲阜市東南，是孔子的故鄉。有人說孔子的父親曾經作過鄹大夫，所以稱他為「鄹人」。

【直譯】

孔子進入太廟，每件事情都要請教。

有人說：「誰說鄹人的兒子懂得禮呢？進入太廟，每件事情都要請教。」

孔子聽到這些話，說：「這就是禮呀。」

【新繹】

此章記孔子仕魯時，第一次入太廟助祭，「每事問」。為什麼知道是第一次，因為第一次問了以後，已經明白，以後不需要再問了。每一件不懂的事情都向人請教，這正是誠敬合禮的態度。

有人說「每事問」，是指當時魯君祭禮頗有不合古禮者，所以孔子才就有疑義的地方，提出詰問。

第16章

子曰：「射不主皮❶，為力不同科❷。古之道也。」

【校注】

❶ 皮——古代箭靶叫「侯」，常用皮或布做成。用皮革做的靶子，叫做「鵠的」。

❷ 科——程度、等級。

【直譯】

孔子說：「射箭不是重在射穿皮靶子，因為各人用的力氣不同等。這是古人的說法。」

【新繹】

射，古代貴族的一項重要體育活動，常配合宴飲禮樂，舉行射箭比賽，藉以觀德行。「射不主皮」這句話，亦見《儀禮・鄉射禮》，應該是一個有關古禮的成語。

此章所講的「射」，仍就射禮而言。比賽射箭，重在射中目標，箭法準確，而不在於力道強不強勁，能不能射穿皮靶子。這裡講的「射」，只重在比賽較勝負，不是指戰爭來說的，否則當然要用力。

第17章

子貢欲去告朔之餼❶羊。

子曰：「賜❷也！爾愛其羊，我愛其禮。」

【校注】

❶ 餼——音「系」，古代祭祀時所用的生羊。

❷ 賜——子貢的名。見前。

【直譯】

子貢想要廢去每月初一告祭魯國祖廟的那隻生羊。

孔子說：「賜呀，你愛惜那隻羊，我愛惜那個祭禮。」

【新繹】

起先周朝天子每年在年終之際，頒告次年曆書給諸侯，說明每個月的初一是哪一天。這是因為分年之中，每個月的天數不等，以及偶有閏月的緣故。此即所謂「頒告朔」。諸侯收到新曆書之後，藏於祖廟。次年開始，每月逢初一，便殺一隻羊祭祖，這就叫「告朔」之禮。禮畢才返朝聽政，名為「聽朔」或「視朔」。

可是根據孔子《春秋》的記載，從周幽王開始，此禮已廢，而魯國自文公開始，也已不復行「告朔」之禮，只是仍殺一隻活羊送到祖廟，虛應故事而已。

做事務實的子貢看到這種情形，以為禮既不行，又何必殺羊，所以主張去而不用。可是，孔子卻認為留此形式，仍可令人不忘此禮，否則古代的「告朔」之禮便完全廢絕了。

第18章

子曰：「事君盡禮，人以為諂也。」

【直譯】

孔子說：「侍奉君上，盡到禮節，別人卻認為是諂媚呀。」

【新繹】

所謂禮節，是說禮制有一定的儀度，行禮時也有一定的節制，要適度合節，不可過或不及。古人認為對君上對尊長必須敬重，所以「事君盡禮」，只是盡到事君之禮，而非諂媚。諂媚是過度的討好，已不合禮。如果怕人批評諂媚君上，因而矯枉過正，事君而不盡禮，也是錯的。

盡禮與諂媚的差別，主要在於心中是否有誠敬之意。孔子這樣說，正反映了當時政壇上敗壞的風氣，不是諂媚阿諛，就是傲慢無禮；無禮之人，看到事君盡禮者，反而批評是諂媚呢！

第19章

定公❶問：「君使臣，臣事君，如之何？」孔子對曰：「君使臣以禮，臣事君以忠。」

【校注】

❶ 定公——魯國的國君，名宋。「定」是謚號。魯襄公的兒子，魯昭公的弟弟，在位十五年。孔子做魯國的中都宰和司寇，約在定公九年到十二年間。其間曾與齊景公舉行「夾谷之會」，並曾試削「三家」之勢，可惜不克而罷。

【直譯】

定公問：「君上差遣臣下，臣下侍奉君上，這種事應該怎麼做？」

孔子答道：「君上差遣臣下要依照禮節，臣下侍奉君上要竭盡忠心。」

【新繹】

孔子在魯定公時做過司寇，他回答定公的問題，諒必有所指而發。君上以禮使臣，臣下以忠事君，這是事理之固然，但如果君上不以禮差遣臣下，臣下又不盡忠心侍奉君上，該當如何？魯定公在位期間，季孫氏當權，其中三年還由季氏家臣陽虎專政。後來他想削減「三家」勢力，卻遭孟孫氏反抗，所以他常向孔子請教。這真是一個易知而難行的道理，是很容易也很難回答的問題，同時也是一個古今學者常相爭論的問題。《孟子．離婁篇下》說：「君之視臣如手足，則臣視君如腹心；君之視臣如犬馬，則臣視君如國人；君之視臣如土芥，則臣視君如寇讎。」或許他說的，正是孔子心中的想法。

第20章

子曰：「〈關雎〉❶，樂而不淫，哀而不傷。」

【校注】

❶〈關雎〉——《詩經》的第一篇。見〈國風．周南〉，古人認為它歌詠文王之化，后妃之德。

【直譯】

孔子說：「〈關雎〉這篇詩，快樂卻不過分，悲哀卻不傷情。」

【新繹】

〈關雎〉是《詩經》的首篇。寫一位窈窕淑女，在河邊採荇菜，她的美好，使一位君子日思夜夢，希望娶她回家。其中「琴瑟友之」、「鐘鼓樂之」，是寫嚮往先友後婚的喜樂心情；而「求之不得，寤寐思服。悠哉悠哉，展轉反側」則寫其患得患失的相思煩惱。前者樂而不淫，後者哀而不傷，可以說都哀樂有節，不失之於淫蕩或悲傷。不過，也有人以為此乃就其音樂曲調而言，不必用詩篇文字內容來作解釋。

第21章

哀公問社❶於宰我❷。宰我對曰：「夏后氏❸以松；殷人以柏；周人以栗，曰：使民戰栗❹。」子聞之，曰：「成事不說，遂事不諫，既往不咎。❺」

【校注】

❶社——這裡指土地神。古人祭祀土地時，用木做神主，就叫社主。《魯論語》作「主」，神主。

❷宰我——孔子的學生。姓宰，名予，字子我。魯國人。小孔子二十九歲。能言善辯，以「言語」著稱。

❸夏后氏——夏時諸侯以上皆稱「后」，故尊稱天子為夏后氏。

❹栗——音「力」，通「慄」，恐懼。上「栗」字是樹木名稱，此「栗」字動詞，用法不同。

❺成事不說三句——是說已經過去的事情，不再說其是非、匡其錯誤、責其過失。用意在告誡人說話做事要謹慎。

【直譯】

哀公向宰我請教社主的事情。宰我答道：「夏代的人用松木；殷代的人用柏木；周代的人用栗木，意思是使人民戰慄恐懼。」

孔子聽到這些話，說：「已成的事不再解釋，已做的事不再諫止，已往的事不再追究。」

【新繹】

古人建國立社，用來祭祀神祇。祭祀土地神（地祇）時，通常用一木製牌位代表神靈，或在社旁栽種當地所宜的樹木，叫做「社主」。二者其實沒有矛盾，因為木製牌位用的仍然是當地所宜的樹木。宰我回答魯哀公的話，正說明夏、商、周三代所用的社主，各依其地之所宜。不過他解釋周人以栗為「社主」，是用來「使民戰栗」，卻使孔子不能苟同。孔子所說的那三句話，是勸宰我以後發言要謹慎。發言要謹慎，是孔子一直諄諄告誡弟子的。

「夏后氏以松」那三句話，也有人認為夏、商、周三代以松、柏、栗為社主，都是取其諧音，各有寓意。松諧音「鬆」，柏諧音「迫」，不止栗諧音「慄」。這樣說來，宰我之說原來是有道理的。只是孔子以為政者正也，不語怪力亂神，也不喜空談古人是非，所以他才告誡宰我。

第22章

子曰：「管仲❶之器小哉！」

或曰：「管仲儉乎？」曰：「管氏有三歸❷，官事不攝❸，焉得儉乎？」

曰：「然則管仲知禮乎？」曰：「邦君樹塞門❹，管氏亦有樹塞門；邦君為兩君之好，有反坫❺，管氏亦有反坫。管氏而知禮，孰不知禮也❻？」

【校注】

❶管仲——名夷吾，字仲。又稱管敬仲。輔相齊桓公，執政四十年，推行尊王攘夷政策，使齊桓公稱霸諸侯，成為春秋五霸之一。

❷三歸——歷來有下列幾種不同的說法：一、娶三姓女；二、采邑地名；三、臺名；四、家有府宅三處；五，藏錢幣的府庫；六、市租；七、三饋三牲盛饌。這裡採用第四種說法。

❸攝——代理、兼任。是說管仲家有三處，各處都設有專職人員，不相代理，極為奢侈浪費。

❹塞門——屏風。

❺反坫——反，同「返」。坫，音「店」，可以放置器物的土臺。古代君王諸侯在宴饗獻酬時，賓主飲酒完畢，通常就便把喝乾的酒尊，放回東西兩楹之間的土臺上，這叫反坫。

❻管氏而知禮二句——此據日本林泰輔藏《論語集解》古鈔本。而，通「如」。也，通「耶」。

【直譯】

孔子說：「管仲的器量真狹小哪！」

有人問：「管仲節儉嗎？」孔子說：「管仲有三個公館，屬下辦事時都不兼管其他差事，怎麼能夠節儉呢？」

那人又問：「那麼，管仲懂得禮節嗎？」孔子說：「國君設立屏風在門內，管仲也同樣設有屏風在門內；國君為了兩國君主的友好，宴會上設有放回酒杯的土几，管仲也就同樣設有放回酒杯的士几。管仲假使知道禮節，還有誰不知道禮節呢？」

【新繹】

管仲是春秋時代的名相。他輔佐齊桓公成為一代霸主。〈憲問篇〉第十六章就記載孔子說：「桓公九合諸侯，不以兵車，管仲之力也。」並稱許他「不以兵車」，不主張發動戰爭，是個有仁德的人。而〈八佾篇〉這一章卻說管仲器量小，看似矛盾。事實上，管仲雖然提倡尊王攘夷，唯有仁德，卻器量不大，所以只能輔佐齊桓公，使之成為霸主，而不能完成王道。孔子為了說明這個道理，因此舉了幾個實例來就事論事。說管仲有「三歸」，屬下都是專職，不兼任其他差事，這就是奢侈不節儉；說管仲起居飲宴，學國君「樹塞門」立屏風，飲酒設「反坫」，這就是僭越不合禮。奢侈不節儉、僭越不合禮，這也就是孔子批評他「器小」不能成大德的原因。

第23章

子語魯大師❶樂，曰：「樂，其可知也。始作，翕如❷也；從之，純如也，皦如❸也，繹如❹也，以成。」

【校注】

❶ 大師——也寫作「太師」，「大」同「太」。樂官之長。

❷ 翕如——即翕然。翕，音「細」，音調合拍。

❸ 皦如——即皦然。皦，音「皎」，明明白白的樣子。

❹ 繹如——即繹然，形容像抽絲一般的連續不斷。繹，音「益」，抽絲。

【直譯】

孔子告訴魯國太師有關樂理的事，說：「樂理，應該是可以知道的呀。開始演奏時，音調齊鳴的樣子；隨著，音調和諧的樣子，清晰分明的樣子，連續不斷的樣子，然後完成。」

【新繹】

此章記敘孔子與魯國太師討論音樂的道理。從起始到結束，層次分明的加以解析。「始作」指開始演奏時，各種音調齊鳴。「從之」指後來隨之而起的幾個層次：「翕如」指所有音調中節合拍；「皦如」指音節分明，不相奪倫；「繹如」指音樂連續，有如貫珠。「以成」是說一直到曲終樂成的時候。以上所說的三個層次：「始作」、「從之」、「以成」，其實也就是「禮」的表現，是禮與樂的結合。

第24章

儀封人❶請見，曰：「君子之至於斯，吾未嘗不得見也。」從者❷見之。出，曰：「二三子何患於喪乎？天下之無道也久矣，天將以夫子為木鐸❸。」

【校注】

❶ 儀封人——儀邑掌管邊界的官吏。儀，衛國地名，在今河南省開封市附近。封人，官名，掌管邊界的官員。

❷ 從者——跟從的人，指跟隨孔子周遊列國，路過衛國的學生。

❸ 木鐸——銅口木舌的鈴子。古代公家有什麼事情要宣布，便搖動木鐸，聚集群眾。

【直譯】

儀這地方的封人求見孔子，說：「有學問品德的君子來到這裡呀，我從來沒有不能見到的呀。」跟隨孔子的學生讓他見了孔子。

他出來後，說：「你們兩三位，何必擔心會失去什麼呢？天下無道已經很久了，上天會讓他老人家做宣揚政教的導師。」

【新繹】

儀是衛國的地名，孔子在魯國辭去司寇之後，周遊列國。路經衛國的儀邑時，當地管邊境事務的封人，見多識廣，一見孔子，就判斷他是可以恢復天下至道的大人物。由此可見這儀邑封人獨具慧眼，亦可見當時弟子對孔子前途的擔心。

第25章

子謂《韶》❶：「盡美矣，又盡善也。」謂《武》❷：「盡美矣，未盡善也。」

【校注】

❶ 《韶》——音「芍」，虞舜時的樂曲。

❷《武》——周武王時的樂曲。

【直譯】

孔子談到《韶》樂時說：「夠美了，而且夠好了呀。」談到《武》樂時說：「夠美了，但還沒有夠好呀。」

【新繹】

通常談到「美」，指的是外表，談到「善」，指的是內在。就音樂而言，前者應指聲容之盛，後者應指感染之深。孔子以此來界分虞舜與周武王時代樂舞曲調的不同。這可能是由於：舜受堯禪讓而為天子，所以《韶》樂盡善盡美，而武王伐商紂而有天下，所以《武》樂盡美，卻未盡善。

第26章

子曰：「居上不寬，為禮不敬，臨喪不哀，吾何以觀之哉？」

【直譯】

孔子說：「在上位不夠寬宏，行禮時不能敬謹，弔喪時不見哀戚，這種人，我還憑什麼來觀察他呢？」

【新繹】

此章孔子說明做人的根本道理，主要是對在上位的君子來說的。「居上」可以指官對民，也可以指上級對下屬。因為在上位者有權力，所以為人要寬宏大量，否則人家會以為不仁慈。「為禮」指行禮時，態度要莊敬，行動要慎重，否則人家看了會當成兒戲。「臨喪」指逢喪事，心情要哀戚，否則人家會以為沒有同情心。寬宏、敬謹、同情，正是做人的根本。

《大戴禮記．曾子立事篇》曾說：「臨事而不敬，居喪而不哀，祭祀而不畏，朝廷而不恭，則吾由知之矣。」這些話和本章可以合看，說的道理，都和禮有關。

【四】 里仁篇

本篇共二十六章，多論仁義道德之事。以仁為主，對於義利之辨、禮讓之道，以及謹言慎行、侍奉父母之方，也有涉及。

第1章

子曰：「里仁❶為美。擇不處❷仁，焉得知❸？」

【校注】

❶里——古代二十五家為一里。這裡作動詞用，「居」的意思。

❷處——讀上聲（音「楚」），作動詞用，居住。

❸知——通「智」，聰明。

【直譯】

孔子說：「住家要在有仁德的地方才好。選擇住處，如果不住在有仁德的地方，哪裡能說是聰明？」

【新繹】

此章孔子教人居住要懂得選擇優良的環境。所謂優良的環境，一般人會以為指的是設備齊全、風光優美或交通便利等等，但孔子強調的是仁德，換言之，是要選擇有仁者居住或風氣良善的地方。古人說的「擇鄰而居」以及「孟母三遷」的故事，所闡述的都是這個道理。懂得這個道理，才是有智慧的人。

有人根據《孟子．公孫丑篇上》的「夫仁，天之尊爵也，人之安宅也」以及「矢人豈不仁於函人哉？」諸語，來解釋本章的「擇不處仁，焉得知」，以為造箭矢的矢人唯恐箭矢不傷人，而造盔甲的函人唯恐武器傷人。所以連鄰居的職業也應該有所選擇。因而以為這裡的「擇」，不一定只講選擇居住的地方，應該還包括選擇職業、朋友等等在內。事實上，那是孟子對孔子仁道的闡述，並不矛盾。選擇居處和選擇職業、朋友等等，都同樣重要。

第2章

子曰：「不仁者，不可以久處約❶，不可以長處樂。仁者安仁，知者利❷仁。」

【校注】

❶ 處約——生活在窮困中。處，作動詞用，居住、生活。下同。約，貧困。

❷ 利——這裡是順從、順應的意思。

【直譯】

孔子說：「沒有仁德的人，不可以長久生活在窮困中，也不可以長久生活在安樂中。有仁德的人安於仁道，有智慧的人順應仁道。」

【新繹】

孔子一向重視仁道，以為它是一切道德的最高修養。一個有仁心的人，言行作為但求心之所安，有如目視而耳聽、手持而足行，一切自自然然。貧賤不能移，富貴不能淫。相反的，一個沒有仁心的人，他在意的是窮達得失，得則樂，失則苦，因此讓他長期享樂或受苦，他都會樂則驕佚淫蕩，苦則哀傷窮濫，做出逾越本份的事。

孔子在仁者、不仁者之間，還提出另有一種智者。這種有智慧的人，他的道德修養沒有仁者那麼高，言行作為沒有仁者那麼自然，可是他知道利用仁道來做為立身處世的準則，因此他也能固守仁道，不至於為非作歹。

第3章

子曰：「唯仁者，能好❶人，能惡❷人。」

【校注】

❶ 好——讀去聲（音「號」），喜愛。

❷ 惡——音「悟」，厭惡。這裡與上句「好」字，皆作動詞用。

【直譯】

孔子說：「只有公正無私的仁人，能喜愛人，也能厭惡人。」

【新繹】

一般人談到仁者，以為有仁心的人，自然會對人人都和好，否則就不是仁者了。可是這一章孔子卻告訴我們：仁者固然會喜愛某些人，但是也會厭惡某些人。他是公正無私的。

孔子以為真正的仁者，他固然有善良的本心，但同時也有判斷是非的能力。好人他當然喜愛，壞人他則沒有理由不厭惡。要不然，連善惡都不分辨，那就是沒有是非之心，是鄉愿而非仁者了。

第4章

子曰：「苟❶志於仁矣，無惡❷也。」

【校注】

❶苟——假設的語詞，如果、只要。

❷惡——音「餓」，壞、不善的意思。此與上下章的「惡」字，用法和讀音都不同。

【直譯】

孔子說：「只要立志在仁道上，就不會做壞事了。」

【新繹】

孔子以為只要立志行仁，自然會大公無私，誠心向善，即使偶有差失，也必然會自己改過，不會做出什麼壞事。

第5章

子曰：「富與貴，是人之所欲也；不以其道得之，不處❶也。貧與賤，是人之所惡❷

也；不以其道得之❸，不去也。君子去仁，惡❹乎成名？君子無終食之間❺違仁，造次❻必於是，顛沛必於是。」

【校注】

❶ 處——讀上聲（音「楚」），接受。
❷ 惡——音「悟」，厭棄。
❸ 不以其道得之——據王充《論衡．問孔篇》說，這一句應當是「不以其道去之」。因為貧賤是沒有人想獲得的。
❹ 惡——音「烏」，疑問語助詞，何、怎麼。
❺ 終食之間——一飯之頃，吃一頓飯的工夫。比喻時間不長。
❻ 造次——倉卒、急遽。和下文的「顛沛」（顛仆）一樣，都是表示不尋常的情況。

【直譯】

孔子說：「發財和當官，是人人所盼望的呀；但是不用正當的方法得到它，就不接受啊。貧窮和低賤，是人人所厭棄的呀；但是不用正當的方法避免它，就不逃避啊。君子離開仁道，怎麼能夠成其為君子呢？君子沒有一餐飯的時間違背仁道的，緊急匆忙的時候一定在乎這個，流離困頓的時候也一定在乎這個。」

【新繹】

古代所謂君子，通常指在上位和有品德的人。在上位者，當然擁有富貴功名，但一旦失意了，往往會灰心喪志，不甘貧賤。因此，古人又期許君子一定要具有高尚的品德。換言之，要固守仁道，不汲汲於富貴，不戚戚於貧賤，時時刻刻不違背立身處世的準則。「無終食之間」、「造次」、「顛沛」都是說明君子不能須臾離開仁道，否則，就不能稱為君子了。

第6章

子曰：「我未見好仁者、惡不仁者❶。好仁者，無以尚❷之；惡不仁者，其為仁矣，不使不仁者加乎其身。有能一日用其力於仁矣乎❸？我未見力不足者。蓋❹有之矣，我未之見也。」

【校注】

❶ 好仁者惡不仁者——句中「好」、「惡」皆讀去聲，作動詞用，分別是愛好、厭棄的意思。已見前。
❷ 尚——通「上」，作動詞用。
❸ 矣乎——表示疑問或感嘆的連用語氣助詞。
❹ 蓋——表示揣測的語詞，可能、大概。

【直譯】

孔子說：「我沒有見過愛好仁德的人、討厭不仁德的人。愛好仁德的人，沒有能超過他的了；討厭不仁德的人，他既實行仁道了，就不讓不仁德的人靠近他的身邊。有能夠一天用他的力量在仁道上的人嗎？我不曾見到力量不夠的。或許有這樣的人了，只是我不曾遇見到他呀。」

【新繹】

這是孔子感嘆當時沒有真正「好仁」和「惡不仁」的人。「好仁」的人，積極地實踐仁道；「惡不仁」的人，消極地拒絕不仁道，二者都一樣在實踐仁道，實不可分。對照上文第二章，「好仁」近乎「仁者安仁」，「惡不仁」近乎「知者利仁」，立足點都還是在仁道上。所以，孔子在慨嘆之餘，鼓勵人立志去實踐仁道，並沒有能力足不足夠的問題。

清代李光地《讀論語札記》云：「無以尚之者，好之至也。不使不仁者加乎其身，惡之深也。此如《大學》之『如好好色，如惡惡臭』，正是用力處。」又云：「蓋求必得而後為好之至，務決去而後為惡之深。志氣相生，豈有力不足患？」都說得很好，故抄錄於此，供讀者參考。

第7章

子曰：「人之過也，各於其黨。觀過，斯知仁矣。」

【直譯】

孔子說：「人的過失，分別表現在他不同的品性類型上。多觀察過失，便能明白仁道了。」

【新繹】

人有不同的類型，所犯的過錯也有不同的類型。孔子以為多加觀察，就可以從中了解仁道。

俗話說：人非聖賢，孰能無過？事實上，聖賢有時也會犯錯，重點在於他犯了什麼錯？犯了錯以後他怎麼做？如果犯的錯，是為公義而誤觸規定，或者是為了親屬，或者是無心之失等等，都還可以原諒。只要他肯誠心改進，虛心改過，都不妨礙他的成就仁道。如果犯的錯，是由於私人的利害得失，那就另當別論了。孔子以為多觀察別人所犯過錯的類型，人焉廋哉，人焉廋哉，對了解仁道是有參考價值的。

有人把「斯知仁矣」的「仁」，解作「人」字，可備一說。

第8章

子曰：「朝聞道，夕死可矣。」

【直譯】

孔子說：「早上聽到真理，即使晚上死去也值得了。」

【新繹】

從「朝聞道，夕死可矣」這兩句話，可以看出孔子對「道」的追求，是多麼的殷切！

朝、夕，比喻時間的短暫，意即立刻、馬上。這還容易理解，但「道」究竟指什麼？則歷來無確解。有人說是事物當然之理，有人說是仁義禮智等等的道理，有人說是天下太平的消息，似乎都不如用「真理」來概括的好。「真理」代表一種宗教情懷，是人生所追求的終極目標。

第9章

子曰：「士志於道，而恥惡衣惡食者，未足與議也。」

【直譯】

孔子說：「一個士人，立志求道，卻羞愧衣服不好、食物不好的，就不值得跟他談論道理了。」

【新繹】

這裡所說的「士」，在古代社會是介於貴族和平民之間的一個階層，相當於我們今天所說的「讀書人」或「知識份子」。他們接受文武合一的教育，平時農耕，戰時抗敵，為貴族家臣，為國家做事。所以古人說：「士者，事也。任事之稱也。」孔子的教育對象，就是他們。

這裡所說的「道」，應該和上章說的「道」一樣，都是值得生死以赴的真理。一個士人追求真理，應該通古今，辨是非，不以衣食口腹之欲為念，否則，貪圖生活享受，哪裡還有什麼「夕死可矣」的決心？孔子是以君子之道來期許士人的。他希望他的學生都能立志向道，追求宇宙人生的真理，後來孟子說：「士尚志」，也是這個意思。

第10章

子曰：「君子之於天下也，無適❶也，無莫❷也，義之與比❸。」

【校注】

❶ 適——音「敵」，專主、匹敵。定州簡本作「謫」，鄭玄注本作「敵」。適、謫、敵，古通用字。

❷ 莫——不、不肯，否定。鄭玄注以為是「慕」的借字，與「適（敵）」相對。一否一可，一敵對一愛慕。

❸ 比——讀去聲（音「畢」），親、從、依從。

【直譯】

孔子說：「君子對於天下的事，沒有絕對的肯定，也沒有絕對的否定，只跟合乎道義的接近。」

【新繹】

這一章首尾二句，說君子對於天下的事情，只選擇合乎道義的來做，意義是明確的，但「無適也，無莫也」該怎麼解釋，則說法紛紜，難定是非。有人（如鄭玄）說「適」音義同「敵」，「莫」意義同「慕」；有人（如皇侃）說「適」、「莫」猶言「厚」、「薄」，也有人（如韓愈）說「適」與「莫」是表示「可」與「不可」、「肯定」與「否定」等等。

這裡採後者之說，以為孔子是「聖之時者也」，懂得通權達變，對於一切人事，事先沒有成見，無可無不可，只看合不合乎道義，再決定做或不做。這就叫做「義之與比」。

第11章

子曰：「君子懷德，小人懷土；君子懷刑，小人懷惠。」

【直譯】

孔子說：「君子在意道德，小人在意田產；君子在意法令，小人在意利益。」

【新繹】

此章孔子說明君子與小人的不同，君子關心的是道德風化與法令施行，小人關心的是田地財產與獲利得益。前者是公義，後者是私利，這就是他們不同的地方。

如果把首章「里仁為美」和本章合看，那麼開頭二句可以指居住的環境，君子關心的是風氣好壞，小人關心的只是土地價值。

第12章

子曰：「放❶於利而行，多怨。」

【校注】

❶放——通「倣」，依照。一說放即「縱」，放縱。意思是放縱自己去追逐利益。

【直譯】

孔子說：「只是依照個人利益去做事，會招來許多怨恨。」

【新繹】

此章孔子告誡人不可專事謀利。因為物利有限，往往有益於此則有損於彼，有利於己則有害於人，因而容易起衝突，生怨恨。言外之意，當然是「義」才是人所當為。

第13章

子曰：「能以禮讓為國❶乎？何有❷？不能以禮讓為國，如禮何？」

【校注】

❶ 為國——治國。

❷ 何有——春秋時代的常用語。《論語》中，如〈雍也篇〉第八章即有三句「於從政乎何有」。何有的意思是：何難之有，或於己何有。

【直譯】

孔子說：「能用禮讓來治國嗎？這何難之有？不能用禮讓來治國，禮制又能怎麼樣？」

【新繹】

在儒家心目中，禮可以「經國家，定社稷，序民人，利後嗣」，對於治國安民，非常重要，但有關它的典章制度，畢竟只是條文，如果不能切實施行，那就是徒具形式了。

孔子以為以禮治國，最重要的是要懂得禮讓的道理。禮重在敬，能敬，行為才合宜；讓重在和，能和，上下才無爭。否則上下相爭，國家必定不治而亂。

第14章

子曰：「不患無位，患所以立。不患莫己知，求為可知也。」

【直譯】

孔子說：「不擔心沒有職位，只擔心自己如何站好在那職位上。不擔心沒有人知道自己，只要求自己做些足以使人知道的事情。」

【新繹】

此章孔子教人要獲得名位，先要講求自立的工夫。假使不先充實自己的才德，無以自立，那麼即使人家給了你名位，也不會持久。言外之意，是勸人不問收穫，但求耕耘。

第15章

子曰：「參乎！吾道一以貫之。」曾子曰：「唯。」

子出，門人問曰：「何謂也？」曾子曰：「夫子之道，忠恕而已矣。」

【直譯】

孔子說：「參呀！我所說的道理可以用一個概念來貫穿它。」曾子說：「是。」

孔子出去後，同學問道：「什麼意思呢？」曾子說：「我們老師所說的道理，就是忠恕罷了。」

【新繹】

此章記述曾子闡明夫子的仁道，就是忠恕。孔子常說仁道，盡人皆知，而曾子以忠恕釋之，也一以貫之。《中庸》有言：「忠恕，違道不遠。施諸己而不願，亦勿施於人。」意思就是說要盡己之心來待人接物，而且還要推己之心，己立立人，己達達人，萬一遇見自己都不願意的，也要「己所不欲，勿施於人」。這就是忠恕，亦即仁道。

第16章

子曰：「君子喻❶於義，小人喻於利。」

【校注】

❶喻——知曉、懂得。定州簡本作「踰」。踰、喻、愉等字，古可通用。《說文解字》、《爾雅》無「喻」字。

【直譯】

孔子說：「君子懂得義理，小人懂得利益。」

【新繹】

此章仍然在辨別君子和小人的不同，和第十一章可以合看。君子關心公益，所以面對利益時，他知道「臨財毋苟得」；而小人關心私利，所以面對義利之辨時，他見利而忘義。

第17章

子曰：「見賢思齊焉，見不賢而內自省也。」

【直譯】

孔子說：「見到賢人，便想跟他一樣好；見到不賢的人，便心裡自己反省（有沒有同樣的毛病）。」

【新繹】

賢是指有品德才能的人。「見賢思齊」，是一種正面的積極向上的力量，不是嫉妒，也不僅是羨慕，而是抱持著「堯舜人也，余亦人也」的信念。「見不賢而內自省」，是一種消極的檢點反省的工夫，不是責備別人，也不僅是反問自己，而是要確實做到「有則改之，無則加勉」。

第18章

子曰：「事父母，幾諫❶，見志不從，又敬不違，勞❷而不怨。」

【校注】

❶ 幾諫——輕聲委婉勸告。幾，音「機」，微。定州簡本「幾」作「儆」，通「警」，機警之意。幾、儆二字，音近義通。

❷ 勞——憂慮、操心。

【直譯】

孔子說：「侍奉父母，（如果父母有過失）要委婉地勸諫，看到他們的心意不聽從，還是恭敬不敢觸犯，內心雖然憂慮卻不怨恨。」

【新繹】

這是孔子教人勸諫父母的道理。孝順父母，是天經地義，但並不是不顧理性、不分是非而一味盲從。因此父母有過錯時，不能視而不見，仍應勸諫。但勸諫時要委婉，和顏低聲，以免傷了親情。「幾諫」是講外貌，「又敬不違」是講內心。《禮記．內則篇》說：「父母有過，下氣怡色，柔聲以諫。諫若不入，起敬起孝。說（宏一按，同「悅」。下同。）則復諫；不說，與其得罪於鄉黨州閭，寧熟諫。」也就是這個道理。

第19章

子曰：「父母在，不遠遊；遊，必有方❶。」

【校注】

❶ 方——地方、地點。一說：方即「常」，常理、常道，指一定的道理。

【直譯】

孔子說：「父母在世的時候，不到遠方遊歷；即使遠遊，也必須有確定的地點。」

【新繹】

這是孔子教人要善體父母親情。古代交通不便，一出遠門，往往就失去了聯絡。即使能通音訊，也往往曠費時日。在家的父母會朝夕掛念兒女，出門的遊子也會思念親人，彼此都不安心。所以孔子說：「父母在，不遠遊。」即使不得已須出遠門，也必須讓父母知道自己所在的地點，這才是孝道。

現今時代改變了，很多人不得不因求學就業而離家遠遊，但孔子「遊必有方」的話，仍然值得大家信守。

第20章

子曰：「三年無改於父之道，可謂孝矣。」❶

【校注】

❶ 三年無改於父之道二句——已見〈學而篇〉第十一章。

【直譯】

孔子說：「父死三年，能不改變父親所立的規矩，就可以說是孝順了。」

【新繹】

此章已見於〈學而篇〉第十一章。應當是弟子記錄時各有所本，或是原編者一時疏漏，以致重出。

第21章

子曰：「父母之年，不可不知也。一則以喜，一則以懼。」

【直譯】

孔子說：「父母的年齡，不可以不知道呀。一方面為他們的增壽而高興，一方面為他們的衰老而憂慮。」

【新繹】

這是孔子教人孝順父母要與年俱增，及時行孝。以上四章，孔子分別從幾方面講孝順父母之道。

第22章

子曰：「古者，言之不出，恥躬之不逮也。」

【直譯】

孔子說：「古代的人，話是不輕易出口的，擔心自身不能做到它呀。」

【新繹】

這是孔子教人能言必須能行，如果說到而不能做到，那是可恥的行為。強調「古者」如此，言外之意，當然是慨嘆當時的人已多不能慎言力行了。

第23章

子曰：「以約❶失之者，鮮❷矣！」

【校注】

❶ 約——儉約、節制。有人釋為約定、諾言。文氣不接，恐非是。

❷ 鮮——讀上聲（音「險」），少。

【直譯】

孔子說：「因為節制而犯了過失的人，很少的了。」

【新繹】

「博我以文，約我以禮」，懂得以禮來約束自己的讀書人，當然很少犯錯。

孔子教人要節制，一則指生活的儉約，懂得儉約就不致奢侈過度；一則指行為的約束，知道約束就不致放縱惹事。「鮮矣」，一則稱許這種人難得，一則感嘆這種人少有。

第24章

子曰：「君子欲訥於言而敏於行。」

【直譯】

孔子說：「君子希望說話時遲鈍而做事時敏捷。」

【新繹】

此章和〈學而篇〉第十四章的「敏於事而慎於言」，說的是同樣的道理。句中的「欲」，希望中有「寧可」之意。放言容易，所以寧可木訥；力行困難，所以寧可勤敏。千萬不要誤會孔子教人口才拙笨才好。

第25章

子曰：「德不孤，必有鄰。」

【直譯】

孔子說：「有道德的人不會孤單，一定會有像鄰居一樣的夥伴。」

【新繹】

進德修業的人，講公義，辨是非，常會得罪人，但孔子相信「同聲相應」、「方以類聚」，這樣的人必然會有志同道合的朋友來親近他，就像鄰居一般。他是不會孤單的。

古人說：「遠親不如近鄰」，在古人心目中，鄰居守望相助，比遠方的親戚還要親近。第一章說的「里仁為美」，道理亦即在此。

第26章

子游曰：「事君數❶，斯❷辱矣；朋友數，斯疏矣。」

【校注】

❶ 數——音「促」，急切、細密。一說音「碩」，屢次、多次。又讀上聲，責、責備。

❷ 斯——作連接詞用，則、這樣就。

【直譯】

子游說：「侍奉君上過於煩瑣，就會招來侮辱；對待朋友過於煩瑣，就會反被疏遠了。」

【新繹】

這是說明事君交友之道。君臣朋友之間，應該都是以道義相結合，因此合則來，不合則去，不必過於勉強。不管是侍奉君上或對待朋友，也不管是親近或進諫，如果過於急切或頻繁，都會自取其辱或反被疏遠。

古人說：「君子之交淡若水」，現代人說：「保持距離，以策安全」，道理相同。

【五】公冶長篇

本篇共二十八章，評古今人物，論處世之道。有人以為此篇係子貢的學生所記。
何晏《論語集解》把第十章「子曰始吾於人也」以下，另起一章，故題為二十九章。
朱熹《論語集注》把第一、第二兩章合為一章，故題為二十七章。

第1章

子謂公治長❶：「可妻❷也。雖在縲絏❸之中，非其罪也。」以其子妻之❹。

【校注】

❶ 公治長——孔子的學生，後為孔子女婿。姓公冶，名長，字子長。齊國人，一說魯國人。家貧，曾蒙冤入獄。

❷ 妻——此當動詞用，讀去聲（音「器」），嫁與。

❸ 縲絏——音「雷洩」，綑綁罪人的繩索。這裡借指監獄。

❹ 以其子妻之——把自己女兒嫁給他。子，古代男女通稱。這裡指女兒。妻，讀去聲，當動詞用。見注❷。

【直譯】

孔子談到公冶長，說：「可以把女兒嫁給他。他雖然被關在監牢之中，卻不是他的罪過。」把自己的女兒嫁給他。

【新繹】

看一個人的好壞，在於他內心的善惡，而不在於他外在的榮辱。公冶長雖然坐過牢獄，但他是被誣告的，不是他該得的罪罰。所以孔子仍然相信他的人品，把女兒嫁給他。據皇侃《論語義疏》引文說：公冶長因懂得鳥語而被誤會為殺人犯，故被囚禁六十日。不知是否屬實。朱熹以為「此篇皆論古今人物賢否得失」，大致不差。

第2章

子謂南容❶：「邦有道，不廢；邦無道，免於刑戮。」以其兄之子❷妻之。

【校注】

❶ 南容——孔子的學生和姪女婿。據朱熹說：南容居南宮，名韜，又名括（一作「适」），字子容。簡稱南容。魯國人。有人以為他就是孟僖子之子、孟懿子之兄弟公孫閱。

❷ 其兄之子——這裡指他哥哥的女兒。

【直譯】

孔子談到南容，說：「國家上軌道，他不被廢棄；國家不上軌道，他也不被殺害。」把自己哥哥的女兒嫁給他。

【新繹】

南容在國家政治清明時，能被任用，不被棄置，足見他的賢能；在國家政治昏暗時，能夠遠罪避禍，免於刑戮，足見他的謹慎。這樣的人，自有可取之處。

從孔子的談話裡，可以看出他所認可的擇婚條件。朱熹把以上兩章合為一章，也自有其道理。

第3章

子謂子賤❶：「君子哉若人❷！魯無君子者，斯焉取斯❸？」

【校注】

❶ 子賤——孔子的學生。姓宓（一作「虙」），名不齊，字子賤。魯國人。比孔子小三十歲，一說小四十九歲。以德行著稱，曾任單父宰。

❷ 若人——像這樣的人。

❸ 斯焉取斯——這種人從何處學到這樣的品德。斯，指稱代名詞，此。上「斯」字指人，下「斯」字指德。焉，安、何。

【直譯】

孔子談到子賤，說：「像這樣的人，真是個君子呀！假使魯國沒有君子的話，這種人又從哪裡得到榜樣？」

【新繹】

此章孔子稱讚子賤能夠親仁近賢，向父兄師友學習，同時也說明了魯國是禮義之邦。

第4章

子貢問曰：「賜也何如？」孔子說：「女❶，器也。」

曰：「何器也？」曰：「瑚璉❷也。」

【校注】

❶ 女——同「汝」，你。指子貢。

❷ 瑚璉——宗廟裡盛小米高粱的禮器，貴重而華美，也叫「簠簋」。一說：瑚璉就是胡輦，一種可以任重道遠的大車。

【直譯】

子貢問道：「賜啊像什麼？」孔子說：「你，像個器具呀。」

子貢說：「什麼器具呢？」孔子說：「像宗廟裡盛放黍稷的瑚璉呀。」

【新繹】

子貢自己請問孔子對他的看法。孔子起先只說他像個「器」。這是什麼意思呢？因為孔子在不同的時地，曾經說過「君子不器」的話。「君子不器」既然可以解釋為君子不要像器具一樣有固定的形制和用處，那麼孔子以「器」評子貢，真意何在？在子貢追問下，孔子進一步說明在他心目中，子貢像宗廟裡貴重華美的瑚璉。瑚璉就是簠簋，是用來盛黍稷的禮器。方形的叫簠，圓形的叫簋。也有人說瑚璉應同「胡輦」，指一種可以任重道遠的大車子。不管哪一種說法，都是說明子貢是一個可以成大器的人。

今人（例如李澤厚《論語今讀》）主張瑚璉應解作飯桶，孔子以此評子貢，既是貶，又是褒，又是開玩笑。藉此可見孔子與學生之間談話的親切有趣，可備一說。

第5章

或曰：「雍❶也，仁而不佞❷。」

子曰：「焉用佞？禦人以口給❸，屢憎於人。不知其仁，焉用佞？」

【校注】

❶ 雍——孔子的學生。姓冉，名雍，字仲弓。魯國人。比孔子小二十九歲。曾任季氏宰。

❷ 佞——音「濘」，巧言善辯。

❸ 口給——口才便給。給，音「己」。

【直譯】

有人說：「雍這個人呀，有仁德卻沒有口才。」

孔子說：「何必要有口才？靠利口巧辯來應付人，常常被人討厭。我不知道他的仁德怎麼樣，但何必要有口才？」

【新繹】

孔子常談仁道，卻不輕易以仁德稱許學生。他說仲弓這個學生口才不好是不要緊的，至於仲弓是不是有仁德，他則不敢斷定。這與〈學而篇〉第三章所說的「巧言令色，鮮矣仁」可以合看。孔子這樣批評仲弓，可能是希望學生不可自得自滿，尚須更求進境。

第6章

子使漆雕開❶仕。對曰：「吾斯之未能信。」子說❷。

【校注】

❶ 漆雕開——孔子的學生。姓漆雕，名啟，字子開。魯國人，一說蔡國人。比孔子小十一歲，一說小孔子四十一歲。後收徒講學，弟子眾多，有所謂「漆雕氏之儒」。

❷ 說——同「悅」，高興。

【直譯】

孔子叫漆雕開去做官。他答道：「我對這個還不夠自信。」孔子聽了很高興。

【新繹】

孔子叫漆雕開出去做官，那是表示漆雕開的品性才能，已獲肯定，而漆雕開說自己還沒有自信，那是表示他的謙虛遜讓。這樣的人志廣道深，所以孔子聽了高興。

第7章

子曰：「道不行，乘桴❶浮於海。從我者，其由與？❷」子路聞之喜。

子曰：「由也，好勇過我，無所取材❸。」

【校注】

❶ 桴——音「浮」，木筏。古通「枹」。定州簡本作「泡」，當為形近而誤。

❷ 從我者二句——從，跟隨。其，表示測度的語氣詞。與，同「歟」，語末助詞。

❸ 無所取材——材，指造筏木的材料。一說：「材」同「哉」，句意是說：子路沒有什麼可取的了。

【直譯】

孔子說：「理想不能實現，不如乘坐木筏漂到海外去。跟隨我的人，大概是仲由吧？」子路聽到了這些話，很高興。

孔子說：「仲由好勇的精神超過我，只是沒有地方可以找到造筏的材料。」

【新繹】

孔子和學生的對話，通常口氣非常親切，而問答也非常直接，但這一章卻表現了孔子的幽默和子路的憨直。「道不行」原是孔子憂世傷時的感嘆，而「從我者，其由與？」則應是一時的戲言。想不到子路竟信以為真，所以孔子又調侃他是有過人的勇氣，卻不能了解別人話裡的含意。根據文中「乘桴浮於海」一語，可知孔子的時代，魯國已與海外有所來往，至於是否如清代閻若璩所言，指由渤海往朝鮮，則是另一回事。

第8章

孟武伯問：「子路仁乎？」子曰：「不知也。」又問。子曰：「由也，千乘之國，可使治其賦❶也，不知其仁也。」

「求也何如？」子曰：「求也，千室之邑，百乘之家，可使為之宰❷也，不知其仁也。」

「赤❸也何如？」子曰：「赤也，束帶立於朝❹，可使與賓客言也，不知其仁也。」

【校注】

❶ 賦——這裡應指兵賦及軍政工作。

❷ 宰——這裡應指家宰。家臣之長或縣邑之長。

❸ 赤——孔子的學生。姓公西，名赤，字子華。魯國人。比孔子小四十二歲。長於應對，熟習禮儀。

❹ 束帶立於朝——在朝為官的意思。束帶，穿上朝的禮服，腰間繫上大帶。

【直譯】

孟武伯問：「子路有仁德嗎？」孔子說：「不知道呀。」又問。孔子說：「仲由這個人呀，擁有千輛兵車的國家，可以叫他管理它的軍政呀，但不知道他的仁德怎麼樣。」

「冉求怎麼樣？」孔子說：「冉求這個人呀，千戶人家的地方，百輛兵車的封地，可以叫他當這些地方的總管呀，但不知道他的仁德怎麼樣。」

「公西赤又怎麼樣？」孔子說：「赤這個人呀，穿上禮服繫好衣帶，站在朝廷上，可以叫他和外賓應對呀，但不知道他的仁德怎麼樣。」

【新繹】

此章藉孔子與孟武伯的問答，比較了子路、冉求和公西赤三個學生不同的才能，但都不以仁德許之。可見仁是孔子心中道德修養的最高境界，不輕易用來稱許學生。

子路有勇氣，可以管理千乘之國的軍賦；冉求有能力，可以當卿大夫之家的總管；公西赤有儀表，可以在朝廷上管外交禮儀。各有各的才能，這應是孔子對他們長期觀察所作的分析。

此章首句，今傳《論語》都作「孟武伯問子路仁乎」，但《史記．仲尼弟子列傳》卻作「季康子問仲由仁乎」。仲由就是子路，但提問的人究竟是孟武伯或季康子，則已無從查考。或許孔子的及門弟子各有才能，所以一些諸侯或卿大夫都曾來向孔子打聽之故。

第9章

子謂子貢曰：「女與回也孰愈❶？」對曰：「賜也何敢望回？回也聞一以知十，賜也聞一以知二。」

子曰：「弗如也。吾與女弗如也❷。」

【校注】

❶ 孰愈——孰，音「熟」，誰、哪一位。愈，好、勝過。

❷ 吾與女弗如也——我和你都不如他呀。與，和。這句也有人解釋為：我同意你不如他。與，這裡當同意講。

【直譯】

孔子對子貢說：「你和顏回誰比較好？」答道：「賜呀怎麼敢奢望比顏回？顏回聽到一件可以推知十件，賜聽到一件只能推知兩件。」

孔子說：「是不如他呀。我和你都不如他呀。」

【新繹】

在孔子的學生中，子貢已算傑出，他可以「聞一以知二」，但是比起顏回來，他卻自嘆不如。說顏回「聞一以知十」，那是拿來和「聞一以知二」比，一比之下，用意極為明白。由此亦可見子貢為人的謙遜和具有自知之明。至於孔子，是和子貢一樣自嘆不如顏回，或者是贊同子貢的謙遜，都講得通，但我比較贊成前者。因為那樣更可看出孔子的偉大。老師讚許學生「後來居上」，那是一種可敬可貴的情操。

第10章

宰予晝寢。子曰：「朽木不可雕也，糞土之牆不可杇❶也。於予與❷何誅❸？」

子曰：「始吾於人也，聽其言而信其行；今吾於人也，聽其言而觀其行。於予與改是。」

【校注】

❶ 杇——音「污」，泥鏝，一種塗抹土牆的器具。這裡當動詞用，粉刷、塗抹泥土。古代土牆容易剝落。

❷ 於予與——對於宰予哪。予，指宰予。已見〈八佾篇〉。與，同「歟」，語助詞。

❸ 誅——責罵。

【直譯】

宰予白天睡覺。孔子說：「腐朽的木頭不能雕刻呀，骯髒的土牆不能粉刷呀。對於宰予這種人，我又何必責備？」

孔子說：「起先我對於別人呀，聽了他的話就相信他的行為；現在聽了他的話，卻還要觀察他的行為。由於宰予才改變我這種觀念的。」

【新繹】

古人日出而作，日入而息。因為黑夜不易見物，所以白天要好好利用時間來工作、學習，對於學生而言，更應該珍惜時間，發憤努力，以求上進。因此宰予在白天偷懶睡覺，孔子便不客氣的批評他。

「晝寢」一詞，有人把「寢」讀為「寢室之寢」，而且說「晝」當為「畫」字，因此「晝寢」一詞，說的是「繪畫寢室」。如此一來，下文「朽木不可雕也，糞土之牆不可杇也」都與油漆粉刷寢室中的木頭土牆有關。看起來似乎文從字順，前後呼應，但歷來講《論語》的學者，極少人採用它。

第二段文字，「始吾於人也」以下，是孔子責備宰予言不顧行，道理會說，卻不能身體力行。有人以為和第一段文字，未必是孔子同時的談話，只是同樣是譏嘲宰予，所以編《論語》的人把它們編列在一起。

第11章

子曰：「吾未見剛者。」或對曰：「申棖❶。」子曰：「棖也慾，焉得剛？」

【校注】

❶ 申棖——孔子的學生。姓申，名棖（音「成」），一名黨，字周。魯國人。

【直譯】

孔子說：「我沒有見過剛直的人。」有人答道：「申棖就是。」孔子說：「棖這個人啊貪心，哪裡能夠剛直？」

【新繹】

一般人所說的「剛」，通常指外表的強壯、行事的果決而言，但孔子所說的「剛」不一樣，它還包括內在的精神，指正直而無私欲。因為不正直，就容易與環境妥協；有了私欲，就容易為名利所惑，再也剛直不起來。俗言：「無欲則剛」，說的就是這個道理。

第12章

子貢曰：「我不欲人之加諸我也，吾亦欲無加諸人。」
子曰：「賜也，非爾所及也。」

【直譯】

子貢說：「我不希望別人施加在我身上的，我也希望不施加在別人身上。」
孔子說：「賜呀，這不是你所能做到的呀。」

【新繹】

子貢所說的話，其實就是「己所不欲，勿施於人」的意思。這裡的「加」，有欺侮、侵犯之意，而「欲」也只是心中的想法。一切都是假設，光是心中想怎樣做，未必真能付諸行動。因此孔子告訴他要能言能行，及身而為。

孔子所說的仁道，忠恕而已矣。「己所不欲，勿施於人」正是恕道的具體表現。不是仁人，是不容易做得到的。

第13章

子貢曰：「夫子之文章，可得而聞也；夫子之言性與天道，不可得而聞也。」

【直譯】

子貢說：「我們老師的學問文采，可以聽得到呀；我們老師的談論天性和天道，不可以聽得到呀。」

【新繹】

孔子平日以《詩》、《書》、禮、樂教導學生，他對古代文獻的見解，當然是學生可以接觸得到的，而孔子在教導這些學問時，所表現出來的儀度文采，也是學生可以感受得到的。但是，子貢卻說孔子罕言「性與天道」。這裡的「性」，應指人與生俱來的天性，亦即《中庸》所說的「天命之謂性」；而「天道」應指非人力所能為的自然法則。這些都是一般人無法知曉的事理，所以孔子很少談論。子貢這樣說，表現出他的好學，而孔子之罕言性與天道，也表現了他治學的嚴謹與務實。

第14章

子路有聞，未之能行，唯恐有❶聞。

【校注】

❶ 有——這個「有」字，通「又」，與上文的「有」意義不同。

【直譯】

子路有聽到的道理，還沒有能夠去實行它，就怕又聽到其他的道理。

【新繹】

孔子的學生中，子路最勇敢，他對於所學的道理，也最勇於實踐，即知即行。這跟其他學生之能言未必能行並不相同。所以編寫《論語》的人特別把它標識出來。

本章應該也是記錄孔子之語，文前省略了「子曰」或「子謂子路」一句。

第15章

子貢問曰：「孔文子❶何以謂之『文』也？」

子曰：「敏而好學，不恥下問❷，是以謂之為『文』也。」

【校注】

❶ 孔文子——衛國的大夫。名圉（音「雨」）。也稱仲叔圉，「文」是諡號。

❷ 下問——向不如自己的人請教。

【直譯】

子貢問道：「孔文子為什麼諡號稱他為『文』呢？」

孔子說：「他聰敏而且好學，不怕向不如他的人請教，因此稱他為『文』呀。」

【新繹】

此章記孔子解釋孔文子何以謚號為「文」的緣故。《逸周書．謚法解》說：取「文」為謚號的，歧義很多，「勤學好問」可以稱之為「文」，「道德博厚」和「慈惠愛民」也都可以謚號為「文」。根據《左傳．哀公十一年》的記載，孔文子有不當行為，所以子貢對他有所質疑。孔子則就孔文子的「敏而好學，不恥下問」來解釋他謚號為「文」的原因，因為按謚法說：「勤學好問曰文」，所以不成問題。至於勤學好問的人，是不是也會犯錯，那是另一個問題。

第16章

子謂子產❶：「有君子之道四焉：其行己也恭，其事上也敬，其養民也惠，其使民也義❷。」

【校注】

❶ 子產——鄭國的大夫，鄭穆公的孫子。名僑，字子產。也叫公孫僑。他與孔子同時而略早，在鄭簡公、鄭定公時執政二十二年，是春秋時代鄭國傑出的政治家。

❷ 義——通「宜」，合宜。合理的行為，自然合乎道義。

【直譯】

孔子談到子產，說：「有合乎君子之道的四種德行：他要求自己呀很謙恭，他侍奉君上呀很誠敬，他教養人民呀很慈愛，他差使人民呀很合理。」

【新繹】

鄭國大夫子產，是孔子尊敬的人。他在位執政時，不但使晉、楚等國不敢輕視鄭國，而且重視教育，不毀鄉校，所以他去世時，孔子曾為之流淚。此章是按照孔子的意思，讚美子產的四點君子之道，而不是直接記錄孔子的談話。子產的四種德行，包括自我修養、事奉君上和養民、使民等方面，正是一個在上位的君子所應具備的條件。和〈學而篇〉第五章可以合讀。

第17章

子曰：「晏平仲❶善與人交，久而敬之❷。」

【校注】

❶ 晏平仲——齊國的大夫。姓晏，名嬰，字仲。「平」是諡號。夷維（今山東省高密市）人。歷事靈、莊、景三公為卿相，與孔子同時，曾有交往。世傳《晏子春秋》一書，雖然出於後人纂輯，但仍可覘見他的生平事跡。

❷ 久而敬之——日本林泰輔藏《論語集解》本作「久而人敬之」。

【直譯】

孔子說：「晏平仲善於和人交往，時間越久，越會尊敬他。」

【新繹】

孔子稱讚晏平仲很懂得交友之道，「久而敬之」就是具體的說明。這一句話，可以分作兩種解釋：一是「之」指晏平仲自己，是說與晏平仲交往越久，朋友越會尊敬他。現今可見的《論語》古鈔本，此句正作「久而人敬之」；另一種說法，「之」指交往的朋友，是說晏平仲對所交往的朋友，時間越久，越是尊敬。兩種說法都講得通，也都說明交友之道，端在心存敬意。有敬意，自然會慎其始，時間久了，也不敢懈怠。

第18章

子曰：「臧文仲❶居蔡❷，山節藻梲❸，何如其知❹也？」

【校注】

❶ 臧文仲——魯國的大夫。臧孫氏，名辰，字仲。「文」是諡號。歷仕魯莊公、閔公、僖公、文公，當時有人說他是智者。

❷ 居蔡——蔡，這裡是指古代國君用來占卜的一種大龜甲。有人說，因該大龜產地在蔡，故稱之為「蔡」。居，藏。這裡是指藏有大龜甲的居處。

❸ 山節藻梲——刻成山形的斗拱和畫著藻紋的樑柱。節，通「楶」，即斗拱。梲，音「拙」，樑上的短柱。

❹ 知——通「智」，聰明。

【直譯】

孔子說：「臧文仲供藏大龜的大房子，有山形的斗拱、藻紋的樑柱，這哪裡配得上他的智慧呢？」

【新繹】

古人認為烏龜是靈物，常用龜甲來占卜問吉凶，並認為龜越大越靈。「蔡」，是大龜的名稱。臧文仲是當時魯國的大夫，迷信這種說法，因此把大龜供在大屋子裡。而且這大屋子非常講究，柱頭有山形的斗拱，樑上有水藻的紋彩，這些都是天子祖廟才有的裝飾。《禮記．明堂位》說：「山節，藻梲，複廟，重簷，……天子之廟飾也」可證。臧文仲這樣迷信而又奢華越禮的行為，竟然還有人稱讚，所以孔子不客氣的加以批評。

《左傳．文公二年》記載孔子曾經批評臧文仲有「三不仁」和「三不知」，其中「作虛器」一項，可與本章合看。

第19章

子張問曰：「令尹子文❶三仕為令尹，無喜色；三已❷之，無慍色。舊令尹之政，必以告新令尹。何如？」子曰：「忠矣。」

曰：「仁矣乎？」曰：「未知。焉得仁？」

「崔子弒齊君❸。陳文子❹有馬十乘，棄而違之❺。至於他邦，則曰：『猶吾大夫崔子也。』違之。之一邦，則又曰：『猶吾大夫崔子也。』違之。何如？」子曰：「清矣。」

曰：「仁矣乎？」曰：「未知。焉得仁？」

【校注】

❶令尹子文——令尹，楚國執政的長官，等於宰相。楚國令尹子文，姓鬬，名穀於菟，字子文。魯莊公三十年（西元前六六四年）至魯僖公二十三年（西元前六三七年）間，三次出任楚相，三次被免職。

❷已——音「矣」，黜退、去職。

❸崔子弒齊君——崔子，指齊國的大夫崔杼。齊君，指齊莊公。崔杼殺齊莊公的事，見《左傳·襄公二十五年》。

❹陳文子——齊國的大夫。名須無。「文」是謚號。崔杼弒齊莊公時，曾離齊逃亡，後又回國為相。

❺棄而違之——棄車馬而離開了這個地方。

【直譯】

子張問道：「令尹子文三幾次當官，做了令尹，都沒有高興的樣子；三幾次丟官，也都沒有怨恨的樣子。以前當令尹時的政事，一定拿來告訴新上任的令尹。這種人怎麼樣？」孔子說：「算忠心的了。」

問：「算不算仁者了呢？」答：「還不知道。這哪裡算得上仁者呢？」

子張又問：「崔子弒殺了齊國國君。陳文子有馬四十匹，捨棄不要了而離開齊國。到了別的國家，便說：『（這裡的執政者）正像是我們的大夫崔子呀。』離開了它。到了另一個國家，便又說：『還是像我們的大夫崔子呀。』又離開了它。這種人怎麼樣？」孔子說：「算清高的了。」

問：「算不算仁者了呢？」答：「還不知道。這哪裡算得上仁者呢？」

【新繹】

上文說過孔子不輕易以仁許人，此章是又一見證。楚國子文，姓鬬，名穀於菟（音「垢烏徒」，楚語，乳虎之意），是鬬伯的私生子，後來竟做了楚國執政的上卿。根據《左傳》的記載，子文從魯莊公三十年（西元前六六四年）開始做令尹，到魯僖公二十三年（西元前六三七年）讓位給子玉，共二十八年。楚成王非常尊重他，稱為令尹子文而不名。子張說他「三仕」、「三已」。「三」未必正好是三次，所以譯為三幾次。能夠三仕而無喜色，三已而無慍色，而且公事公辦，交代清楚，可以說是忠臣良相了。但孔子還是不許之為仁人。原因應該是子文之在楚，就像管仲之在齊，名位雖高，但仍然只是推行霸權，而非仁政。

陳文子是齊國大夫，崔杼弒齊莊公之後，子張說他就放棄權位，離開齊國，亂邦不居，清高自持，非常難得。子張問這種人算不算仁人，孔子還是不贊成。這可能是因為陳文子只是趨吉避凶，有失正君討賊之義的緣故。《左傳》沒有陳文子離開齊國的記載，反而寫了他後來在齊國的許多事情，可見他後來還是回到了齊國。

第20章

季文子❶三思而後行。子聞之，曰：「再，斯可矣。」

【校注】

❶ 季文子——魯國的大夫。季孫氏，名行父。「文」是諡號。他歷文、宣、成、襄四君，據說家無私積，可

謂忠廉。死在魯襄公五年，十七年後孔子才出生。

【直譯】

季文子每件事都經過三幾次考慮，然後才採取行動。孔子聽到這件事，說：「考慮兩次，這樣就夠了。」

【新繹】

季文子為人非常謹慎，凡事深思熟慮。朱熹說：「宣公篡立，文子乃不能討，反為之使齊而納賄焉。」可見季文子也缺乏正君討賊的義氣。因此孔子對於「季文子三思而後行」此一傳聞，不以為然，認為考慮太多，是過猶不及。

第21章

子曰：「甯武子❶邦有道則知❷，邦無道則愚。其知可及也，其愚不可及也。」

【校注】

❶ 甯武子——衛國的大夫。姓甯，名俞。「武」是諡號。曾仕衛文公、成公，輔政十餘年。

❷ 知——同「智」。下同。

【直譯】

孔子說：「甯武子在國家上軌道時就聰明，在國家不上軌道時就愚笨。他的聰明，別人可以趕得上呀，他的愚笨，別人不能趕得上呀。」

【新繹】

甯武子是春秋衛成公時代的大夫。相傳政治清明時，他就表現才智，在政治昏暗時，他就顯得愚笨。他的愚笨是假裝出來的。他為了避災遠禍，所以裝呆賣傻。這種愚笨是假愚笨，卻是真聰明，多半出於天賦，所以孔子說別人學不來。

第22章

子在陳❶，曰：「歸與❷！歸與！吾黨之小子狂簡❸，斐然成章，不知所以裁❹之。」

【校注】

❶ 陳——春秋時國名，姓媯，舜的後裔。周武王封於陳，地當今河南東部、安徽北部。都城宛丘，即今河南省淮陽縣。春秋末年為楚國所滅。孔子到陳國幾次，分別是魯定公元年、魯哀公三年、六年間。

❷ 與——同「歟」，語氣詞。

❸ 吾黨之小子狂簡——黨，鄉黨、鄉里。小子，青年，指弟子。狂，志向遠大。簡，個性爽朗。皇侃《論語義疏》本無「簡」字。定州簡本「簡」作「間」，形近而誤。

❹ 裁——度量、修正。狂者進取，狷者有所不為，孔子以為尚不得中道，須加裁正。

【直譯】

孔子在陳國，說：「歸去吧！歸去吧！我家鄉的青年，志向遠大，個性爽快，文采可觀，很像個樣子，我不知道要怎樣來裁量他們。」

【新繹】

孔子周遊列國，原想行其道於天下，魯哀公（西元前四九四～四七七年）初年，孔子來到了陳國。陳國一向信巫鬼，好淫祀，社會風氣不好，因此孔子在感慨其道不行之餘，開始有了歸魯返鄉之念，而且想到從事教育工作，培植故鄉子弟。

第23章

子曰：「伯夷、叔齊❶，不念舊惡，怨是用希❷。」

【校注】

❶ 伯夷、叔齊——殷商時代孤竹國國君的兩個兒子，父死，互相讓位。周武王起兵討伐商紂時，他們曾加勸阻。後來武王統一天下，他們不食周粟，餓死在首陽山。事見《史記．伯夷列傳》。

❷ 怨是用希——怨，指上文「舊惡」。是用，是以、因此。希，同「稀」，少。

【直譯】

孔子說：「伯夷、叔齊，不記別人過去的缺點，怨恨因此很少。」

【新繹】

伯夷、叔齊是孤竹君的兩個兒子。孤竹，在今河北省盧龍縣南一帶。這一對兄弟潔身自愛，不與惡人來往；父死，互相讓國，不肯繼位；堅持君臣之道，反對周武王起兵伐紂；武王統一天下之後，他們寧可不食周粟，餓死在首陽山。所以後人非常尊敬他們。

〈述而篇〉第十五章記孔子與子貢的對話，說孔子稱許伯夷、叔齊是古之賢人，而且說他們「求仁而得仁，又何怨？」可見孔子以為這一對兄弟是能行仁道的人。能行仁道的人，不但能忠，盡己之心，而且能恕，推己及人，己所不欲，勿施於人。因而他們自己很少怨恨別人，別人也很少怨恨他們了。

第24章

子曰：「孰謂微生高❶直？或乞醯❷焉；乞諸其鄰而與❸之。」

【校注】

❶ 微生高——姓微生，名高。魯國人。以正直守信聞名。有人說就是《莊子．盜跖篇》、《戰國策．燕策》裡，和女子約會橋下，水來不去，抱柱而死的尾生高。

❷ 醯——音「希」，醋。

❸ 與——同「予」，給。

【直譯】

孔子說：「誰說微生高正直？有人向他乞討醋；他卻向他的鄰居乞討來給這個人。」

【新繹】

正直的人，有就說有，沒有就說沒有，是就說是，非就說非，用不著拐彎抹角。有人向微生高乞討醋，他沒有就應該說沒有，而不應向鄰居討來轉贈，那是過度的熱心，有邀譽討好、掠人之美的嫌疑了。孔子批評他不正直，道理在此。

第25章

子曰：「巧言，令色，足恭❶，左丘明❷恥之，丘亦恥之。匿怨而友其人，左丘明恥之，丘亦恥之。」

【校注】

❶ 足恭——過分的恭敬。足，音「巨」，不是足夠而已，而是超過。錢穆說「足恭」是「從兩足行動上悅人」。

❷ 左丘明——魯國的賢人。姓左丘，名明。相傳他是《左傳》、《國語》二書的作者，不過，這種說法很多人表示異議。

【直譯】

孔子說：「動聽的言論，偽善的面貌，過分的恭敬，左丘明瞧不起他，我孔丘也瞧不起他。隱藏著怨恨，表面上卻友善所怨恨的人，左丘明瞧不起他，我孔丘也瞧不起他。」

【新繹】

此章所說的左丘明，和《國語》、《左傳》的作者是不是同一個人，歷來頗有爭議。從本章的辭氣看，這個左丘明應該和孔子同時或稍前，所以孔子才會引以自喻。

「巧言」、「令色」、「足恭」、「匿怨而友其人」，分別從言辭、表情、態度和交友等四方面，來說明一個人的虛偽，真的令人厭惡。左丘明厭惡這種人的行為，也正表明了左丘明的賢明。

第26章

顏淵季路❶侍。子曰：「盍❷各言爾志？」

子路曰：「願車馬衣（輕）裘❸，與朋友共，敝之而無憾。」

顏淵曰：「願無伐善，無施勞。❹」

子路曰：「願聞子之志。」

子曰：「老者，安之；朋友，信之；少者，懷之。」

【校注】

❶ 季路——就是子路。季是兄弟排行小輩的稱號。

❷ 盍——音「禾」，「何不」二字的合音。

❸ 衣輕裘——據阮元《論語注疏校勘記》云：唐石經及早期注疏本皆無「輕」字，可從。「車馬衣裘」是古

書上常見的成語，「衣輕裘」則「衣」當動詞用，「穿」的意思。否則「衣」與「輕裘」並列，意思還是「衣裘」。

❹ 願無伐善二句——伐善，誇大自己的才能。施勞，宣揚自己的功勞；一說：把勞苦的事推給別人。

【直譯】

顏淵、季路侍候在旁。孔子說：「何不各自說說你們的志向？」

子路說：「希望車馬衣裘，和朋友共用，用壞了它們，也沒有憾恨。」

顏淵說：「希望不誇張自己的好處，也不稱揚自己的功勞。」

子路說：「希望聽聽先生的志願。」

孔子說：「老年人，安定他；朋友，相信他；少年人，慈愛他。」

【新繹】

從此章可以看到孔子師生之間平時談學論道的情況，同時從中可以體會到聖賢的不同氣象。他們所談的志願，都是行善利他而非自私的仁者情懷，但相比之下，卻有性質的不同和高下之分。子路說的是具體的生活事物，也是人道最基本的入門工夫，「衣裘」有的版本作「衣輕裘」，意思一樣，不過是說衣服和輕裘，加重語氣而已。顏淵說的是以仁道為依歸的內省工夫。有人把「無施勞」解釋為「不要把勞煩的事推到別人身上」，也很好，這和「無伐善」一樣，都合乎推己及人的恕道。不過，他們所說的，和孔子的「老者，安之」等三句，說希望使老者得到安養，朋友得到信任，少者得到關懷，比較起來，真的有大小高下之別。子路說的只限於朋友之間，顏淵說的過於寬泛，都不如孔子說的博大而又具體。

第27章

子曰：「已矣乎❶！吾未見能見其過而內自訟❷者也。」

【校注】

❶ 已矣乎——已，止、算。矣乎，表示感嘆，加強語氣的連用語助詞。

❷ 內自訟——在內心責備自己。

【直譯】

孔子說：「算了吧！我沒有見過能夠看到自己錯誤而在內心裡責備自己的人呀。」

【新繹】

孔子感嘆沒有見過真正能自責的人，藉此來激勵弟子自省自訟。人通常自我感覺良好，即使偶而發現自己有了過失，也會曲加解釋，原諒自己，而不會真正的在心裡責備自己，因此有了過失也不會改。這是人性的弱點。孔子這樣說，一定有其特定的對象，只是已無從查考了。

第28章

子曰：「十室之邑，必有忠信如丘者焉，不如丘之好學也。」

【直譯】

孔子說：「就是在十戶人家的小地方，也一定有忠實誠信像我孔丘一樣的人，只是不像我孔丘這樣的好學吧。」

【新繹】

此章所記，也是孔子勉勵弟子的話，說明好學的重要。孔子認為任何地方，即使小如十室之邑，也必然有天性忠厚的人，但光是天性忠厚，不好好進德修業，力求上進，畢竟不能成就完美的人格。據馬國翰所輯的《論語古注》，有人主張「焉」字屬下讀，那麼「必有忠信如丘者，焉不如丘之好學也」這兩句，就要解釋為「必有忠信如我者也，安不如我之好學也」，比較言之，仍以前說為是。

〈公冶長篇〉，據朱熹說：「皆論古今人物賢否得失」，後面的這幾章，或可視為孔子的夫子自道。

【六】雍也篇

本篇依何晏《論語集解》共三十章，前半承接上篇，評論同時賢人及門下弟子，重在學識才藝和品德修養。後半泛論人生之道。

皇侃《論語義疏》說《古文論語》以此為全書的第三篇。《古文論語》西漢初年出孔府壁中，已佚。朱熹《論語集注》則把第一、第二兩章合為一章，第四、第五兩章合為一章，故題為二十八章。

第1章

子曰：「雍❶也，可使南面❷。」

【校注】

❶ 雍——就是冉雍。已見前。

❷ 南面——面向南方。古代的君主或卿大夫以上的尊長，聽政的座位都面向南方。

【直譯】

孔子說：「冉雍這個人啊，可以叫他坐向南的位子。」

【新繹】

雍，就是冉雍，也就是仲弓。此章記述孔子以為冉雍為人寬宏疏略，有人君之度，讓他居卿大夫以上的職位，不成問題。

第2章

仲弓問子桑伯子❶。子曰：「可也，簡❷。」

仲弓曰：「居敬而行簡，以臨其民，不亦可乎？居簡而行簡，無乃大❸簡乎？」

子曰：「雍之言，然❹。」

【校注】

❶ 子桑伯子——生平不詳。有人以為是莊子〈大宗師篇〉裡的子桑戶，或〈山木篇〉中的子桑雽；又有人因為秦穆公時公孫枝名子桑，就認定子桑伯子為秦國的大夫。這些說法都未必可靠。

❷ 可也，簡——邢昺《論語注疏》解作：「孔子為仲弓述子桑伯子之德行也。」是說子桑伯子的為人直爽。有人認為「可」是子桑伯子的字，三字可以連讀。

❸ 大——同「太」。

❹ 然——是、對。

【直譯】

仲弓問子桑伯子這個人。孔子說：「可以啦，他為人不囉嗦。」

仲弓說：「居心敬謹而做事爽快，來對待他的百姓，不是也可以嗎？居心簡慢而做事爽快，不是就太隨便了嗎？」

孔子說：「雍的話是對的。」

【新繹】

此章據何晏的《論語集解》、皇侃的《論語義疏》，與上章各自獨立，朱熹的《論語集注》則合為一章，應該是因為兩章都談到冉雍的緣故。

簡，就是簡易、疏略。往好處說，就是爽快；往壞處說，就是隨便。古人說：居上不寬，則不足觀。意即在上位的人必須寬宏大量，不可斤斤計較，過於煩瑣，否則烹魚煩則碎，治民煩則散，反而敗事了。

孔子說子桑伯子這個人：「可也，簡。」冉雍進一步去解釋「簡」，說：「簡」是指行為，如果居心敬謹，那麼自有法度可循，表現在行為上，那就是爽快寬大；以此來面對人民，人民不受煩擾，自然接受教化。如果居心輕慢，已無法度可言，那麼行為必然怠惰散漫，甚至放誕無禮；以此來治理政事，人民無法承受，必至綱紀廢弛。冉雍闡釋得好，所以孔子稱讚他。這也就是教學相長的例證。

第3章

哀公❶問：「弟子孰為好學？」孔子對曰：「有顏回者好學，不遷怒，不貳過。不幸短命死矣，今也則亡❷，未聞好學者也。」

【校注】

❶ 哀公——指魯哀公。已見前。

❷ 亡——同「無」。俞樾以為此字是衍文，可以省略。

【直譯】

魯哀公問：「你的學生誰最為好學？」

孔子答道：「有個叫顏回的人是好學的，他不遷怒別人，不重犯過錯。可惜不幸短命死了，現在就沒有這樣的人，沒有聽到好學的啦。」

【新繹】

此章孔子稱許顏回為「好學」的談話中，可以看出孔子所說的「學」，不僅是指知識見聞，而且還特別重視道德實踐。不遷怒他人，不重犯過失，這些都是難得的克己工夫。

至於孔子哀嘆顏回短命而死，究竟死於何時？則有不同說法。如依《史記．仲尼弟子列傳》的說法，顏回比孔子小三十歲，則其生年為魯昭公二十一年（西元前五二一年），卒年為魯哀公十四年（西元前四八一年），死時年四十一；如依《孔子家語》等書說法，則顏回死時三十歲左右。採用前說者較多，但既說「短命」，則後說亦不可廢。

第4章

子華❶使於齊，冉子❷為其母請粟。子曰：「與之釜。」請益。曰：「與之庾。」冉子與之粟五秉❸。

子曰：「赤之適❹齊也，乘肥馬，衣❺輕裘。吾聞之也：君子周急，不繼富。」

【校注】

❶ 子華——就是公西赤。已見前。

❷ 冉子——就是冉有。已見前。有人根據此稱「冉子」，推測本章乃冉有門人所記。

❸ 秉——與上文的「釜」、「庾」，都是古代計算糧食容量的名稱。一釜，六斗四升。一庾，二斗四升。一

秉，十六斛；一斛，十斗。五秉，就是八百斗。

❹ 適——往、到。

❺ 衣——讀去聲（音「逸」），穿。

【直譯】

子華出差到齊國去，冉子替他母親請求配給米。孔子說：「給他六斗四升。」請求增加一些。孔子說：「再給他二斗四升。」冉子卻給他小米八百斗。

孔子說：「赤到齊國去的時候啊，坐著肥馬拉的車子，穿著輕暖的皮袍。我聽過這樣的話呀：君子只周濟別人的急難，卻不增加別人的財富。」

【新繹】

子華，就是公西赤。此章說他「使於齊」，應該是指孔子做魯國司寇時，代行相國之事，派他出差到齊國去。

公西赤既然是出公差，他原本就有俸祿，他的母親應該沒有衣食之虞，即使貧窮，需要多些補助，也不宜給太多。因此冉有為公西赤母親申請那麼多的小米配給時，孔子就告訴他「周急不繼富」的道理。在別人急難時周濟他是對的，但給人額外好處，增加別人財富，就不對了。也因此，孔子起先只多給一釜一庾。

第5章

原思為之宰❶，與之粟九百❷。辭。

子曰：「毋！❸以與爾鄰里鄉黨乎！」

【校注】

❶ 原思為之宰——原思，孔子的學生。姓原，名憲，字子思。魯國人，一說宋國人。比孔子小三十六歲。孔子當魯司寇時，以原憲為家邑宰。孔子死後，他隱居在衛國窮巷之中。

❷ 九百——何晏引孔安國注，以為是九百斗。斗是當時量斗的計算單位。

❸ 毋——上文說原思「辭」，所以這裡是「不必辭」的意思。

【直譯】

原思當孔子家的總管，孔子給了他小米九百（斗）。原思辭謝。

孔子說：「不要推辭！拿去分送給你的鄰里鄉黨吧！」

【新繹】

此章與上章皆談給粟之事，何晏《論語集解》本分為兩章，而朱熹則合為一章。孔子給原思「粟九百」，究竟是九百斗或九百斛不得而知，但核對上章，似以九百斗為是。原思的辭讓，說明孔子待人不刻薄，但也不是要「繼富」他人。孔子還說萬一有多給一些的話，可以在鄰里鄉黨有急難時，周濟他們。

古代五家為鄰，二十五家為里，五百家為黨，一萬二千五百家為鄉。因為鄰里鄉黨之間，有互相周濟之義，要相互照顧，所以孔子對原思所說的話，也是合乎情理的。

第6章

子謂仲弓曰：「犂牛之子騂且角❶，雖欲勿用，山川其舍諸❷？」

【校注】

❶ 犂牛之子句——耕牛卻生出純赤色而且頭角端正的牲牛。犂牛，毛色駁雜的耕牛。騂，音「星」，純赤色。周人尚赤，祭祀用的牲口也用純赤色的牛。

❷ 舍諸——舍，同「捨」。諸，「之乎」、「之於」二字的合音。指犂牛之子。

【直譯】

孔子談到仲弓，說：「毛色黃黑的耕牛所生的小犢，卻毛色純赤而且頭角端正，雖然想不用來作犧牲祭品，但是山川的神靈會捨棄牠嗎？」

【新繹】

孔子認為仲弓賢於其父，堪為大用。古人重視血統，而且往往認為一代不如一代，仲弓之賢於其父，猶如舜之賢於其父瞽叟，禹之賢於其父鯀，都是個異數。所以孔子特別標出。孔子在這裡用毛色黃黑相間的耕牛來比喻仲弓的父親，而用毛色純赤、頭角端正的祭牛來比喻仲弓，是因為周代尚赤，祭天、祭祖、祭山川時，所用的犧牲祭牛，都用赤色的牛，而不用耕牛。本篇第一章說冉雍（即仲弓）「可使南面」，可與此章合看。

第7章

子曰：「回也，其心三月不違仁，其餘則日月至焉而已矣。」

【直譯】

孔子說：「顏回這個人呀，他的內心三幾個月都不會違背仁道，其他的學生就只能一天或一個月達到這種境界而已。」

【新繹】

此章記述孔子讚美顏回能夠長久不懈的實踐仁道，藉以勉勵其他學生。「三月」言其久，不必呆看文字，以為恰恰只是三個月。不過，由此亦可見行仁的困難。

第8章

季康子❶問：「仲由可使從政也與❷？」子曰：「由也果，於從政乎何有❸？」

曰：「賜也可使從政也與？」曰：「賜也達，於從政乎何有？」

曰：「求也可使從政也與？」曰：「求也藝，於從政乎何有？」

【校注】

❶ 季康子——已見前。

❷ 也與——表示推測的連用語末助詞。與，同「歟」。下同。

❸ 何有——何難之有。下同。

【直譯】

季康子問：「仲由可以讓他從政了嗎？」孔子說：「由這個人呀果斷，對從政來說啊何難之有？」

又問：「賜這個人呀可以讓他從政了嗎？」孔子說：「賜這個人呀通達，對從政來說啊何難之有？」

又問：「求這個人呀可以讓他從政了嗎？」孔子說：「求這個人呀多才多藝，對於從政來說啊何難之有？」

【新繹】

此章記載孔子和季康子的問答，說明三位學生各自具有的長處。季康子是魯國正卿，他向孔子打聽子路、子貢和有子三人，應是有意提拔他們從政，而孔子的回答，也確實指出他們分別具有果斷勇敢、通達事理、多才多藝的優點，都各有所長，也都適合從政做官。

從〈先進篇〉看，子路、有子長於軍賦、政事，都做過季氏的家臣，而子貢長於言語，做過外交官，可以說後來果然都從了政。

第9章

季氏使閔子騫❶為費❷宰。

閔子騫曰：「善為我辭焉。如有復我❸者，則吾必在汶上❹矣。」

【校注】

❶閔子騫——孔子的學生。姓閔，名損，字子騫。魯國人。比孔子小十五歲。以德行著稱。

❷費——古音「秘」，故城在今山東省費縣西北，當時是季氏的私邑。費宰，就是費邑的行政主管。

❸復我——再來找我。

❹汶上——汶，音「問」，水名。汶上，就是汶水之北，當時借指齊國之地。

【直譯】

季氏叫人請閔子騫做費邑的總管。

閔子騫說：「好好地替我推辭吧。如果有人再來找我的話，那麼我一定逃到汶水北岸（的齊國）去了。」

【新繹】

此章記述孔子學生閔子騫的賢明。因為季氏當時在魯國執政，僭越禮法，目無魯君，為他做邑宰，無異於助桀為虐，所以閔子騫不肯答應。根據《史記．仲尼弟子列傳》說，閔子騫「不仕大夫，不食汙君之祿」，或許就是指此而言。在孔子的學生中，他和顏回一樣，都以德行見稱，不肯隨便出仕。

第10章

伯牛❶有疾，子問之，自牖❷執其手，曰：「亡❸之，命矣夫❹！斯人也而有斯疾也！斯人也而有斯疾也！」

【校注】

❶伯牛——孔子的學生。姓冉，名耕，字伯牛。魯國人。比孔子小七歲。以德行著稱。

❷牖——音「友」，窗戶。

❸亡——通「無」，表示沒有這個道理。定州簡本作「末」，「末」古通「蔑」、「無」，或可解作：「沒辦法了」。

❹命矣夫——命運如此的吧。矣夫，表示感嘆又有揣測語氣的連用助詞。

【直譯】

伯牛有病，孔子去慰問他，從窗口握著他的手，說：「沒這個道理，是命中注定的吧！這樣的人卻有這樣的病啊！這樣的人卻有這樣的病啊！」

【新繹】

《淮南子．精神訓》說：「子夏失明，冉伯牛為厲。」厲，借用為「癩」。癩是嚴重的皮膚病，像痲瘋之類。〈先進篇〉說孔子學生以德行見稱的，有顏淵、閔子騫、冉伯牛和仲弓四人。可見冉伯牛是個行仁修德之人，這樣的人會患癩疾，孔子深為他痛惜，以為一定是由於天命，而非出於他個人的行為不檢。

伯牛家人不讓孔子進房探病，應該是怕惡疾會傳染；而孔子仍然隔窗執其手，是表示他對學生的疼惜之情。

從行文語氣看，冉伯牛當時應已病危，所以有人以為「亡之」的「亡」，指喪亡而言。這樣講也講得通，但似不如作「無」字解的好。

第11章

子曰：「賢哉回也！一簞❶食，一瓢❷飲，在陋巷，人不堪其憂，回也不改其樂。賢哉回也！」

【校注】

❶ 簞——音「單」，古代盛飯用的竹筒。

❷ 瓢——把葫蘆（瓠瓜）剖成兩半，用來舀水的器具。

【直譯】

孔子說：「顏回真是賢明啊！一竹筒飯，一瓜瓢水，住在窄小的巷子裡，別人不能忍受這種憂苦，顏回卻不改變他生活的快樂。顏回真是賢明啊！」

【新繹】

此章記述孔子讚美顏回能夠安貧樂道。「一簞食，一瓢飲」指的是飲食，「在陋巷」指的是居處。藉此來說明顏回生活的貧窮。別人處此環境，恐怕就以此為恥，無心向道了，可是顏回卻真的專心進德修業，不改其樂，所以孔子稱他為賢。「一簞食，一瓢飲」二句，有人以為應該解釋為：用一個竹筒來盛飯吃，用一個瓜瓢子來喝水。因為飯即使不能多吃，但水多喝幾杯是不該有問題的。這樣講解，也很有參考的價值。

第12章

冉求曰：「非不說❶子之道，力不足也。」子曰：「力不足者，中道而廢❷。今女畫❸。」

【校注】

❶ 說——通「悅」，喜歡的意思。

❷ 中道而廢——中途就停止下來。這裡有「頂多半途倒下」的意思。中道，中途。廢，停止、倒下。

❸ 畫——同「劃」，畫地自限。

【直譯】

冉求說：「不是不喜歡老師的道理，只是能力不夠呀。」

孔子說：「能力不夠的人，也要走到中途才停止下來。現在你竟然畫地自限。」

【新繹】

此章表面上看，是孔子責備冉求畫地自限，不肯上進，事實上，是孔子試勉學生求學不可半途而廢。所謂「力不足者」，不是由於懶惰，就是由於畏懼，都是畏難怕苦的藉口，〈里仁篇〉第六章說過：「有能一日用其力於仁矣乎？我未見力不足者。」可以與本章所說的道理互相印證。

第13章

子謂子夏曰：「女為君子儒，無為小人儒。」

【直譯】

孔子對子夏說：「你要做君子一類的儒者，不要做小人一類的儒者。」

【新繹】

儒，原指有道術的士。道術，兼指學識與技能而言。士，介乎卿大夫與平民之間。在孔子的時代，士要接受文武合一的教育，然後為國家做事，以六藝來教導人民。孔子的教育理想，是希望他所教導的弟子，不但要博求才藝學識，而且要修養品德。如此則上可為君子，下亦不至於為小人。君子和小人的不同，不僅在於階級的高低，同時也在於道德的有無。如果居上位而無品德，則與小人無異。

孔子所教的學生，泛稱為儒，所學各有所長，子夏以文學著稱，在文獻學問方面成就很高，因此孔子希望他在道德實踐方面多下工夫，如此才能成為一位品學兼優的君子。

第14章

子游❶為武城❷宰。

子曰：「女得人焉爾乎❸？」

曰：「有澹臺滅明❹者，行不由徑❺；非公事，未嘗至於偃之室也。」

【校注】

❶子游——就是孔子的學生言偃。已見前。

❷武城——魯國城邑名，在今山東省費縣西南。

❸女得人焉爾乎——女，同「汝」，你。焉，指示代詞，指武城。爾乎，同「矣乎」，表示疑問的連用語助詞。

❹澹臺滅明——孔子的學生。姓澹臺，名滅明，字子羽。魯國人。比孔子小三十九歲。從本章的語氣看來，當時尚未向孔子受業。

❺行不由徑——走路不抄小徑。表示為人行事正大光明，不會偷機取巧。

【直譯】

子游做武城的總管。

孔子說：「你在這裡發現了人才了嗎？」

子游說：「有一個叫澹臺滅明的人，走路不抄小徑；要不是為了公事，從來不到偃的房裡來。」

【新繹】

偃，即子游。已見〈為政篇〉。

從此章可以看出孔子對發掘人才的重視，也可以從子游的觀察裡，看到澹臺滅明的為人。「行不由徑」，走路不抄小徑，是說走正道，不躁進。「非公事，未嘗至於偃之室」，是說有節操，不徇私。能夠這樣，當然是可造之材了。所以後來孔子也收他為弟子。

第15章

子曰：「孟之反❶不伐❷。奔而殿，將入門，策其馬，曰：『非敢後也，馬不進也。』」

【校注】

❶ 孟之反——魯國的大夫。一作孟之側。有一次魯國與齊國發生戰事，魯國兵敗奔逃，孟之側殿後，抵抗敵人，卻說是馬不肯前進。事見《左傳・哀公十一年》。

❷ 不伐——不誇耀。

【直譯】

孔子說：「孟之反不誇耀自己的長處。打敗仗逃亡，他殿後，將要逃進城門的時候，他鞭策著所騎的馬，說：『不是我敢在後面抵抗敵人，是馬不肯前進。』」

【新繹】

此章孔子稱讚孟之反一向不自誇、不居功的美德。孟之反戰敗時策馬殿後的事，見《左傳・哀公十一年》。不自誇居功，就不會引起別人的反感，因而產生競爭或嫉恨。

第16章

子曰：「不有祝鮀❶之佞，而有宋朝❷之美，難乎免於今之世矣。」

【校注】

❶ 祝鮀——衛國的大夫。字子魚。《左傳・定公四年》曾記載他靈巧的外交辭令。鮀，音「駝」。

❷ 宋朝——宋國的公子，名朝，仕衛為大夫。《左傳》昭公二十年和定公十四年，都曾記載他因美貌而惹出亂子的事。

【直譯】

孔子說：「如果沒有祝鮀的口才，卻有宋朝的美貌，在今天的社會裡，恐怕難以避免禍害吧。」

【新繹】

這是孔子反對巧言令色的另一個例證。祝鮀的「祝」，是說明鮀的職位。祝，是管宗廟的官，這種人在古代通常口才很好，才能佞近於人。佞，有巧言令色討好人之意。定州簡本「佞」

作「仁」，應是形近而訛。《左傳．定公四年》曾有祝鮀因善於外交辭令而得寵於衛君的記載。宋公子朝是美男子，《左傳》昭公二十年、定公十四年曾記載他先後和衛襄公夫人宣姜、靈公夫人南子私通的故事。孔子慨嘆當時的社會風氣不好，必須口才美貌兼而有之，才會受到歡迎。如果有美貌而無口才，那就容易受到誘惑，而終無以避災遠禍。至於沒有美貌又沒有辯才的人，那下場就更不用說了。

有人把「不有」、「而有」解釋為「不但有」、「而且有」，說孔子感嘆當時衛國不僅有「祝鮀之佞」，而且有「宋朝之美」，這兩人都足以敗壞社會風氣。這種新解，尚有待商榷。

第17章

子曰：「誰能出不由戶？何莫❶由斯道也？」

【校注】

❶ 何莫——何不、為何無人。

【直譯】

孔子說：「誰能夠出入不經過門戶？為什麼不肯經由這條大道呢？」

【新繹】

古代單扇的門叫戶。房門通常是單扇的，廳堂大道的門才雙扇。這裡的「戶」，泛指門戶。

進出房子，都必須經過門戶，有一定遵循的道路。孔子說這些話，是拿門戶道路比喻他所講的人生大道。

大家必須遵守正道，「行不由徑」，不躁進，不躐等，才是正道。

第18章

子曰：「質勝文則野，文勝質則史。文質彬彬❶，然後君子。」

【校注】

❶ 文質彬彬——文（形式）質（內容）並重兼備而有光彩的樣子。

【直譯】

孔子說：「實質超過文采，就是粗野；文采超過實質，就是浮誇。文采、實質兼備，配合得當，然後才算是君子。」

【新繹】

此章孔子教人做君子，必須文質並重。文指外飾，如禮儀等等；質指內在，如仁義等等。文質並重，內外雙修，品行才能彬彬稱盛。否則，光是重視外飾文采，就會顯得誠意不足，像史、祝一樣，往往虛有其表；光是重視內在修養，就會顯得質木無文，像村夫一樣，往往粗鄙無禮。二者都過猶不及，各有所偏。文質必須兼備，然後可稱君子。

第19章

子曰：「人之生也，直；罔之生也，幸而免。」

【直譯】

孔子說：「人的存在啊，是由於正直；不正直的人的存在啊，是由於僥倖，才免於禍害。」

【新繹】

此章孔子教人正直無邪，生命才有價值。一個人直道而行，即使會得罪他人，終究會贏得別人的尊敬；否則，誣罔邪曲，不依正道，遲早會自己招禍取辱。古人說：「多行不義必自斃」，就是這個道理。一說：「罔」通「無」，指沒有上述正直的德性，也講得通。

第20章

子曰：「知之者，不如好之者；好之者，不如樂之者。」

【直譯】

孔子說：「知道它的人，不如喜愛它的人；喜愛它的人，不如陶醉它的人。」

【新繹】

此章的「之」，固然都是名詞，但它代表什麼，則不得而知，應該泛指一切事物道理。孔子說「知之」、「好之」、「樂之」是不同的層級，由淺而深後來居上，是一種高明審美的觀察與分析。例如就好聽的音樂而言，知道它的人真的不如喜愛它的人，而喜愛它的人，在程度上也真的不如陶醉其中的人。

第21章

子曰：「中人以上，可以語上也；中人以下，不可以語上也。」

【直譯】

孔子說：「中等資質以上的人，才可以告訴他高深的道理；中等資質以下的人，不可以告訴他高深的道理。」

【新繹】

孔子用三分法，把人的資質分為上、中、下三等。上為智者，下為愚夫，中是居大多數的一般人。中等以上的人，可以告訴他們高深的道理，而透過教育、誘導，也還可以讓中等的人進入上等，但對於下等的人，就無法教他們高深的道理了。〈陽貨篇〉所說的「唯上知與下愚不移」，也就是這個道理。以上是就資質的教學來說的。可見孔子在教學上很重視因材施教，認為不必躐等而教。

第22章

樊遲問知❶。子曰：「務民之義❷，敬鬼神而遠之，可謂知矣。」問仁。曰：「仁者先難而後獲，可謂仁矣。」

【校注】

❶ 樊遲問知——樊遲，孔子的學生。已見前。知，通「智」。

❷ 務民之義——專心致力於人倫的道理。民之義就是人之義。《禮記．禮運篇》有云：「何謂人義？父慈、子孝、兄良、弟悌、夫義、婦聽、長惠、幼順、君仁、臣忠。十者謂之人義。」

【直譯】

樊遲請教怎樣才叫有智慧。孔子說：「專心致力於人民認為合理的事情，尊敬鬼神卻遠離祂們，就可以說是有智慧了。」

又請教怎樣才是有仁德。孔子說：「有仁德的人先去做別人認為艱難的事情，卻最後享受成功的樂趣，就可以說是有仁德了。」

【新繹】

此章孔子闡釋智慧與仁德的涵意。都是從為政者的角度去說的。有智慧的從政者，講求倫理，順從民意，但必須合理，不會迷信鬼神。有仁德的君子，懂得克己，先天下之憂而憂，後天下之樂而樂。

第23章

子曰：「知者樂❶水，仁者樂山。知者動，仁者靜。知者樂❷，仁者壽。」

【校注】

❶ 樂——音「耀」，作動詞用，愛好、欣賞。下句同。

❷ 樂——音「勒」，快樂。

【直譯】

孔子說：「智者欣賞水，仁人欣賞山。智者活動，仁人安靜。智者快樂，仁人長壽。」

【新繹】

此章承上章之後，比較「知者」和「仁者」的不同。有智慧的人，識見通達，心思靈活，形象如水，周流無滯，左右逢源，故常快樂；有仁德的人，安於義理，堅定不移，形象如山，性情沉靜，清思寡慾，故常長壽。孔子分別從形象、動作、效用三方面比較智者仁者的不同，再次展現了他客觀的分析和審美的能力。

第24章

子曰：「齊一變，至於魯❶；魯一變，至於道❷。」

【校注】

❶齊一變二句——齊，周武王滅殷之後所封的諸侯國，姜姓。始封呂尚，都豐丘（後稱臨淄，今山東省淄博市）。春秋初期，齊桓公用管仲為相，稱霸諸侯。後君權為田氏所奪，公室逐漸衰微。魯昭公二十六年（西元前五一六年），孔子至齊，聞《韶》而三月不知肉味，齊景公亦嘗問政於孔子。故孔子有是言。

❷魯一變二句——周武王封周公於魯，因周公輔成王，故由長子伯禽代封，建都曲阜。周公制禮作樂，魯國亦以禮義之邦著稱於世。晉國韓宣子至魯國，曾讚嘆曰：「周禮盡在魯矣。吾乃今知周公之德，與周之所以王也。」吳公子季札亦曾至魯觀樂。

【直譯】

孔子說：「齊國一改革，可以趕上魯國；魯國一改革，可以合於大道。」

【新繹】

齊、魯是周初所封的諸侯國，都在今山東省，齊在北、魯在南。齊為姜姓國太公之後，從齊桓公稱霸諸侯以後，政治風氣漸趨於功利，推行的是霸政；魯為姬姓國周公之後，雖然兵力較弱，但仍保有周公崇禮尚義的餘風。所以孔子認為要改革政教，魯國比齊國容易到達仁政王道的境地。進言之，齊一變，可由霸道而臻於王道；魯一變，可由王道而臻於大道。大道者，天下為公也。

第25章

子曰：「觚不觚❶，觚哉？觚哉？」

【校注】

❶ 觚不觚——觚，音「沽」，古代一種上圓下方、腹部足部有稜角的酒器。觚不觚，是說孔子所看到的觚，沒有稜角，不像個觚。

【直譯】

孔子說：「觚不像個觚，還算是觚嗎？還算是觚嗎？」

【新繹】

觚，是古代一種喝酒的禮器。容量一升的叫爵，容量二、三升的叫觚。它音同孤、寡，原寓有勸人少飲之意。它的形狀上圓而下方，有四個稜角，便於立足。孔子說這段話的本意，應有所指，今已無從得知。後人或從觚的聲音同孤、寡，或從形狀少稜角去推測，認為孔子可能是慨嘆當時的人飲酒無節或不守古制。

第26章

宰我問曰：「仁者，雖告之曰：『井有仁❶焉。』其從之也？」

子曰：「何為其然也？君子可逝也，不可陷也；可欺也，不可罔也。❷」

【校注】

❶ 井有仁——井中有仁人。仁，通「人」。一說：仁指仁道，假設之辭。

❷君子可逝也四句——是說君子雖有仁心，卻不會輕易受騙。逝，往、過去看。陷，溺、跳入井中。欺，騙。罔，蒙瞞。逝，定州簡本作「選」，擇取之意。也有人解「逝」、「陷」二句為：可以叫仁者去死，卻不可以陷害他。

【直譯】

宰我問道：「一個有仁德的人，雖然告訴他說：『井裡有個仁人』，他會跟著下去嗎？」

孔子說：「為什麼要那樣做呢？一個君子，他可以過去看呀，不可以跳下去呀；可以合理的欺騙他呀，不可以用不合情理的事蒙蔽他呀。」

【新繹】

此章孔子闡明仁者雖有愛心卻非愚人的道理。仁者自然有愛心，不會見死不救，但是仁者自有智慧，有判斷力，不容易被欺瞞。你騙他井中有人待救，他當然會跑過去救人，但他不會不探虛實，就盲目的跳入井中救。否則，不但不智，而且不仁了。《孟子·萬章篇上》說：「君子可欺以其方，難罔以非其道。」即是此意。

第27章

子曰：「君子博學於文，約之以禮，亦可以弗畔矣夫❶！」

【校注】

❶ 弗畔矣夫——弗畔，不違背。畔，通「叛」，違反禮義的意思。矣夫，表示感嘆兼有推測意味的語末助詞。

【直譯】

孔子說：「君子廣泛地追求學問，並且用禮節來約束自己，也就可以不違背大道了吧！」

【新繹】

此章孔子教人要知行並重，品學兼修，才不致離經叛道。博學於文，指廣博研讀文化典籍，重在知識的追求；約之以禮，指用禮節來規範行為，重在道德的實踐。二者得兼，然後為君子。

第28章

子見南子❶，子路不說❷。夫子矢之❸曰：「予所否者❹，天厭之！天厭之！」

【校注】

❶ 南子——衛靈公夫人，掌握衛國的政權，卻行為不檢點，名聲不好。關於「子見南子」這件事，《史記・孔子世家》裡有生動的描述。

❷ 說——同「悅」，高興。

❸ 矢之——為此發誓。矢，古「誓」字。

❹ 予所否者——古代誓詞的用語，有假設的口氣，意思是：「假使我不……的話」。

【直譯】

孔子見了南子，子路不高興。

我們老師為此發誓說：「假使我有不對的地方，上天厭棄它！上天厭棄它！」

【新繹】

孔子在衛靈公三十九年（西元前四九六年），由蒲城回到衛國時，衛靈公夫人南子派人通知孔子想見他。孔子基於禮貌，不得已去與她見面。子路為人正直，以為南子淫名在外，孔子不該去見她，所以不高興。也因此，孔子在子路面前發誓。也有人以為孔子去見南子，是想藉此機會遊說衛靈公，採行自己的政治理想。不過即使如此，子路也一樣會不高興。

「夫子矢之」的「矢」，有人以為不必解作「發誓」，釋為「直陳」即可。「所否者」，指不合乎禮的行為。而所謂「天厭之」者，是說上天厭棄孔子，才會讓他不得已去見南子。這種解釋，似可商榷。

第29章

子曰：「中庸之為德也，其至矣乎❶！民鮮❷久矣。」

【校注】

❶ 至矣乎——至，至善。矣乎，表示讚嘆的連用語助詞。

❷ 鮮——讀上聲，少。

【直譯】

孔子說：「做為一種道德呀，中庸應該是最高的了！人們缺少它已經很久了。」

【新繹】

中庸是中正恆常的道理。中即正，不偏私；庸即常，不變易。是一種看似平常卻最難達到的境界。孔子所以發此憂世之言，一定是看到當時之人缺乏平常心，喜歡新奇以邀時譽，因此為人處事，常常過猶不及。《中庸》引述此章作「子曰：中庸，其至矣乎！民鮮能久矣。」多一「能」字，說明實踐的重要，似乎更好。

第30章

子貢曰：「如有博施於民而能濟眾，何如？可謂仁乎？」

子曰：「何事於仁❶！必也聖乎！堯舜其猶病諸❷！夫仁者，己欲立而立人，己欲達而達人。能近取譬❸，可謂仁之方也已❹。」

【校注】

❶ 何事於仁——何止是仁人，豈只合乎仁道。表示極為難得。

❷ 其猶病諸——尚且擔心做不到它。病，擔心。諸，「之乎」二字的合音。

❸ 能近取譬——能從自己身邊找到例子來做比喻。

❹ 仁之方也已——仁道的實踐方法。也已，表示肯定的連用語助詞。

【直譯】

子貢說：「假使有人廣泛地施恩給人民，而且能夠救助大眾，這種人怎麼樣？可以說是仁人了麼？」

孔子說：「何止是仁人！簡直是聖人啦！堯、舜他們恐怕都還做不到這種地步呢！一個仁人，自己想要樹立，同時也要樹立別人；自己想要完成，同時也要成就別人。能從近身來做例子，取得譬喻，推想到別人，就可以說是仁道的實踐方法了。」

【新繹】

從此章孔子回答子貢的話中，可以看出兩件事：一是行仁的方法，重點在於「己欲立而立人，己欲達而達人」，這也是忠恕之道的另一番正面的說明，而且孔子還強調方法是「能近取譬」，不必求之過深，好高騖遠，一切可自眼前身邊日常生活中求得。另外一件事是孔子以為「聖」在「仁」之上，「博施於民而能濟眾」，那已是仁者的極致，到達真正「兼濟天下」的聖人境界了。

#【七】述而篇

本篇共三十八章，記敘孔子生平行誼及其言教志節。唐代陸德明《經典釋文》說舊本三十九章，不知何據。朱熹把第九、第十兩章合為一章，故為三十七章。

第1章

子曰：「述而不作❶，信而好古，竊比於我老彭❷。」

【校注】

❶ 述而不作——只是傳述前人舊說，自己卻不新變創作。

❷ 竊比於我老彭——一作「竊比我於老彭」。老彭，人名。有人（鄭玄、王弼）說是老聃和彭祖兩人，有人（包咸、朱熹）說是殷商時代的賢大夫彭咸。清代王夫之、宋翔鳳、梁章鉅等學者則多以為老彭係指老聃一人。蓋「老聃亦曰太史儋。聃、儋、彭音蓋相近」、「後人傳聞，隨以字加之，則老彭即問禮之老子矣。」又因為孔子曾問禮於老子，「有親炙之義」，故稱「我老彭」。其他還有不同的說法，涉及神怪之說，不贅引。「我老彭」是親切的稱呼，見下文。

【直譯】

孔子說：「傳述卻不創作，相信而且喜愛古人，這些地方我私下自比於我家的老彭。」

【新繹】

此章所記，是孔子對自己教學的謙辭。他所教的，只是傳述古聖的經典，而非出於自己的創作。述，只是傳舊；作，才是創始。孔子刪《詩》、《書》，定禮、樂，贊《周易》，修《春秋》，都是在前人既有的基礎上，做校訂整理的工夫，而不是他自己憑空創造出來的。他學的是古代的文化常識，包括一切文物制度，他相信它們值得闡揚，所以學不厭，教不倦。「竊比於我老彭」，雖是自謙之辭，但稱「老彭」則是親切的口氣。「老彭」究竟是指周朝守藏史老子或唐堯的臣子彭祖，或是指商代的賢人彭咸，不可確考，但據《禮記．檀弓篇》，孔子曾經自稱「殷人」，那麼，說「老彭」指的是殷商時代的賢大夫彭咸，似乎比較合理。彭祖是傳說中人物，年代太遙遠；老子是孔子親炙敬佩的前輩，既然敬佩，大概就不會暱稱為「我老彭」；唯有殷朝的賢大夫彭咸，比較有被孔子稱為「我老彭」的可能。孔子的遠祖是宋國的貴族，宋國人是殷王室的後裔。《禮記．檀弓篇上》記載孔子自稱：「丘也，殷人也。」他是有稱彭咸為「我老彭」的可能。有人因為這一句不好講解，主張把它改為「竊比我於老彭」，似可不必。

第2章

子曰：「默而識❶之，學而不厭，誨人不倦，何有於我❷哉？」

【校注】

❶ 識——通「誌」，記。

❷ 何有於我——等於「於我何有」。

【直譯】

孔子說：「默默記住所見所聞，或所學的道理，學習時能不厭煩，教誨別人時不疲倦，這些事情有哪些我做到了呢？」

【新繹】

此章是孔子反省自己在教學上是否已經盡了力。「默而識之」是前一章「述而不作」的另一種謙辭。對於所學的，不但要默記在心，而且還要不斷的溫習、驗證、實踐。學不厭，是求己立己達，是智者的表現；教不倦，是想立人達人，是仁者的情懷。「何有於我哉？」這既是自省之辭，同時也是自勉之辭。

第3章

子曰：「德之不修，學之不講，聞義不能徙❶，不善不能改，是吾憂也。」

【校注】

❶ 聞義不能徙——聽到合乎道義的事情不能改過向善。《周易．益卦》有云：「見善則遷」，徙，即遷善之意。

【直譯】

孔子說：「品德不進修，學問不講習，聽到合理的事情不能跟進，有不好的地方不能改正，這些都是我所憂慮的呀。」

【新繹】

此章也是孔子自勵勉人之辭。他強調修德、勵學、行義、改過這四項，是為學做人的大要。

第4章

子之燕居，申申如也，夭夭如也。

【直譯】

孔子閒居的時候，端端正正的樣子，和和樂樂的樣子。

【新繹】

此章記敘孔子閒居時的情形。「申」字的本義是腰伸直；「夭」字的本義是頭偏垂。「如」同「然」，指的是樣子或神色。閒居時，當然可以要求舒適，伸展自如，但孔子卻申申其敬，可見他雖然端正卻不嚴肅；夭夭其和，可見他雖求舒適卻不放肆。申申講的是體貌，夭夭講的是神色。

第5章

子曰：「甚矣吾衰也！久矣吾不復夢見周公❶！」

【校注】

❶周公——孔子心目中最敬佩的一個古代聖人。姓姬，名旦。周文王的兒子，武王的弟弟，成王的叔父，魯國的始祖。初以采邑在周（今陝西省岐山縣之北），故稱周公。輔助武王伐紂滅殷，攝政成王，安定天下。制禮作樂，敬天保民，對後世影響深遠。

【直譯】

孔子說：「我衰老得太厲害了！我很久不再夢見周公了！」

【新繹】

從此章可以看出孔子在盛年以前，是常夢見周公的。周公在周武王死後，輔助成王，東征管叔、蔡叔等人，平定亂事，奠定了周朝一統的基礎，又制禮作樂，開創了一代立國的規模。這些都是孔子最為推崇的。所謂夢見周公，自是說明自己以周公為楷模，但言下也有自傷老大、吾道不行之意。

第6章

子曰：「志於道，據於德，依於仁，游於藝。」

【直譯】

孔子說：「立志向道，根據在德，依從仁義，涵泳六藝。」

【新繹】

此章記孔子的為學做人之道，在於道、德、仁、藝四方面。志於道，所以安心，立定志向；據於德，所以勵行，力求實踐；依於仁，所以順性，不違天理；游於藝，所以適情，發揮才藝。這是完整的人格教育，孔子的教育主張，要點在此。

第7章

子曰：「自行束脩❶以上，吾未嘗無誨焉。」

【校注】

❶ 束脩——十脡一束的乾肉。脡，音「挺」，乾的肉條。古代學生拜見老師的見面禮。一說：年紀在十五歲以上，能行束帶修飾之禮。十六歲是古代學童入學的年紀。

【直譯】

孔子說：「十五歲以上能夠自己修飾具禮求見的人，我沒有不教誨的。」

【新繹】

古代禮俗，與人初相見，一定要送禮物為見面禮，表示誠心與敬意。送給君長通常是雁，送給老師通常是束脩，束脩即成束的乾肉。這都是見面禮中最微薄的禮物。孔子的意思是學生只要有誠意求學，他都願意收為弟子。這也是孔子誨人不倦，有教無類的具體表現。有人根據《禮記》、《後漢書》等相關資料，把「束脩以上」解釋為十五歲以上能自行束帶修飾之禮，也很合理，但如果呆看文字，說孔子計較見面禮的輕重貴賤，那就不妥當了。

第8章

子曰：「不憤❶，不啟；不悱❷，不發。舉一隅，不以三隅反，則不復也。」

【校注】

❶ 憤——這裡是奮發的意思。

❷ 悱——音「匪」，鬱積、心裡有意見卻說不出來。

【直譯】

孔子說：「不發憤，就不開導；不累積，就不啟發。指示他一個方向，不用其他幾個方向來反覆推求，就不再教導他了。」

【新繹】

這是記述孔子教導學生的方法。學生必須先肯自己誠心向學，發憤用功，有了問題，老師才去告訴他如何尋找答案或解決的方法；告訴他以後，還要看他是否能自得自發，加以實證推衍。這跟現代人所說啟發式教學法，非常相似。

第9章

子食於有喪者之側，未嘗飽也。

【直譯】

孔子在有喪事的人旁邊吃飯，從來沒有吃飽過。

【新繹】

此章記載孔子深有同情心，在喪家吃飯，從來沒有吃飽過。有人把「側」解為「側室」，古人到喪家弔喪，吃飯時通常在側室。這樣講也通。

《禮記．檀弓篇》說：「食於有喪者之側，未嘗飽也。」和本章所記完全一樣。可見儒家對此非常重視。所謂仁道，應該就是由此惻隱之心發展出來的。

第10章

子於是日哭，則不歌。

【直譯】

孔子在這一天哭過，就不再唱歌了。

【新繹】

朱熹把此章與上章合為一章，看起來前後相承，自有其道理。例如《禮記．檀弓篇》就曾說：「弔於人，是日不樂。」不過，古本既分為二章，「哭」也不必盡為喪事，所以仍宜分列。是日哭過，餘哀猶存，自然沒有唱歌的心情。如果還有心情唱歌，那就表示他的悲傷不是出於真心。

第11章

子謂顏淵曰：「用之則行，舍❶之則藏。唯我與爾有是夫❷！」

子路曰：「子行三軍，則誰與？」

子曰：「暴虎馮河❸、死而無悔者，吾不與❹也。必也臨事而懼、好謀而成者也。」

【校注】

❶ 舍之則藏——舍，同「捨」，捨棄不用。

❷ 唯我與爾有是夫——只有我和你有這個想法吧。爾，你。是，此，指「用之則行，舍之則藏」。

❸ 暴虎馮河——暴虎，不拿武器，徒手搏虎。馮，同「憑」。馮河，沒有搭船，赤腳涉水渡河。語俱出《詩經》。

❹ 不與——不偕同。呼應上文「則誰與」，但也同時有表示不稱許的意思。

【直譯】

孔子對顏淵說：「有人用我就出來做官實現理想，沒人用我就隱居藏身在野。只有我和你有這樣的志趣吧！」

子路說：「要是您率領三軍，那麼誰跟您在一起呢？」

孔子說：「赤手空拳打虎，徒步涉水渡河，死了也不後悔的人，我不跟他在一起啊。一定要遇事能夠戒懼小心、善用計謀而有決斷的人才行哪。」

【新繹】

孔子與顏淵、子路的這段對話，非常有趣。顏淵的沉靜好學和子路的勇敢憨直，躍然紙上。「用之則行，舍之則藏」，易言之，就是「達則兼濟天下，窮則獨善其身」，這是孔子的政治理想。他以此來期許顏淵，那是表示他對這位學生德業各方面的肯定。顏淵還沒來得及回答，子路就搶先問：如果率領諸侯三軍，去打仗，老師將與誰同行。子路這樣問，當然有突顯自己勇力過人之意。有趣的是，孔子卻利用這一機會告誡他不能有勇無謀。孔子對子路不是訓斥，而是微言善諷。這就叫做機會教育。

第12章

子曰：「富而❶可求也，雖執鞭之士❷，吾亦為之；如不可求，從吾所好。」

【校注】

❶ 而——這裡通「如」，假設的連接詞。《史記．伯夷列傳》引文作「富貴如可求」。

❷ 執鞭之士——古代手拿馬鞭在君王車駕前開道，或在鬧市中維持次序的賤役。

【直譯】

孔子說：「富（貴）如果值得追求，就是執鞭的職位，我也肯做它；如果不值得追求，就依照我喜歡的去做。」

【新繹】

此章記述孔子不強求富貴（首句「富」字下疑脫「貴」字），說只要有為國家社會做事的適當機會，哪怕是像拿起鞭子為人駕車開道的賤役工作，他也願意做。有更高的職位，更好的工作，那就更不用說了。但如果違背了自己服務人群的理想，那麼他寧可放棄。可見孔子從事的雖是平民教育，但他教導學生的目的，仍然是希望學生接受文武合一的完整教育，出來做事，服務社會。

第13章

子之所慎：齊❶、戰、疾。

【校注】

❶ 齊——借為「齋」，齋戒的意思。在祭祀前潔淨身心，表示對神明的虔誠敬意。

【直譯】

孔子所慎重的事情是：齋戒、戰爭、疾病。

【新繹】

此章記述孔子特別慎重小心的三件事情：齋戒、戰爭、疾病。齋戒是在祭祀之前，清潔身心，表示對鬼神的誠敬。戰爭是生死存亡的決鬥，關係著國家的安危，慎重其事，是表示愛惜百姓。疾病，人所難免，尤其是流行性的疾病，更須慎重小心，那是表示尊重生命。從敬事鬼神、愛惜百姓，到尊重生命，可以看出孔子所慎重的涵蓋面，包括天地、社會、個人，相當周全。

第14章

子在齊聞《韶》❶，三月不知肉味，曰：「不圖為樂之至於斯也。」

【校注】

❶《韶》——虞舜時樂曲名。古人以為《韶》樂，能紹繼帝堯之道，盡善盡美。

【直譯】

孔子在齊國聽了《韶》樂，三幾個月吃不出來肉的滋味，說：「想不到演奏音樂可以達到這樣的境界喲。」

【新繹】

據《史記．孔子世家》的記載，孔子三十五歲那一年，因魯國發生內亂，他到了齊國，還與齊國掌管音樂的太師談論音樂方面的問題。齊桓公消滅虞舜後裔的遂國之後，竟然把舜時的《韶》樂保存下來。因此孔子在齊國期間聽了虞舜時代的《韶》樂之後，非常陶醉，還學了三幾個月，當時連吃肉時都忘了肉的滋味了。可見孔子對於古樂是多麼的熱愛。

第15章

冉有曰：「夫子為衛君❶乎？」子貢曰：「諾❷，吾將問之。」入，曰：「伯夷、叔齊，何人也？」曰：「古之賢人也。」曰：「怨乎？」曰：「求仁而得仁，又何怨？」出，曰：「夫子不為也。」

【校注】

❶為衛君——衛君，指衛出公，名輒，衛靈公的孫子，蒯聵的兒子。蒯聵得罪了衛靈公夫人南子，逃到晉國去。靈公死，衛人立輒為君，晉國卻要把蒯聵送回，藉以侵略衛國。衛人抗拒晉兵，自然也反對蒯聵回國，因而演變成了父子爭國的局面。事見《左傳》定公四年及哀公二年、三年。這時孔子正好在衛國，所以冉有等人有此疑問。伯夷、叔齊兄弟二人，互相讓國，和衛出公父子爭國的情形，正好相反，因此子貢以此設問。為衛君的「為」，讀去聲，幫助的意思。

❷諾——好、是。表示同意的語氣。

【直譯】

冉有說：「我們老師幫助衛君嗎？」子貢說：「是，我正要問問他。」

子貢進去見孔子，說：「伯夷、叔齊是什麼樣的人呢？」孔子說：「古代的賢人呀。」子貢又問：「他們有怨恨麼？」孔子答：「他們求仁德，也得到了仁德，又有什麼怨恨呢？」

子貢出來，（對冉有）說：「老師不會幫助衛君的。」

【新繹】

孔子師生當時在衛國，對於衛國的內亂，衛出公與蒯聵的父子爭位，按禮，實在不便評論。可是冉有、子貢等弟子，對於孔子的態度究竟如何，很感興趣，所以由子貢代表去請教。以互相讓位遜國的伯夷、叔齊為言，是藉此言彼，微言相感。孔子既然認為伯夷、叔齊是古之賢人，那麼他對衛國的父子爭位，看法如何，也就不言而喻了。

第16章

子曰：「飯疏食❶，飲水，曲肱而枕之❷，樂亦在其中矣。不義而富且貴，於我如浮雲。」

【校注】

❶ 飯疏食——飯，讀上聲（音「反」），吃的意思。疏食，粗糙的食物。

❷ 曲肱而枕之——肱，音「工」，手臂從肘到腕的部位。枕，讀去聲（音「鎮」），作動詞用。

【直譯】

孔子說：「吃粗飯，喝冷水，彎著胳膊來當枕頭睡，樂趣也自在其中了。做不正當的事，即使得到財富和官位，對我來說，就像空中的浮雲一樣。」

【新繹】

此章記述孔子安貧樂道的襟懷。所樂在道，追求的是精神上的滿足，而不是物質上的享受，所以，即使疏食淡水，居處簡陋，也甘之如飴。

「不義而富且貴」二句，重點在「不義」二字，如合乎義，富貴仍然可以追求。第十二章說的：「富而可求也，雖執鞭之士，吾亦為之；如不可求，從吾所好。」可以拿來和本章合讀。

第17章

子曰：「加我數年，五十以學《易》，可以無大過矣。」

【直譯】

孔子說：「多給我幾年，到了五十歲左右來學習《易經》，就可以沒有大過錯了。」

【新繹】

這一段話，是說孔子自言到五十歲時，就可以學《易經》了，但《史記．孔子世家》作「假我數年，若是，我於《易》，則彬彬矣。」「加」作「假」，用字更正確；尤可注意者，是沒有「五十以學」等字眼。如此，孔子之學《易》，不必等到五十歲時。有人把這段話讀作「加我數年，五、十以學，亦可以無大過矣。」意思是孔子說晚年能多活個五年或十年，這樣從事學問就不會有什麼大過錯了。雖然也講得通，但改字解經，畢竟易起爭議。

宋代邢昺《論語注疏》根據此章認定孔子學《易》是四十七歲，但清代劉寶楠《論語正義》以來，頗有些人主張「加我數年」是假設之辭，孔子說此話是悔恨學《易》太晚，如果他能從五十歲就開始學，就不會有大的過錯了。這樣解釋，可與《史記》說孔子「晚而喜《易》」，晚年喜讀《易經》的說法相印證。

第18章

子所雅言❶，《詩》、《書》、執禮，皆雅言也。

【校注】

❶ 雅言——當時通行的標準語言，也就是周朝的官話。相當於今天的國語，而與方言相對。

【直譯】

孔子有用雅言的時候，讀《詩經》、《尚書》、執行禮儀，都用雅言。

【新繹】

雅言與方言相對。孔子教學生讀《詩》、《書》和贊行禮儀時，都用雅言的原因，應該是因為當時語言不統一，而《詩》、《書》乃當時諸侯各國共同研習的古籍，非魯國所獨有，而且各國使者在交往時，也常常會引用它們，因此採用周朝當時普及通行的官話，以便交流。外交場合執行禮儀，當然也一樣。

第19章

葉公❶問孔子於子路，子路不對。

子曰：「女奚不❷曰：其為人也，發憤忘食，樂以忘憂，不知老之將至云爾❸。」

【校注】

❶ 葉公——楚國的大夫。姓沈，名諸梁，字子高。當時他是葉這地方的縣令，卻僭稱公。葉，音「社」，今河南省葉縣，當時屬楚。

❷ 奚不——何不。

❸ 云爾——如此而已。

【直譯】

葉公向子路打聽孔子，子路不知如何回答。

孔子說：「你為什麼不這樣說：他的為人呀！用功便忘記了吃飯，快樂便忘記了憂愁，不知道衰老就要來到，如此而已。」

【新繹】

此章記述孔子自言好學樂道。因為好學，才會忘食；因為樂道，才會忘憂。葉縣的縣令稱葉公的原因，是因為葉當時屬楚，按楚國的習慣，國君稱王，縣尹（即縣令）稱公，所以稱之為葉公。有人說葉公是僭稱，那是用諸夏的制度來評論，當然也沒錯。

第20章

子曰：「我非生而知之者，好古、敏以求之者也。」

【直譯】

孔子說：「我不是生下來就懂得學識道理的人，是愛好古代文化、勤勉來追求學問的人。」

【新繹】

此章記述孔子勉勵學生用心求學。可能有人以為孔子生而知之，不學而能，因此孔子強調自己只是好古敏求的人而已，最重要的還是後天的努力。上文「述而不作，信而好古」、「學而不厭，誨人不倦」等等，都可與本章互相參證。

第21章

子不語：怪、力、亂、神。

【直譯】

孔子不談論：怪異、勇力、悖亂、鬼神。

【新繹】

怪、力、亂、神之事，人們喜歡談，也喜歡聽，孔子則以為這些都無益於現實人生，所以極少談論。神、怪之事，虛無荒誕，不足為憑，這跟孔子教人「多聞闕疑，慎言其餘」，是相違背的，而勇力、悖亂，逞強使氣，也與孔子講仁道講禮節的主張互相牴觸，所以孔子避而不談。

第22章

子曰：「三人行，必有我師焉。擇其善者而從之，其不善者而改之。」

【直譯】

孔子說：「三幾個人在路上一起走，一定有我可以效法的人在裡頭。選擇他的優點來學習它，他不好的地方就改正它。」

【新繹】

孔子以為學無常師，隨時隨地都有學習的機會。三幾個人走在一起，彼此可以互相觀摩學習，見賢思齊，見不賢而內自省。能夠如此，那麼無論善惡賢愚，總有可供借鑑的地方。

第23章

子曰：「天生德於予❶，桓魋❷其如予何❸？」

【校注】

❶予——我。孔子自稱。

❷ 桓魋——宋國的司馬向魋（音「頹」），因為是宋桓公的後代，所以又叫桓魋。孔子在宋國時，和弟子習禮於大樹下，桓魋想殺孔子，曾拔倒大樹。孔子於是說了這兩句話。

❸ 其如予何——其奈我何，能對我怎麼樣。

【直譯】

孔子說：「上天賜不憂不懼的德性給我，桓魋他能對我怎麼樣？」

【新繹】

據《史記．孔子世家》的記載，魯哀公二年（西元前四九三年），孔子離開曹國，到了宋國。有一天在大樹下與學生習禮，桓魋因不滿孔子批評他，竟然拔掉大樹，想要殺死孔子。學生叫孔子快跑，於是孔子說了這兩句話。

孔子一直深信「仁者不憂」的道理。仁德之人死守善道，有什麼可害怕的？

第24章

子曰：「二三子❶！以我為隱❷乎？吾無隱乎爾❸！吾無行而不與二三子者，是丘也。」

【校注】

❶ 二三子——孔子稱跟從他的幾位學生。

❷ 隱——隱瞞。

❸ 乎爾——句末語助詞，表示感嘆。

【直譯】

孔子說：「你們幾位！以為我有所隱瞞嗎？我沒有隱瞞什麼的啊！我沒有什麼行動不告訴你們幾位的，這就是我孔丘的為人呀。」

【新繹】

此章孔子自言言行合一，對學生不曾隱瞞什麼。「吾無行而不與二三子者」，正表示他所知道的，已完全表現在行動舉止上了。

第25章 子以四教：文、行、忠、信。

【直譯】

孔子用四件事來教導學生：文獻、德行、忠誠、信實。

【新繹】

孔子教導學生的四件事，文，指古代流傳下來的文獻資料，包括《詩》、《書》、禮、樂等等；行，指道德的實踐，把以上所學的道理付諸實行，就是所謂身體力行；忠，指盡己之心，道德的實踐，必須出乎內心的真誠，而不是為沽名釣譽；信，指言行一致，誠實不欺，而要取信於人，必先忠於自己。仔細想，這四者之間，彼此是有因緣關係的。

第26章

子曰：「聖人，吾不得而見之矣；得見君子者，斯可矣。」子曰：「善人，吾不得而見之矣；得見有恆者，斯可矣。亡❶而為有，虛而為盈，約而為泰，難乎有恆矣。」

【校注】

❶亡——同「無」。

【直譯】

孔子說：「聖人，我不能夠看見他了；能夠看見君子一類的人，這樣也就可以了。」孔子說：「善人，我不能夠看見他了；能夠看見有一定操守的人，這樣也就可以了。沒有卻裝成有，空虛卻裝成充實，窮困卻裝成富裕，這樣的人就很難有一定的操守了。」

【新繹】

在孔子的觀念中，聖人和君子是有差別的。從〈雍也篇〉看，聖人必須「博施於民而能濟眾」，能夠造福人群，而君子則才德兼備即可。聖人和善人也是有差別的，善人大概等於仁人，能夠孝悌守道，修己愛仁，就可稱仁人。仁人一定是君子，君子只要本身才德兼備即可，未必能泛愛眾而成為仁人。當然君子還是比一般肯求學修德的人好，孔子即稱這些人為「有恆者」。

孔子慨嘆世風日下，聖人與善人都已不可得而見了，降而求其次，能夠見到君子與有恆者，即已差強人意。至於那些虛偽不實的人，對己不忠，待人無信，沒有固定不移的操守，那就更等而下之了。

本章兩段孔子的談話，有人以為後面的「子曰」，可以刪去；也有人主張宜分為二章。附記於此，供讀者參考。

第27章 子釣而不綱❶，弋不射宿❷。

【校注】

❶ 綱——捕撈魚的大網。這裡作動詞用。

❷ 弋不射宿——是說不射在巢中棲息的鳥。弋，音「亦」，以箭射鳥。宿，指鳥棲息在巢。

【直譯】

孔子釣魚，不用大網攔水捕魚；射鳥，不射棲息在窠巢中的鳥。

【新繹】

此章記述孔子的仁心愛物。漁獵之事，原為先民的生活手段，但後來社會進步了，釣魚和射鳥變成了古人一種「游於藝」的活動。孔子釣魚，不用大繩連網攔水捕魚，不會一網打盡；射鳥，不射在窠巢中棲息的鳥，絕不趕盡殺絕。這些都是仁者不忍心的表現。言外之意，讀者可以自己體會得之。

第28章

子曰：「蓋有不知而作之者❶，我無是也。多聞，擇其善者而從之；多見而識之；知之次也❷。」

【校注】

❶ 蓋有不知而作之者——蓋，大概、可能。作，創造，有憑空創作的意思。

❷ 知之次也——〈季氏篇〉第九章：「生而知之者，上也；學而知之者，次也」，本篇第二十章也說：「我非生而知之者，好古、敏以求之者也」，可知孔子以為「生而知之者」為上等，「學而知之者」為次等。

【直譯】

孔子說：「大概有不知事理就妄自創作的人，我沒有這種毛病呀。多聽，選擇那些好的地方來學習它；多看，（選擇那些好的地方）來記住它，這是求知的次序呀。」

【新繹】

此章孔子教人求知的方法。對於「生而知之者」，他認為可以不談，但他反對那些自作聰明的人。他要談的是「學而知之」，要學而知之，當然要多聽多看，擇善而從。

生而知之者，畢竟很少，孔子也說他自己只是「述而不作」，並且說：「我非生而知之者，好古、敏以求之者也。」所以他勉勵學生不要自以為是，應該多聞多見，遷善改過，增進學識。這也是求知的必然過程。

第29章

互鄉❶難與言，童子見，門人惑。

子曰：「與❷其進也，不與其退也。唯何甚❸！人潔己以進，與其潔也，不保❹其往也。」

【校注】

❶ 互鄉——地名，不詳所在。
❷ 與——讚許、希望。
❸ 唯何甚——唯，語首助詞。何甚，何必太過分。
❹ 保——守、保持。

【直譯】

互鄉的人，很難跟他們談話交流，卻有個童子被孔子接見了，學生們都感到奇怪。

孔子說：「我希望他進步，不希望他退步呀。唉，何必做得太過分！人家修潔自己來請見求進步，就希望他真的能修潔，不要管他以前的種種呀。」

【新繹】

從此章可以看出孔子的教學態度，是不咎既往、與人為善。互鄉這地方的人再怎麼不好，也不應該因此遷怒於這地方的小孩子身上。小孩子是無辜的，只要他肯潔身自愛，虛心受教，孔子以為沒有不接見的道理。孔子的寬大為懷、有教無類，於此見之。

〈述而篇〉第七章，孔子說：「自行束脩以上，吾未嘗無誨焉。」自行束脩以上，可以解釋為：到了十五歲以上、可以入學的年紀，如果能修潔自己的儀容，具體求教，孔子沒有不接受的。結合本章來看，這個互鄉的童子，應該已滿十五、六歲。

第30章

子曰：「仁遠乎哉？我欲仁，斯仁至矣。」

【直譯】

孔子說：「仁遙遠麼？我要仁，那麼仁就來到了。」

【新繹】

孔子以為仁本來就是人人心中具有的德性，所以沒有「有無」的問題，也沒有「遠近」的問題。問題的真正關鍵，在於肯不肯行，肯不肯發揮而已。所謂盡己之心的「忠」，推己及人的

「恕」，也都須先求諸己。自己願意以誠敬之心來盡己待人，仁道也就在這裡面了。

第31章

陳司敗❶問：「昭公❷知禮乎？」孔子曰：「知禮。」

孔子退；揖巫馬期❸而進之，曰：「吾聞君子不黨，君子亦黨乎？君取於吳，為同姓❹，謂之吳孟子❺。君而知禮，孰不知禮？」

巫馬期以告。子曰：「丘也幸！苟有過，人必知之。」

【校注】

❶ 陳司敗——人名。陳，國名。司敗，陳國官名，就是司寇，掌管刑法。齊國人，一說陳國人。

❷ 昭公——魯國國君，魯襄公的兒子。「昭」是謚號。

❸ 巫馬期——孔子的學生。姓巫馬，名施，字子期。陳國人。比孔子小三十歲。曾為單父宰。

❹ 君取於吳二句——君，指魯昭公。取，同「娶」。吳，國名，是太伯的後代，姬姓。地在今江、浙地區。魯國是周公的後代，也是姬姓，所以說是「為同姓」。

❺ 吳孟子——春秋時代，諸侯國夫人的稱號，一般是她所生長的國名加上她的本姓，所以魯昭公所娶的吳國女子，應稱「吳姬」。但是，周朝有「同姓不婚」的禮法，昭公娶同姓國的女子，原來就是違反禮制的，因此，昭公夫人不稱吳姬，而改稱「吳孟子」。吳孟子，猶言吳國大公主。

【直譯】

陳司敗問：「昭公懂得禮節嗎？」孔子說：「懂得禮節。」

孔子退出後，陳司敗向巫馬期作揖，請他進來，說：「我聽說君子不偏私，難道（像孔子這樣的）君子也偏私嗎？魯國國君娶了吳國的女子，魯、吳是同姓的國家，於是改稱她做吳孟子。魯君假使懂得禮節，那還有誰不懂得禮節？」

巫馬期把這些話轉告孔子。孔子說：「我孔丘啊真幸運！只要有過錯，人家一定知道它。」

【新繹】

根據《左傳．昭公五年》和《公羊傳．昭公二十五年》的記載，魯昭公是個知禮的人，但他娶了同姓國的吳孟子，卻是違禮的事。陳司敗在孔子周遊列國來到陳國時，向他問及此事。陳司敗只問魯昭公知不知禮，不談具體的事例，而孔子是魯國人，昭公又是魯國的先君，按古禮，是必須為君諱，不可對外人來批評的。因此，孔子回答陳司敗，不言先君之失，是合乎禮的，而在別人指出魯昭公娶吳孟子的個例時，孔子並不否認，也不巧辯，坦然承認，這又是合乎禮的反應。

從文中也可以看出巫馬期是陪同孔子見陳司敗的人，而孔子說自己「苟有過，人必知之」，也正反映了孔子在當時人們心中的地位。

第32章

子與人歌而善，必使反之，而後和之。

【直譯】

孔子跟別人唱歌，如果唱得好，一定請他再唱一遍，然後和著他唱。

【新繹】

此章記敘孔子愛好音樂，喜歡和人一起唱歌，而且善於取人之長，與人同樂。本篇第十章說：「子於是日哭，則不歌。」第十四章說：「子在齊聞《韶》，三月不知肉味。」可以看出他常唱歌，也非常喜愛雅樂。《史記》記載他曾向師襄學琴，並與萇弘討論過音樂，難怪他晚年自衛返魯之後，能夠校理《詩經》的配樂，使「雅頌各得其所」。請參閱〈子罕篇〉。

第33章

子曰：「文，莫❶吾猶人也；躬行君子❷，則吾未之有得。」

【校注】

❶ 莫——約莫、或許。一說：語首助詞，無義。定州簡本作「幕」，則句讀為：「文幕，吾猶人也。」

❷ 躬行君子——親身實踐君子之道。

【直譯】

孔子說：「在書本的學問上，大約我還比得上別人啊；但在身體力行君子之道上，那我還沒有做到它。」

【新繹】

此章孔子自謙他在實踐工夫上，尚有不足，隱然有知易行難之意。我們常說讀書是為了明白做人的道理，但做人的道理，記載在書本裡的，屬於認知的範圍，還比較容易理解，一旦要躬行實踐，則因種種限制，頗為困難。

另外，此章首句有人（見清人毛奇齡《論語稽求篇》）斷作「文莫，吾猶人也」，說「文莫」是當時燕、齊的用語，意即讀書「勉強」。定州簡本正作「文幕」，此或可備一說。

第34章

子曰：「若聖與仁，則吾豈敢？抑為之不厭，誨人不倦，則可謂云爾已矣。」公西華曰：「正唯弟子不能學也。」

【直譯】

孔子說：「如果說是聖人和仁人，那我怎麼敢當？不過是學習時不厭煩，教人時不倦怠，只可以說是這樣罷了。」

公西華說：「這正是我們同學不能學得到的。」

【新繹】

此章記述孔子不敢以聖人仁者自居。這當然是孔子的自謙之辭。不過，他既自許「為之不厭，誨人不倦」，則其以仁聖為目標，殆無可疑。《孟子．公孫丑篇上》記載子貢對此事的看法：「學不厭，智也；教不倦，仁也。仁且智，夫子既聖矣。」可見在學生公西華、子貢等人心目中，孔子早已是聖人仁者了。

第35章

子疾病❶，子路請禱。子曰：「有諸❷？」

子路曰：「有之。誄曰：『禱爾于上下神祇』。❸」

子曰：「丘之禱久矣。」

【校注】

❶ 疾病——疾，也是病，指病重。疾病連用，表示病情很重。

❷ 諸——「之乎」的合音。

❸ 誄曰句——誄，音「累」，通「讄」，祈禱的意思。這裡指哀悼之文。禱爾，為你祈禱。上下神祇（音「祈」），指天神地祇。

【直譯】

孔子病得很重，子路請求祈禱。孔子說：「有這樣的事嗎？」

子路答道：「有的。禮書上的誄詞說：『替你向天神地祇祈禱』。」

孔子說：「我孔丘已經祈禱很久了。」

【新繹】

孔子罕言怪、力、亂、神，對於鬼神之事，以為應該「多聞闕疑」。不過，禮書（例如〈士喪禮〉）即有「疾病行禱五祀」的說法，可見按照古禮，真的有為病人禱告的這個儀式。子路為人正直，雖然知道孔子對鬼神存疑，但他仍然直言不諱。孔子的回答，「丘之禱久矣」，則暗示禱告起不了什麼作用，再次表明了他的婉謝之意。

第36章

子曰：「奢則不孫❶，儉則固❷。與其不孫也，寧固。」

【校注】

❶ 孫——同「遜」，謙順。

❷ 固——固陋、鄙吝。

【直譯】

孔子說：「奢侈就會不謙遜，儉省就會固陋。與其不謙遜啊，寧可固陋。」

【新繹】

此章孔子比較奢侈與儉省的缺點，認為二者都過猶不及，有失中庸之道。但比較起來，寧可儉省而不可奢侈。因為儉省雖顯得寒促，傷害的往往只是自己，而奢侈者不知謙遜，常常傷害到別人的自尊心或應得的部分。

孔子的這些話，應是針對個人的修養而言。

第37章

子曰：「君子坦蕩蕩，小人長戚戚。」

【直譯】

孔子說：「君子心胸平坦寬廣，小人心裡老是憂懼不安。」

【新繹】

此章從精神和物欲兩方面，去比較君子和小人的不同。君子守道循理，追求精神上的滿足，因此心胸坦蕩廣闊；小人貪求富貴，患得患失，追求物質上的奢華，所以總是心神不安。孔子的這些話，應是針對品德而言，而非講身分職位的高低。

第38章

子溫而厲，威而不猛，恭而安。

【直譯】

孔子溫和卻嚴肅，威嚴卻不兇猛，恭謹卻安詳。

【新繹】

此章記敘孔子平日的神色態度，合乎中和之道。溫和的人容易顯得柔弱，但孔子卻溫和中帶著嚴肅。以下類推。句中的「而」，都是轉折詞而非連接詞，都是「卻是」而非「而且」的意思。〈子張篇〉第九章：「即之也溫，聽其言也厲。」〈堯曰篇〉第二章：「泰而不驕，威而不猛。」都和本章可以合看。

【八】泰伯篇

本篇共二十一章，記述古代仁人君子守孝盡禮的德行，以及孔子師生討論如何治學處世之事。前篇論孔子之行，此篇則前後載聖賢之德。有人以為篇中記載不少曾子的言行，推測此為曾子的弟子所記。

第1章

子曰：「泰伯❶，其可謂至德也已矣。三以天下讓❷，民無得而稱焉。」

【校注】

❶泰伯——也寫作「太伯」，周太王的長子。他看出周太王有意傳位給他弟弟季歷的後代昌（就是後來的周文王），便逃到南方去，建立了吳國，成為周朝的諸侯。事見《左傳・僖公五年》及《史記》中的〈周本紀〉、〈吳太伯世家〉。

❷三以天下讓——相傳吳太伯本來是可以繼位為王的，但他三次讓國，終於完成他父親的心願，傳位給幼弟季歷及其後代姬昌。

【直譯】

孔子說：「泰伯，他應該可以說是有最崇高德行的了。三次把天下讓給別人，人民不知道怎樣來稱頌他。」

【新繹】

此乃孔子盛讚吳太伯至高無上的德行。吳太伯能夠體會父親周太王（名古公亶父，原為殷商諸侯。太王是後來周成王所追謚）的心意，可說是孝；又能敬愛賢明的弟弟季歷，可說是悌；為國忘私，不貪權位，可說是仁；謙遜而隱，不欲人知，可說是讓。這樣的人，非常難得，因此孔子盛讚他有「至德」。

第2章

子曰：「恭而無禮則勞，慎而無禮則葸❶，勇而無禮則亂，直而無禮則絞❷。」「君子篤於親，則民興於仁；故舊不遺，則民不偷❸。」

【校注】

❶ 葸——音「喜」，害怕、膽怯。
❷ 絞——音「皎」，兩條繩子交互扭緊，形容迫切、偏激。
❸ 偷——苟且、澆薄。

【直譯】

孔子說：「恭敬卻沒有禮節就會勞頓，謹慎卻沒有禮節就會膽怯，勇敢卻沒有禮節就會悖亂，率直卻沒有禮節就會急躁。」「在上位的人能厚待親人，那麼人民就會紛紛傾向仁道；故交舊僚能不遺忘，那麼人民就不會刻薄無情。」

【新繹】

這一章，說明以禮節情的重要。從「君子篤於親」以下，有人以為應另立一章，因為重點已在君子應該以身作則上面，與禮節沒有直接的關係。

前段四句，是說恭敬、謹慎、勇敢、率直，雖然都是良好的德行，但表現在行為上，如果不以禮節之，那麼過猶不及，就會顯得勞頓、膽怯、悖亂、急躁。可見僅有誠心還不夠，必須有禮儀來配合才好。

同樣的道理，一個在上位的君子，如果能以身作則，以禮節情，不過於自私，對待親人和朋友不刻薄寡恩，那麼人民就會順從，社會風氣就會改善。

第3章

曾子有疾，召門弟子曰：「啟❶予足！啟予手！《詩》云：『戰戰兢兢，如臨深淵，如履薄冰。』❷而今而後，吾知免夫❸！小子！❹」

【校注】

❶ 啟——開啟。這裡是叫弟子打開衾被來看的意思。
❷ 戰戰兢兢三句——語見《詩經．小雅．小旻篇》。意思是：戒懼小心地，好像面臨著深深的淵谷，好像腳踩著薄薄的冰層。
❸ 免夫——是說自己小心保全，免於毀傷。夫，音「扶」，句尾助詞。
❹ 小子——古代老師對學生的暱稱，猶如今天所謂「小朋友」。

【直譯】

曾子生了病，召集他門下的學生來，說：「看看我的腳！看看我的手都好好的！《詩經》上說：『戰戰兢兢，如臨深淵，如履薄冰。』從今以後，我知道身體可以免於毀傷了！同學們！」

【新繹】

《孝經．開宗明義章》說：「身體髮膚，受之父母，不敢毀傷，孝之始也。」《大戴禮記．曾子大孝篇》也說：「父母全而生之，子全而歸之，可謂孝矣。不虧其體，可謂全矣。」可見古人多麼重視孝道，而曾子是著名的孝子，於此當然更為留意。他引用《詩經》的「戰戰兢兢」等句，正是要說明他戒慎恐懼的心情。

「啟予足，啟予手」的「啟」，歷來有人解為「晵」的通用字。晵，就是省視的意思。這樣講，自是不錯，但「啟」的原義是「開啟」，在這裡指曾子生了病，躺在床上，按理蓋了衾被之類的東西，所以把「啟予足」二句解釋為打開被子，看看我的腳、我的手，意思已經很清楚，似乎不必拐彎抹角去求新解。至於現代有人把「啟」解作「抬抬」、「動動」，或者解作「擺正」，恐怕都沒有切合「啟」字在訓詁上的意義。

第4章

曾子有疾，孟敬子❶問之。

曾子言曰：「鳥之將死，其鳴也哀；人之將死，其言也善。君子所貴乎道者三：動容貌，斯遠暴慢矣；正顏色，斯近信矣；出辭氣，斯遠鄙倍矣。籩豆❷之事，則有司存❸。」

【校注】

❶ 孟敬子——魯國的大夫，孟武伯的兒子。姓仲孫，名捷。「敬」是諡號，「子」是尊稱。

❷ 籩豆——都是古時禮器。籩，音「邊」，竹器，口圓有腳，盛瓜果用。豆，木器，有蓋無腳，盛湯漿用。

❸ 有司存——有專職的官吏在。

【直譯】

曾子生了病，孟敬子來慰問他。

曾子說道：「鳥將死的時候，牠叫的聲音是悲哀的；人將死的時候，他說的話是善意的。在上位的人所重視的道理有三項：慎重儀態，這樣就能避免粗暴放肆了；端正臉色，這樣就能親近信實的人了；注意語氣，這樣就能避免鄙陋錯誤了。至於籩豆這些禮器應該擺在哪裡的儀節，自有主管的官員負責。」

【新繹】

此章記述曾子勸告孟敬子為人要注意容色辭氣。「鳥之將死」四句，是曾子在勸告之前，先說明他的善意。最後「籩豆之事」二句，是說明宴饗祭祀時籩豆等禮器如何擺設的事情，也自有負責的官吏管理，像孟敬子這樣的大夫用不著去過問。孟敬子要做的只有三件事：動容貌、正顏色、出辭氣。動作、表情、語氣這三件事，其實都與個人的修養有關。從這些話中不難想見孟敬子平日的為人，一定在這三方面有問題，所以曾子才如此規勸。

第5章

曾子曰：「以能問於不能，以多問於寡；有若無，實若虛，犯而不校❶；昔者吾友❷嘗從事於斯矣。」

【校注】

❶ 犯而不校——被人冒犯卻不計較。校，通「較」。

❷ 昔者吾友——從前我的朋友。邢昺《論語注疏》引馬融云：「友，謂顏淵。」

【直譯】

曾子說：「以能的向不能的請教，以多的向少的請教；有卻像沒有，充實卻像空虛，被冒犯卻不計較；從前我的朋友曾經達到這種境界了。」

【新繹】

自己能力高，卻向能力低的人請教；自己見聞多，卻向見聞少的人請教。這些都是謙虛的表現。「有若無，實若虛」，也一樣。只有謙虛，才會更求精進，不會伐善施勞。「犯而不校」，別人來侵犯，也不會計較，這幾乎已到達「以德報怨」的境界了。曾子說他曾經有這樣的朋友，言下之意，非常佩服而且想念他。歷來都以為這個人，應該是指顏回而言。

第6章

曾子曰：「可以託六尺之孤❶，可以寄百里之命，臨大節而不可奪也；君子人與❷？君子人也！」

【校注】

❶ 六尺之孤——死了父親的年幼孤兒，指幼主而言。中國歷史上，常有託付老臣照顧幼小國君的故事。古人以為六尺以下、十五歲以下，都還算孩童。

❷ 君子人與——算是君子一類的人嗎。與，同「歟」。

【直譯】

曾子說：「可以寄託他身高六尺的孤兒，可以交給他百里地方的政權，遇到緊要的關頭也不會改變操守的；這樣的人是個君子嗎？是個君子啊！」

【新繹】

此章記述曾子以為君子必須才能與節操兼具。「託六尺之孤」，歷來大都以為指輔佐未成年的君王而言。古時尺短，七尺以上才算成年。「寄百里之命」，歷來也大都以為指執掌國家政權。古時，在孔子以前，擁有百里地方的國家，已算是諸侯大國了。「臨大節而不可奪」，所謂「臨大節」，面臨重要的關節，歷來也大都以為是指國家危急存亡的關鍵時刻。以上所說，都不僅需要過人的才能，而且更需要堅貞的節操。這樣的人，當然是才德兼備的君子人物。

第7章

曾子曰：「士不可以不弘毅，任重而道遠。仁以為己任，不亦重乎？死而後已，不亦遠乎？」

【直譯】

曾子說：「士人不可以不寬宏堅強而有毅力，因為他所負的責任重大，而且要走的路途遙遠。把發揚仁道當做自己的責任，負擔不是也很重大麼？死了以後才停止前進，路途不是也很遙遠麼？」

【新繹】

曾子秉承孔子的教訓，以為士要為國家來領導平民，必須才幹與品德兼修，而且要有毅力和決心。有品德，才會以仁為己任；有才幹，才會不怕艱難。「弘毅」二字，正是行德辦事時必要的志氣和毅力。弘，弓聲，拉弓則大，發箭則勁，所以它兼有宏、強二義，在這裡也就兼指志向寬大和毅力堅強了。

第8章

子曰：「興❶於《詩》，立❷於禮，成❸於樂。」

【校注】

❶興——心中感發。指讀《詩經》而言。〈季氏篇〉：「不學《詩》，無以言。」

❷立——立身。指學禮而言。〈季氏篇〉：「不學禮，無以立。」

❸成——完成、調和。指學樂而言。樂主中正和平，最能陶冶性情。

【直譯】

孔子說：「在詩篇中鼓舞意志，在禮節中端正行為，在音樂中陶冶性情。」

【新繹】

詩歌和禮樂是孔子教導學生的重要科目，它們在古代原是密不可分的。孔子整理過的《詩經》，本來就是樂章，都可以配樂歌唱，而且在行禮奏樂時，有時還配合著舞蹈，因此孔子常常把《詩》和禮、樂連而言之。至於這三者學習時，是否有先後次序，則說法不一。《禮記．內則篇》說：十歲學幼儀，十三歲學誦詩，二十而後學禮。在「學誦詩」之前，已先「學幼儀」，幼儀固然是禮的入門初學，但畢竟也是禮儀之一。所以「興於《詩》」、「立於禮」、「成於樂」這三項，究竟在次序上是並列關係，或先後關係，很難斷定。

第9章

子曰：「民可使由之，不可使知之。」❶

【校注】

❶ 民可使由之二句——有人讀成：「民可，使由之；不可，使知之。」意思是：人民贊成的，讓他們照著它做；不贊成的，讓他們了解它。之，指宗教、法律、道德之類的事情。

【直譯】

孔子說：「一般人民可以使他們照著道理做，卻不可能使他們明白道理。」

【新繹】

古時士以下的人民奴隸，本來沒有機會接受教育，所以在上位者統治人民，通常是教他們照著規定做，至於為什麼要這樣做，不必告訴他們。一直到後來，像《呂氏春秋．樂成篇》都還這麼說：「民不可與慮化始，而可以樂成功。」所以前人把此章斷作：「民，可使由之，不可使知之。」是符合古代史實的。現今有人把此章讀為：「民可，使由之；不可，使知之。」雖然切合現代人對民主的要求，但以今律古，未必可信。

第10章

子曰：「好勇疾❶貧，亂也。人而❷不仁，疾之已甚❸，亂也。」

【校注】

❶ 疾——痛恨。

❷而——如果。
❸已甚——太過。

【直譯】

孔子說：「喜愛勇力，而又厭惡貧困，會出亂子呀。一個人假使不仁德，而厭惡他的又太過分，也會出亂子呀。」

【新繹】

孔子說明社會的兩種亂源：一是好勇力卻怕窮苦的人，這樣的人，容易依恃暴力來攫取財富，所以是亂源；一是嫉惡如仇的人，逼得惡人無路可走，惡人勢必鋌而走險，奮力反抗，也會出亂子。孔子說這兩段話的用意，前者是教人固窮，安貧樂道；後者是教人悲憫，寬大為懷。

第11章

子曰：「如有周公之才之美，使❶驕且吝，其餘不足觀也已❷。」

【校注】

❶使——和上句的「如」一樣，都是假設的語氣。
❷也已——表示肯定的連用語末助詞。

【直譯】

孔子說：「如果有了周公的才能的優點，假設他的為人驕傲而又吝嗇的話，其餘的也就不值得再觀察了吧。」

【新繹】

此章說明驕傲和吝嗇的為害之大。周公輔助成王，安邦定國，制禮作樂，才幹之美善，自無可疑，但孔子以此為喻，說才幹即使美如周公，但只要為人驕吝，也就很難有所成就了。驕，高傲；吝，小氣。二者也就是過猶不及，這是孔子再三告誡的。

第12章

子曰：「三年學，不至於穀❶，不易得也。」

【校注】

❶ 穀——古代官吏的俸祿，主要是米穀。借指官職祿位。

【直譯】

孔子說：「三幾年讀書期間，不想到祿位上去的，這種人不容易找得到啊。」

【新繹】

孔子慨嘆當時的學生，求學的目的多是為了俸祿名位。連子張這樣的及門弟子，都還曾以干祿為問，其他可想而知。

第13章

子曰：「篤信好學，守死善道。危邦不入，亂邦不居。天下有道則見❶，無道則隱。邦有道，貧且賤焉，恥也；邦無道，富且貴焉，恥也。」

【校注】

❶見——同「現」，出仕。

【直譯】

孔子說：「堅定信心，愛好學問；篤守至死，發揚正道。有危險的國家不進去，有變亂的國家不居住。天下上了軌道，就出來做事；不上軌道，就隱居不出。國家上了軌道，假使自己貧窮而且低賤，是恥辱呀；國家不上軌道，假使自己有錢而且有勢，也是恥辱呀。」

【新繹】

此章孔子教人講求安身立命、出處去就。「好學」、「善道」是講學問和品德要兼顧。但求學是為了明道，所以「守死善道」更是一個人安身立命、出處去就的最高原則，下文要闡述的道理，皆與此有關。

第14章

子曰：「不在其位，不謀其政。」

【直譯】

孔子說：「不在那個職位上，就不去籌劃那個職位的事務。」

【新繹】

孔子教人各安其分、各盡其能就好了，不要侵犯別人的職權。這兩句話又見〈憲問篇〉第二十六章，應該是從行政的觀點來說的，而且指的是某些專門籌劃管理的業務。否則政治是眾人之事，沒有不可討論的道理。

第15章

子曰：「師摯之始❶，〈關雎〉之亂❷，洋洋乎盈耳哉！」

【校注】

❶ 師摯之始——師摯，魯國的太師，名摯。太師，樂官之長。古代奏樂，由太師開始演奏，叫做「升歌」。始，這裡指樂曲的開端。

❷〈關雎〉之亂——〈關雎〉，《詩經・國風・周南》的第一篇詩。已見前。亂，這裡指樂曲的結尾，也就是「合樂」，等於今天的合唱。

【直譯】

孔子說：「師摯的升歌，〈關雎〉的合樂，聲音滔滔不絕啊，充滿在耳中啦！」

【新繹】

孔子愛好音樂，也重視音樂教育。他曾經告訴魯國的太師說：「吾自衛反魯，然後樂正，雅頌各得其所。」可見他曾經對《詩經》的配樂做過整理的工作。他所處的時代，周室衰微，禮崩樂壞，所以聽到太師摯等人演奏的樂歌時，特別高興。

第16章

子曰：「狂而不直，侗而不愿❶，悾❷悾而不信，吾不知之矣。」

【校注】

❶ 侗而不愿——侗，通「童」，幼稚愚昧。定州簡本「侗」作「俑」。俑，古時殉葬用的木偶，音義近「侗」。愿，音「願」，忠厚。

❷ 悾——音「空」，純而蠢的樣子。

【直譯】

孔子說：「狂放卻不直爽，幼稚卻不老實，無能卻不守信，我不了解這種人哪。」

【新繹】

狂放的人通常比較直率，幼稚的人通常比較誠實，無能的人通常比較本分，這些都是常態常情。如果違背了常態常情，狂放者易流於膽大妄為，幼稚者易流於愚笨粗魯，無能者易流於昏庸自私，那些不當的行為，都可說是小人行徑了。

第17章

子曰：「學如不及，猶恐失之。」

【直譯】

孔子說：「求學要像怕來不及的樣子，學了以後還怕忘記它。」

【新繹】

此章孔子教人求學的方法。學習時，唯恐不及，既怕學得遲，趕不上別人，又怕學不好，趕不上進度，這是表示勤勉。學習了以後，還怕自己學得不好，記得不牢，因此要常常溫習。上文「學而時習之」、「溫故而知新」，說的都是相同的道理。

第18章

子曰：「巍巍乎！舜、禹❶之有天下也，而不與❷焉。」

【校注】

❶舜禹——孔子推崇的古代帝王。舜，姚姓，有虞氏，名重華，史稱虞舜。以孝聞名，因四岳推舉，代堯攝政登位，都於蒲坂（今山西省永濟市）。後以禹治水有功，禪位於禹。禹，姒姓，號高密。治水十餘年，三過家門而不入。後繼舜為帝，曾會諸侯，鑄九鼎，建立夏朝。

❷不與——不以為私有。與，音「預」，參與。一說：不與，不怡悅。

【直譯】

孔子說：「崇高呀！虞舜、夏禹得到天下的時候呀，都不曾佔為私有。」

【新繹】

傳說虞舜和夏禹都是因禪讓而即帝位的，他們在位時，也不把天下視為私有，這與春秋時代諸侯各國的互相侵伐、爭權奪利，大不相同。因此孔子不由發思古之幽情。

第19章

子曰：「大哉！堯❶之為君也。巍巍乎！唯天為大，唯堯則之❷。蕩蕩乎！民無能名焉。巍巍乎！其有成功也。煥乎！其有文章。」

【校注】

❶堯——孔子推崇的古代帝王。帝嚳之子，祁姓，名放勛，原封於唐，史稱唐堯。代帝摯登帝位，都平陽（今山西省臨汾市西南）。觀天象，定曆法，授民時。後以四岳薦舉虞舜，遂禪位於舜。

❷則之——以天為準則。之，指上文「天」而言。則，作動詞用。

【直譯】

孔子說：「偉大啊！堯做君王時的功德呀。崇高啊！只有天是最偉大的，只有堯能效法它。廣博啊！人民沒法用言語稱頌他。崇高啊！他所擁有的成就功業呀。燦爛啊！他所擁有的禮樂制度。」

【新繹】

此章記述孔子對唐堯的極讚之辭。前章盛讚舜、禹，此章更進而歌頌帝堯的崇高偉大，簡直無以復加矣。「大哉」、「巍巍乎」、「蕩蕩乎」、「煥乎」這些讚頌之辭，都冠於句首，使讀者在誦讀時，覺得氣勢盛而韻味足，起了一種往復回應的作用。

第20章

舜有臣五人而天下治。武王曰：「予有亂臣❶十人。」孔子曰：「才難，不其然乎？唐、虞之際，於斯為盛。有婦人焉，九人而已；三分天下有其二，以服事殷；周之德，其可謂至德也已矣❷。」

【校注】

❶亂臣——親近的臣子。亂，古時可以反訓為「治」。也有人以為「亂」本應作「乿」，即「治」之意。更

有人主張應解為「敢向前朝造反作亂的臣子」。

❷ 也已矣——連用表示肯定的語末助詞，加強語氣。

【直譯】

虞舜有賢臣五個人，然後天下太平。周武王說過：「我有親近的賢臣十個人。」

孔子說：「人才難得，不就是那樣嗎？唐堯、虞舜交替之時，在（人才）這方面是最盛的。（周朝的賢臣）有婦人在裡面，其實只有九人而已；而且把天下分成三份，周朝有其中的兩份，卻還用來服從事奉殷商；周（武王）的德行，也應該可以說是最崇高的德行了呀。」

【新繹】

前兩章盛推堯、舜的至德，此章又拿周武王來和舜比較。直接稱述「孔子」，前人以為是因為「上係武王君臣之際」，記述者比較小心的緣故。舜承堯位，有賢臣五人輔佐，天下太平，所以說「於斯為盛」。周武王承文王之後，說有親臣十人，其中有一位是婦女親屬，所以說只有九人；而且文王、武王皆曾守君臣之義，以大事小，服事殷商，具有謙遜的美德，所以孔子稱讚周之德，可以比美堯舜，亦可謂至德了。

前人說舜的賢臣是：禹、稷、契、皋陶、伯益；周武王的賢臣是：周公旦、召公奭、太公望、畢公、榮公、犬顛、閎夭、散宜生、南宮适、文母（即太姒、文王妃）。這些說法可以參考，但未必可信。

第21章

子曰：「禹，吾無間然❶矣。菲飲食而致孝乎鬼神，惡衣服而致美乎黻冕❷，卑宮室而盡力乎溝洫。禹，吾無間然矣。」

【校注】

❶ 間然——指摘、批評。間，音「建」，間隙、漏洞。

❷ 黻冕——古代官員上朝或參加祭祀時所穿的禮服。黻，音「服」，繡有青黑花紋的禮服。冕，音「免」，上朝或祭祀時所戴的禮帽。

【直譯】

孔子說：「禹，我對他沒有什麼批評的了。他自己的飲食菲薄，卻對鬼神的祭品辦得豐盛；自己的衣服粗劣，卻把祭禮用的衣帽做得華美；自己的宮室低陋，卻對田間的水道盡力修治。禹，我對他是沒有什麼批評的了。」

【新繹】

此章讚美夏禹公而忘私的功德。「菲飲食」、「惡衣服」、「卑宮室」，是說自奉甚儉，生活簡樸；「致孝乎鬼神」、「致美乎黻冕」、「盡力乎溝洫」，則是說敬事天地鬼神，盡心人民之事。這也就是上文第十八章所說的：「舜、禹之有天下也，而不與焉。」

【九】子罕篇

本篇依何晏《論語集解》共三十一章，多記孔子的德行志趣。皇侃《論語義疏》和朱熹《論語集注》把第六、第七兩章合為一章，所以題作三十章。

第1章

子罕言利與命與仁❶。

【校注】

❶ 子罕言利與命與仁——罕，稀少的意思。有人解讀此句為：孔子很少談到利、命、仁。「與」作連接詞用，「和」的意思。有人讀為：「子罕言利，與命，與仁。」「與」當「稱許」講。也有人把「罕」解釋為「明顯」。

【直譯】

孔子很少主動談論利益、命運和仁德。

【新繹】

此章字句不多，但歷來的解釋，歧義卻很多。《論語》一書，有人統計過，言及「利」的只有六處，言及「命」的也不超過十次，所以說孔子罕言「利」與「命」是不成問題的，但談到「仁」的地方則非常多，可謂不勝枚舉，因此說孔子罕言之，就易起爭議了。也因此，有人把句中的「與」，解為「稱許」，也有人乾脆把「罕」解為「明顯」。然而如此曲解，似乎治絲益棼了。因為孔子少談「利」是事實，而〈公冶長篇〉第十三章也說：「夫子之言性與天道，不可得而聞也。」這是子貢說的話，當亦可信。所以孔子罕言「命」，也可以成立。唯一的問題是孔子是不是罕言「仁」。事實上，上文已經說過，孔子非常推崇仁道，既不敢以仁者自居，也很少以仁許人，他認為那是一種非常崇高的道德，非常人所可企及，所以他很少主動提到仁，是可以理解的。

第2章

達巷黨人❶曰：「大哉孔子！博學而無所成名❷。」子聞之，謂門弟子曰：「吾何執❸？執御乎？執射乎？吾執御矣。」

【校注】

❶ 達巷黨人——《史記》引作「達巷黨人童子」。古代以五百家為一黨。達巷，黨名，在孔子住處附近。一說「巷黨」就是「里巷」的意思。

❷ 無所成名——沒有足以成名的專門技藝。

❸ 何執——有什麼專長。執，作動詞用，意即擅長。

【直譯】

達巷黨的人說：「偉大啊孔子！他有淵博的學識，卻沒有什麼成名的專長。」

孔子聽到這些話，對門下的學生說：「我擅長什麼呢？擅長駕車嗎？擅長射箭嗎？我擅長駕車好了。」

【新繹】

一般人，以為讀書求學，不外是為了求得什麼學識或技藝，所謂一技之長，而成為專家。孔子以六藝教導學生，正表示他所追求的，是廣博的學識，而非徒以一技一藝為貴。射、御各為六藝之一，孔子及其弟子當然都具備這些才能，所以當黨人說孔子「博學而無所成名」時，他自謙的說做個御者好了。射者表現自己，御者服務別人，這或許是孔子寧可選擇專長為御者的原因。

第3章

子曰：「麻冕❶，禮也；今也純❷，儉，吾從眾。拜下❸，禮也；今拜乎上，泰❹也。雖違眾，吾從下。」

【校注】

❶麻冕——古時卿大夫所戴的禮帽，叫玄冕，也叫緇布冠。

❷純——生絲。這裡的意思是：用生絲織成的。

❸拜下——拜謝在堂下。

❹泰——這裡是驕傲、怠慢的意思。

【直譯】

孔子說：「用麻料做的禮帽，合乎古禮呀；現在啊用絲料做，比較省工，我贊同大家的做法。臣子在堂下拜謝，這是古禮呀；現在卻在堂上拜謝，這是倨傲呀。雖然違反大家的意見，我還是贊同在堂下拜謝的做法。」

【新繹】

麻冕是古代大夫以上參加宗廟典禮時所戴的禮帽，原用黑色細麻布製成。它的製作過程，極為煩勞，所以後來改用純絲做原料，就省工得多。戴禮帽是表示敬意，與帽的原料用麻用絲無關，所以為了節省民力，孔子說可以接受改麻為絲。

拜下，是古代臣下拜見君上時的一種禮儀。君上賜酒，臣下即須到堂下拜謝，等到君上示意後，再到堂上行禮，後來上下之禮不講究了，臣下只在堂上拜謝，不到堂下。這種改變，是臣下之人怕麻煩，實在有違示敬的本意了，所以孔子反對。

第4章

子絕❶四：毋意❷，毋必，毋固，毋我。

【校注】

❶ 絕——杜絕、戒除。

❷ 毋意——毋，同「無」，即「勿」，不可。下同。意，通「億」，即「臆」的古字，臆測。

【直譯】

孔子戒絕四種毛病：不猜疑，不武斷，不固執，不主觀。

【新繹】

此章所記，不是記錄孔子的談話，而是歸納孔子平日的言行所得。「毋」通「無」，即「勿」，不可、不要、禁止的意思。也就是說孔子沒有猜疑、武斷、固執、主觀的四種毛病，足供弟子學習。

第5章

子畏於匡❶，曰：「文王既沒，文不在茲乎❷？天之將喪斯文也，後死者不得與於斯文也；天之未喪斯文也，匡人其如予何❸？」

【校注】

❶ 子畏於匡——孔子離開衛國到陳國去，途中經過匡地。匡地在今河南省長垣縣西南。匡人因為魯國季氏的家臣陽虎曾經焚掠當地，而孔子的相貌又像陽虎，所以起了誤會，把孔子囚禁了五天。事見《史記‧孔子世家》。畏，懼怕的意思。值得注意的是，《史記》云：「弟子畏於匡。」懼怕的是弟子，不是孔子。一說「畏」本作「圍」，以音誤作「畏」。

❷ 文不在茲乎——周文王以來的文化傳統不是在這裡嗎。茲，此，指孔子自己。

❸ 其如予何——其奈我何，又能對我怎麼樣。

【直譯】

孔子被困在匡這地方時有戒心，說：「文王已經死了，典章文物不都在我這裡麼？上天假使要毀滅這些典章文物啊，那我這個後死的人，就不會接觸到這些典章文物啦；上天假使不要毀滅這些典章文物啊，匡人又其奈我何？」

【新繹】

陽虎曾經為害匡邑的百姓，而孔子的相貌很像陽虎，因此孔子師生經過該地時，被困了好幾天。孔子的學生非常擔心，也因此孔子說了這些話來安慰他們，同時自慰負有傳承周朝文化的責任，相信匡邑的人不會對他太過分。

第6章

太宰❶問於子貢曰：「夫子聖者與？何其多能也？」子貢曰：「固天縱之將聖❷，又多能也。」子聞之，曰：「太宰知我乎！吾少也賤❸，故多能鄙事。君子多乎哉？不多也。」

【校注】

❶ 太宰——這裡指一位當太宰的官員。太，一作「大」。太宰，官名，百官之長。有人以為這位太宰是指吳太宰嚭（音「匹」）。

❷ 將聖——可能成為聖人。

❸ 少也賤——小時候出身貧賤。相對於「太宰」與「君子」的貴族而言。

【直譯】

太宰向子貢問道：「他老先生是個聖人吧？為什麼他那樣多才多藝呢？」

子貢說：「本來就可能是上天要縱放他成為聖人，又多才多藝的呀。」

孔子聽到了這些話，說：「太宰了解我吧！我小時候出身貧賤，所以能做很多粗鄙的技藝。君子需要很多技藝麼？不必多的呀。」

【新繹】

從此章的記敘中，可以看出孔子除了有廣博的學識，也確實會不少一般人所說的粗俗技能，而且他非常謙虛，所以能贏得他人與學生的尊敬。

有人以為太宰是指吳國太宰嚭。根據是《左傳》哀公七年及十二年，有三次吳太宰嚭與子貢談話的記載，而且後來劉向的《說苑・善說篇》，也說太宰嚭曾向子貢問「孔子何如」。

第7章

牢❶曰：「子云：『吾不試❷，故藝。』」

【校注】

❶ 牢——人名。有人說他是孔子的學生，姓琴，名牢，字子開，一字張。衛國人。

❷ 不試——不被當權者任用。官府用人，通常要經過考試或薦舉。

【直譯】

牢說：「孔子說過：『我不被任用，所以學些技藝。』」

【新繹】

此章說孔子多才藝，與上章可以合看，所以朱熹將二者合為一章。牢是不是孔子的學生，有人存疑。因為《史記．仲尼弟子列傳》不見他的名字。

第8章

子曰：「吾有知乎哉？無知也。有鄙夫❶問於我，空空如也；我叩其兩端而竭焉。」

【校注】

❶ 鄙夫——鄉野村夫，鄙陋無知的人。

【直譯】

孔子說：「我有知識嗎？我沒有知識呀。假使有鄙陋的人向我提問，誠誠懇懇的樣子；我只是反問他事情的本末兩端，就竭盡所知告訴他而已。」

【新繹】

此章孔子自謙所知有限，但會盡力教導別人。即使請教者是鄙陋的人，只要他誠誠懇懇，虛心受教，孔子都會從事情的兩端，所謂本末、正反等不同方面，分析其是非得失，供他參考。因勢利導，啟發思考，這是很先進的教學方法。

也有人以為孔子既然謙虛，自稱鄙夫問他問題，他自覺「空空如也」。那麼「空空如也」應該是指他自嘆肚子裡空空沒有學問，而「叩其兩端而竭焉」，也應該解釋為：他不能正確問答，只能問問事情的始末就算完了。這也是一種實事求是的態度。

第9章

子曰：「鳳鳥不至❶，河不出圖❷，吾已矣夫！」

【校注】

❶鳳鳥不至——《尚書．益稷篇》記載舜帝時，有神鳥鳳凰出現。《國語．周語》也說周文王時，有鳳凰鳴於岐山。

❷河不出圖——相傳伏羲看見龍馬載著圖書出現在黃河之上，伏羲據而畫成八卦。這和鳳凰來儀一樣，都象徵著明君在位，天下太平。

【直譯】

孔子說：「鳳凰不來了，黃河不出現圖書了，我已經完了吧！」

【新繹】

相傳虞舜和周文王的時代，鳳凰曾經降臨人間，而在伏羲時，黃河中更曾經出現龍馬背負著圖文，這些都是靈異的現象，文明的象徵。孔子自嘆沒有見到這些祥瑞之象，可能也沒有機會見到天下太平了。

第10章

子見齊衰者、冕衣裳者與瞽者❶，見之，雖少，必作❷；過之，必趨❸。

【校注】

❶子見齊衰者句——齊衰（音「資催」）者，指居喪穿孝服的人。冕衣裳者，指戴禮帽、穿禮服的卿大夫。瞽（音「鼓」）者，瞎眼的盲人。

❷作——起立。

❸趨——小步快走。

【直譯】

孔子看見穿孝服的人、戴禮帽穿禮服的官員和瞎眼的人，見到他們，雖然年紀輕，也一定站起來；經過他們面前，一定快步走。

【新繹】

古代喪服，通常用麻布製成，縫邊的叫齊衰。齊，義同「緝」。衰，借用為「縗」，這裡是喪服的泛稱。冕，是大夫以上的禮帽，衣是上服，裳是下服，這裡也是在上位者的泛稱。瞽者，本義是瞎眼的人。古代有些官員像樂師之類，常常是瞽者。上述的三種人，或居喪，或居官，他們若是遵禮成服，都值得同情，都值得尊敬，所以孔子不管是否在喪祭場合見到他們，也都要起立或快步示敬。

第11章

顏淵喟然❶歎曰：「仰之彌高，鑽之彌堅；瞻之在前，忽焉在後。夫子循循然善誘人，博我以文，約我以禮，欲罷不能。既竭吾才，如有所立卓爾；雖欲從之，末由❷也已。」

【校注】

❶ 喟然——嘆氣的樣子。喟，音「愧」，嘆息聲。

❷ 末由——無從、沒有辦法。

【直譯】

顏淵喟然感歎說：「仰望他覺得更崇高，鑽研他覺得更堅實；看他好像在前面，忽然又到了後面。我們老師有順序地善於誘導別人，用學問來擴大我的知識，用禮節來約束我的行為，我想要停止學習都不可能。已經竭盡我的才力了，也好像有可以卓然獨立的地方；但我即使想跟上他，卻還真是沒有辦法呢。」

【新繹】

此章顏淵讚嘆孔子的崇高偉大。「仰之彌高」四句，形容學生景仰老師的道德文章，雖欲從之，卻沒辦法。

「博我以文，約我以禮」，這是孔子循循善誘弟子、也是顏淵等人竭才以學的項目。「博我以文」，講的是格物致知的學問，使我知古今，達事變；「約我以禮」，講的是克己復禮的工夫，使我尊所聞，行所知。二者是學問與品德兼顧，學生雖然肯盡力學習，覺得有所成就，但比起老師來，仍然夐不可及。

第12章

子疾病，子路使門人為臣❶。病間❷，曰：「久矣哉，由之行詐也！無臣而為❸有臣。吾誰欺？欺天乎？且予與其死於臣之手也，無寧❹死於二三子之手乎！且予縱不得大葬，予死於道路乎！」

【校注】

❶ 使門人為臣——讓同學做治喪的家臣。古代習俗：大夫死時，由家臣料理喪事。孔子曾任魯國司寇，這時已去職，沒有家臣，但子路為了尊崇孔子，以大夫之禮對待孔子，所以請同學充當家臣。

❷ 間——音「諫」，病漸好轉。

❸ 為——同「偽」，偽裝。

❹ 無寧——寧可。

【直譯】

孔子病得很重，子路叫同學當家臣準備喪事。

孔子的病情好轉以後，說：「很久了吧，由做這種欺騙的事情！我現在沒有家臣，卻裝成有家臣的樣子。我欺騙誰呢？欺騙天嗎？況且我與其死在家臣的手上哪，還不如死在你們兩三位學生的手上呢！況且我縱使不能用大夫的葬禮，難道我就會死在道路上嗎？」

【新繹】

古時按禮制：大夫病危時，家臣在他死前就可以開始料理喪事。此章記子路有一次見孔子病危，也就讓同學用家臣的名義預備治喪。此在子路，自是好意，可是從孔子自己看來，他已不是大夫了，豈可還用大夫之禮葬他，所以他訓斥了子路一番。訓斥歸訓斥，從「且予與其死於臣之手也」以下幾句看，孔子師生間的情感，卻是溫馨感人的。

第13章

子貢曰：「有美玉於斯，韞匵而藏諸❶？求善賈而沽諸❷？」

子曰：「沽之哉！沽之哉！我待賈者也。」

【校注】

❶ 韞匵而藏諸——韞，音「蘊」，藏。匵，音「獨」，同「櫝」，櫃子。諸，「之乎」的合音。

❷ 求善賈而沽諸——賈，同「價」。一說：賈，音「古」，指商人。沽，音「姑」，賣。

【直譯】

子貢說：「假設有塊美玉在這兒，是收在櫃子裡而藏起它呢？還是找好的價錢來賣掉它呢？」

孔子說：「賣掉它吧！賣掉它吧！我等著識貨的人哪。」

【新繹】

子貢覺得以老師的才能，應該出來做官，為國家做事，而不應隱而不仕，所以他以美玉為喻，來勸說孔子。在孔子弟子中，子貢善於言語，口才最好，此章即為一證。孔子順其言而言，也可以看出來孔子真的循循善誘。

第14章

子欲居九夷❶。或曰：「陋，如之何？」

子曰：「君子居之，何陋之有？」

【校注】

❶ 九夷——泛指在中國東方的外族。古人以為東方的夷有九種，故稱「九夷」，但各家說法不同，此不具引。

【直譯】

孔子想搬到九夷住。有人說：「那地方簡陋，你怎麼辦？」孔子說：「君子住在那裡，還有什麼簡陋的呢？」

【新繹】

想搬到九夷住，應是孔子的一時感慨之言。九夷，泛指東方的不同民族，文化程度較低，所以文中才有人說：「陋，如之何？」這樣講，和上文〈公冶長篇〉第七章所說的：「道不行，乘桴浮於海。」可以合讀。也有人據《戰國策》的〈秦策〉、〈魏策〉，其中有「楚包九夷」、「楚破南陽九夷」的記載，以為「九夷」是地名，仍在中國境內。甚至有人以為它就是古書中的淮夷。

第15章

子曰：「吾自衛反魯❶，然後樂正，雅頌❷各得其所。」

【校注】

❶ 反魯——反，同「返」。孔子回到魯國，據《左傳》的記載，事在魯哀公十一年冬。

❷ 雅頌——《詩經》內容體制的兩大類。這裡指的應是樂曲分類的名稱。

【直譯】

孔子說：「我從衛國回到魯國，然後錯亂的樂章才整理好，雅頌各自得到它們適當的位置。」

【新繹】

孔子在魯定公十三年（西元前四九七年）五十五歲時，離開魯國，去周遊列國，到哀公十一年（西元前四八四年）六十八歲時，覺得道不能行，才回到魯國。他回國後，從事教育工作，《詩經》是他教導學生的重要課材之一。「雅」為朝廷之樂，「頌」為宗廟樂舞，它們和民間歌謠的國風，合而為《詩經》的全部。古代詩、歌、舞三者常相結合，這一章所談，應是就音樂而言。孔子周遊列國，參考各國所保存的樂章，用來校訂當時魯國所留傳的雅、頌，使它們各得其所。所謂「各得其所」，一是校正它們的次序，一是確定什麼樂章適合在什麼場合演奏。這一則說明了孔子對《詩經》曾經做過整理校訂的工夫，一則說明了當時魯國所保存的雅、頌樂章，是有些雜亂的。

第16章

子曰：「出則事公卿，入則事父兄，喪事不敢不勉，不為酒困，何有於我哉？」

【直譯】

孔子說：「出門就服事上級長官，回家就侍奉父母兄長，喪事不敢不盡力，不敢被酒沉迷，這些事我有哪些做到了呢？」

【新繹】

古代封建社會裡，公卿等執政大臣，往往世襲，所以平民出仕，都必須服事他們。孔子首先倡導平民教育，他當然希望學生能夠有出仕的機會，所以拿敬上、孝親、盡禮、戒酒四件事，來和學生互相勉勵。

第17章

子在川上，曰：「逝者如斯夫！不舍晝夜。」

【直譯】

孔子在河岸上，說：「逝去的就像這些流水吧！晝夜不停留。」

【新繹】

此章記述孔子對河川流水一去不回的感嘆。言下有勸人愛惜光陰之意。「逝者」，古人解作「往也」，「往」字可作「過往」講，也可以作「前往」講，一般學者講解這一章，多從「過往」一義來解釋，但如漢儒揚雄《法言．學行篇》說：「或問進，曰水。或曰：為其不舍晝夜與？」顯然是就「前往」一義來講的。《易經．乾卦》說的：「天行健，君子以自強不息。」亦即此意。何者為優？讀者可以自己抉擇。

第18章

子曰：「吾未見好德如好色者也。」

【直譯】

孔子說：「我沒有見過愛好道德像愛好美貌的人。」

【新繹】

此章又見於〈衛靈公篇〉第十三章。《史記・孔子世家》把這句話繫於孔子在衛國與靈公夫人南子乘車過市之後。可見孔子的感嘆，原應有其特定的對象。

「好德」、「好色」的「好」，歷來都解作「喜好」，作動詞用，讀去聲，但近來也有學者主張讀本音，上聲，作形容詞用，「好德」即好的品德，「好色」即「好的容貌」。意思是：感嘆好的品德從來都不像好的容貌那樣引人注意和喜愛，亦可備一說。

第19章

子曰：「譬如為山❶，未成一簣❷，止，吾止也。譬如平地❸，雖覆一簣，進，吾往也。」

【校注】

❶為山——堆土成山。為，動詞。

❷ 未成一簣——沒有堆成山，指差一簣土而已。簣，音「潰」，盛土用的竹筐。

❸ 平地——填平低窪的地面。平，這裡當動詞用。

【直譯】

孔子說：「就像堆土成山一樣，還沒有完成，只差一筐土，就停止下來，是我自己要停止的呀。就像填平地面一樣，雖然剛倒了一筐土，肯繼續前進，也是我自己要前進的呀。」

【新繹】

此章孔子教人學貴有恆，學者要自強不息。堆土成山，填平地面，是古代農業社會裡常見的勞動工作，所以孔子以此為喻。

第20章

子曰：「語之❶而不惰者，其回也與❷？」

【校注】

❶ 語之——語，音「預」，告訴。之，代名詞，指下文「不惰者」，即顏回。

❷ 也與——表示疑問的連用語氣詞。與，同「歟」。

【直譯】

孔子說：「告訴他道理而能不懈怠的人，大概只有顏回了吧？」

【新繹】

此章孔子稱讚顏回好學。「語之而不惰」句，一解：告訴他什麼話，他即能理解，所以講者不會感到疲累；一解：告訴他什麼道理，他即能力行不倦。兩種解釋都講得通，這裡採用後者。

第21章

子謂顏淵，曰：「惜乎！吾見其進也，未見其止也。」

【直譯】

孔子談到顏淵，說：「死得可惜啊！我只看到他進步呀，沒有看到他停止呀。」

【新繹】

此章所記，一樣是孔子稱讚顏回好學，但揆其語氣，應已在顏回死後。「進」和「止」都指學習而言，包括學問與道德二者。第十九章以「為山」和「平地」為喻，所說的「止」和「進」，對照此章，可見也是指學習而言。

第22章

子曰：「苗而不秀❶者，有矣夫❷！秀而不實者，有矣夫！」

【校注】

❶ 苗而不秀——苗，稻穀初生的禾苗。秀，吐穗開花。

❷ 有矣夫——有這樣的吧。矣夫，連用語氣助詞，表示感嘆，也有推測之意。

【直譯】

孔子說：「生了禾苗卻不吐穗開花，有過這樣的吧！開了花卻不結果，有過這樣的吧！」

【新繹】

孔子以草木的開花結果為喻，說明光有美好的開始還不夠，最重要的是要有好的結果。有人以為這是孔子惋惜顏回的早死，也有人以為這是孔子在告誡學生：學貴有恆，才能獲得最後的成功。

第23章

子曰：「後生可畏，焉知❶來者之不如今也？四十、五十而無聞❷焉，斯亦不足畏也已。」

【校注】

❶ 焉知——安知、怎麼知道。

❷ 無聞——沒有聲名著稱於世。

【直譯】

孔子說：「年輕人是可怕的，怎麼知道他的將來不如他的現在呢？到了四十、五十歲，假使他還沒有名聲的話，這種人也就不值得懼怕了啦。」

【新繹】

此章仍然是孔子教人學貴有恆，要不斷求進步。年輕人年富力強，前途無限，只要他及時努力，將來的成就超過前人，自可預期。但如果「少壯不努力」，到了四、五十歲還沒有成就，那也只有「老大徒傷悲」了。

第24章

子曰：「法語❶之言，能無從乎？改之為貴。巽與❷之言，能無說❸乎？繹❹之為貴。說而不繹，從而不改，吾末如之何也已矣❺。」

【校注】

❶ 法語——合乎法度的訓誡。
❷ 巽與——謙遜稱許。巽，通「遜」，柔順謙和。與，讚許。
❸ 說——同「悅」。
❹ 繹——音「亦」，推求、探究。
❺ 末如之何也已矣——末，無可、沒。如之何，奈他何、對他怎麼樣。已矣，表示肯定的連用語末助詞。

【直譯】

孔子說：「嚴令告誡的話，能不聽從嗎？改正錯誤才要緊。柔順讚許的話，能不高興嗎？分析它才要緊。光是高興卻不加分析，光是聽從卻不加改正，這種人我也沒有辦法對他怎麼樣了。」

【新繹】

此章孔子教人對於合法正論要樂於聽從，對於柔順討好的話要客觀分析。繹，即尋繹之意，對於事物能尋緒究底，仔細體會，才是真正的求學之道。

第25章

子曰：「主忠信，毋友不如己者，過則勿憚改。」❶

【校注】

❶ 主忠信三句——已見〈學而篇〉第八章。毋，〈學而篇〉作「無」，二字可通。

【直譯】

孔子說：「重視忠誠信實，不要交往不如自己的朋友，有過錯就不要怕改正。」

【新繹】

這三句話，已見〈學而篇〉第八章。為什麼會重複出現，前人推測或許是孔子一再強調這些道理，弟子尊重老師，所以又記錄下來；也或許是記錄的人不同，因而重出了。

第26章

子曰：「三軍❶可奪帥也，匹夫❷不可奪志也。」

【校注】

❶ 三軍——形容國家軍隊的人多勢眾。周朝制度：天子六軍，諸侯大國三軍。一軍一萬兩千五百人。

❷ 匹夫——一個平民。

【直譯】

孔子說：「三軍雖眾，可以奪取他們的主帥呀；匹夫雖小，不可以奪取他的志向呀。」

【新繹】

孔子特別強調立志的重要。〈述而篇〉第六章說：「志於道」，第二十三章說：「天生德於予，桓魋其如予何？」第三十章說：「我欲仁，斯仁至矣。」這些話都說明了只要立志向道，決心求仁，誰也奈何不了。所以伯夷、叔齊求仁得仁，寧可餓死在首陽山上。連死都不怕，還有什麼好怕的呢？三軍，是諸侯大國才具有的兵力，極形容人數之多，勢力之大。但如果志向不一，不是萬眾一心、堅定不移，不能禍福與共、同仇敵愾，那麼他們的統帥也會被劫奪的。

第27章

子曰：「衣敝縕袍❶，與衣狐貉❷者立，而不恥者，其由也與？『不忮不求，何用不臧？』❸」子路終身誦之。子曰：「是道也，何足以臧？」

【校注】

❶ 衣敝縕袍——衣，音「亦」，穿的意思。下同。敝縕袍，破舊的棉袍。縕，音「運」，棉絮。

❷ 衣狐貉——穿用狐皮、貉皮製成的皮袭。貉，音「何」，一種像狸的動物，毛皮可做皮衣。

❸ 不忮不求二句——見於《詩經．衛風．雄雉篇》。意思是：不嫉妒，不貪求，怎麼會不好呢？臧，音「髒」，美善、誇耀。

【直譯】

孔子說：「穿著破舊的棉袍，和穿著狐貉皮裘的人站在一起，卻不羞愧的人，大概只有仲由吧？《詩經》上說：『不忮不求，何用不臧？』」子路老是朗誦這兩句詩。孔子說：「這是做人的道理，哪裡值得如此誇耀？」

【新繹】

〈里仁篇〉第九章孔子曾說：「士志於道，而恥惡衣惡食者，未足與議也。」這與此章孔子讚美子路的話，可以合看並讀。不過，當孔子看到子路因此自得自滿，常誦讀《詩經》的「不忮不求，何用不臧？」兩句詩時，便又告誡他不忮不求還不夠好，應該更求精進才對。孔子善諷子路，此章又是一個例證。

第28章

子曰：「歲寒，然後知松柏之後彫❶也。」

【校注】

❶ 後彫——凋零在後。彫，通「凋」。

【直譯】

孔子說：「歲暮天寒，然後才知道松柏是最後凋零的樹木啊。」

【新繹】

就字面上看，此章所記，只是孔子讚美松樹柏樹的堅固，但孔子一定還有他的言外之意，所以後人紛紛推測，大致都同意，這是用來比喻堅貞忠毅的君子。唐太宗詩：「疾風知勁草，亂世識誠臣。」意同此章。

第29章

子曰：「知❶者不惑，仁者不憂，勇者不懼。」

【校注】

❶知——同「智」。

【直譯】

孔子說：「聰明的人不疑惑，仁德的人不憂慮，勇敢的人不畏懼。」

【新繹】

此章孔子教人進學達德的次序。智者明於事理，慎思審辨，所以不惑；仁者克己無私，樂天知命，所以不憂；勇者果敢力行，見義亡身，所以不懼。

這三句話，又見於後面的〈憲問篇〉。

第30章

子曰：「可與共學，未可與適道；可與適道，未可與立；可與立，未可與權。」

【直譯】

孔子說：「可以跟他一同學習，未必可以跟他一起趨向正道；可以跟他一起趨向正道，未必可以跟他一起堅定不移；可以跟他一起堅定不移，未必可以跟他共同權衡輕重。」

【新繹】

此章記孔子說明為學進德的幾個不同階段，所謂志同道合，其實不簡單。起先是入門求學，立定志向，但立定志向後，說不定會誤入歧途；即使不誤入歧途，也說不定會中途變卦，不能堅定不移；即使能堅定不移，不中途變卦，也說不定會頑固不化，不知通權達變。因此，一同求學，最後的成就卻不一樣。

第31章

「唐棣之華，偏其反而。豈不爾思？室是遠而。」❶子曰：「未之思也，夫何遠之有？」❷

【校注】

❶ 唐棣之華四句——應是古代的逸詩。唐棣，樹名。華，同「花」。偏，通「翩」。反，通「翻」。而，語末助詞。下同。爾，你。

❷ 未之思也二句——有人斷為「未之思也夫，何遠之有？」可備一說。

【直譯】

「唐棣樹的花朵，翩翩地搖動喲。哪裡會不想你？只是住處遠喲。」

孔子說：「這是沒有真的想念，住的地方哪裡有什麼遠的呢？」

【新繹】

「唐棣之華」四句，不見於《詩經》，應是古代的逸詩。唐棣，也寫成棠棣，一種薔薇科的落葉樹木。唐棣的花，翩然搖動，是詩人藉物起興，來寫他對遠方人兒的懷念。這四句詩，情意盎然，孔子的評語，針對後面兩句，說要是真的懷念對方，即使對方住的地方很遠，也會設法前去。孔子這麼說，是不是想啟發學生多加思考，或有什麼言外之意，已經不得而知了。

何晏《論語集解》以為此章係解釋上章「未可與權」的道理，故與上章合為一章。可供讀者參考。

【十】鄉黨篇

本篇原是一章，記錄孔子在魯國家鄉的生活起居及執行禮儀的情形。相傳《論語》最早的本子，從〈學而篇〉至此，只有這十篇而已，前人稱為「上論語」。宋代趙普所說的「半部論語治天下」，就是指此而言。從第十一篇〈先進篇〉以下十篇，稱為「下論語」。「上論語」記弟子當面稱孔子為「子」，對他人言及孔子，則稱「夫子」，而「下論語」記弟子當面則稱孔子為「夫子」，二者蓋有不同。比較言之，「上論語」文字簡約，著成時代較早；「下論語」則文字較長，或有俳句，著成的年代較晚，可能已入戰國時期。朱熹《論語集注》分為十七節，今分為十八節。為求全書體例統一，每節都改稱為章。

第1章

孔子於鄉黨❶，恂恂如也❷，似不能言者。其在宗廟朝廷，便便❸言，唯謹爾。

【校注】

❶ 鄉黨——鄉里。古人以五家為比，五百家為黨，五黨為州，五州為鄉，見《周禮．地官．大司徒》。

❷ 恂恂如也——恂，通「遜」，恭順的樣子。如，然、樣子。

❸ 便便——便，音「駢」，說話便給明快的樣子。

【直譯】

孔子在家鄉，恭恭順順的樣子，好像不善於說話的人一般。他在宗廟裡和朝廷上，明白流暢地發言，只是態度謹慎而已。

【新繹】

〈鄉黨篇〉原不分章，大致都是記載孔子生平的行為。各種傳世版本為了解析的需要，各自依類分為若干節。本書參考朱熹的做法，分為十八個章。第一章記述孔子在鄉黨和宗廟朝廷時的容貌言語，二者有所不同。鄉黨是父兄宗族之所在，日常所居，親情為重，所以必須恭順謙遜，以示孝敬；宗廟與朝廷，則為禮法與政事之所出，言語必須明確，態度必須謹慎，這樣才是認真從公。

第2章

朝，與下大夫言，侃侃如也❶；與上大夫言，誾誾❷如也。君在，踧踖❸如也，與與❹如也。

【校注】

❶侃侃如也——侃，音「砍」。侃侃，交談和樂的樣子。如，然、樣子。下同。
❷誾誾——誾，音「銀」，語氣平和卻堅定的樣子。
❸踧踖——音「促及」，行動敬謹的樣子。
❹與與——與，音「雨」，儀態安詳的樣子。

【直譯】

上朝時，和下大夫說話，和和樂樂的樣子；和上大夫說話，正正直直的樣子。國君來到時，恭恭敬敬的樣子，安安詳詳的樣子。

【新繹】

此章記敘孔子在朝廷上見到國君和不同階級的卿大夫時，所表現的不同態度。三代官制，分為卿、大夫、士三等，各等又分上、中、下三級。卿的官階在大夫之上，故稱為上大夫，一般也稱為相國。據《禮記．王制》，諸侯大國有三卿，小國有二卿。卿以下的大夫，統稱為下大夫，編制原則上是五人。上朝時，下大夫先到，然後上大夫到，最後才是君王臨朝。孔子在魯國做過小司空、司寇，是下大夫，所以上朝時，必須先到。他和下大夫、上大夫和國君說話的時候，注意到應有適當而不同的態度。

第3章

君召使擯❶，色勃如也❷，足躩如也❸。揖所與立，左右手；衣前後，襜如也❹。趨進，翼如也❺。賓退，必復命曰：「賓不顧❻矣。」

【校注】

❶ 使擯——派他接待賓客。擯，音「鬢」，同「儐」，導引賓客的人。
❷ 色勃如也——色，指臉色。勃如，勃然變得莊重的樣子。
❸ 足躩如也——腳步進退快速有節的樣子。躩，音「絕」，盤旋恭敬的走路。
❹ 衣前後二句——形容衣裳前後擺動，卻還整齊的樣子。襜，音「攙」，衣裳的底襟。
❺ 趨進二句——是說快步前進時，動作像鳥張開翅膀一樣。
❻ 顧——回頭。是說送客盡禮。

【直譯】

國君召他接待賓客，臉色莊重的樣子，腳步快捷的樣子。對跟他一同站在兩旁的人作揖，左邊右邊依次拱手；衣裳雖然前後擺動，卻還是整齊的樣子。快步向前行禮時，像鳥展開翅膀的樣子。賓客走後，一定回來報告說：「客人不再回頭答拜了。」

【新繹】

此章記孔子為國君接待外賓時的禮儀動作。擯，一作「儐」或「賓」，都是做儐相，出接外賓的意思。孔子接待外賓的過程中，神色是莊重的，動作卻快捷而不遲緩。足之躩如，手之左右，衣之襜如，趨之翼如，都是形容動作敏捷、儀容端正的樣子，這是表示敬君之命。最後外賓離開時，還要向國君報告，表示已完成了使命。

此章記敘儐相的禮儀，包括對待外賓、同列和國君三個層次。「色勃如也」二句，指外賓。「揖所與立」等句，指同為儐相者，通常有幾位，依次行禮。揖左邊的人，則左邊拱手；揖右邊的人，則右邊拱手。動作雖然敏捷，但儀態則須端整。最後外賓離去後，復命國君所說的「賓不顧矣」，是因為拜送之禮，送者拜，去者不答拜。賓不顧，就是外賓已經不答拜走了。

第4章

入公門❶，鞠躬如也，如不容❷。立不中門，行不履閾❸。過位❹，色勃如也，足躩如也，其言似不足者。攝齊❺升堂，鞠躬如也，屏氣似不息者。出，降一等，逞顏色，怡怡如也。沒階，趨進，翼如也。復其位，踧踖如也。

【校注】

❶ 公門——公府大門，即朝廷宮門。

❷ 如不容——好像地方太小，容不下身一般。形容恭謹的樣子。

❸ 立不中門二句——不站在門中央，以免妨礙君主出入。行不履閾，進出不踏在門檻上。閾，音「玉」，門檻。

❹ 過位——經過君主的座位（在門與屏風之間）。

❺ 攝齊——提起衣裳下襬，以防跌倒。齊，音「資」，衣裳的下端。

【直譯】

走進朝廷大門，恭敬謹慎的樣子，好像不能容身一般。站時不站在門的中央，走時不踩到門檻。經過國君的座位前，臉色莊重的樣子，腳步快捷的樣子，他說話好像不能充分說出來一般。提起衣裳的下襬，走上堂去，恭敬謹慎的樣子，屏聲靜氣好像不能呼吸一般。出堂來，走下第一級臺階，放鬆了臉色，怡然自得的樣子。下完了臺階，快步向前，像鳥展開翅膀的樣子。回到他自己的位子，恭敬戒懼的樣子。

【新繹】

此記上朝時的禮儀。所謂聘問的禮儀當亦如是。因為臣子見國君，無論是在本國或在他國，有很多禮儀的基本原則，是相同的。

先從入公門說起。古時諸侯有三門，即庫門、雉門、路門。不論是進入哪一個公門，都要恭恭敬敬。「如不容」，是極恭敬的形容。經過公門時，不可站在門的中央位置，也不可踩到門限；經過門屏之間為國君所設的座位，即使國君不在，也都要恭恭敬敬。然後升階上堂，提起衣裳下襬，以防跌倒。

堂上行禮之後，然後才下堂降階，回到原來的位置。在整個過程中，基本要求都是：儀容端整、動作敏捷、言語謹慎。

第5章

執圭，鞠躬如也，如不勝❶。上如揖，下如授。勃如戰色❷，足蹜蹜如有循❸。享禮❹，有容色。私覿❺，愉愉如也。

【校注】

❶ 不勝——不堪、拿不動。勝，音「生」，堪。
❷ 勃如戰色——臉上勃然露出戰慄的神色。
❸ 足蹜蹜如有循——腳步緊縮，好像有必須遵循的小路。蹜，同「縮」。
❹ 享禮——就是饗禮。享，通「饗」。在宴飲之前舉行的一些禮儀。
❺ 私覿——正式公開的儀式完成後，私下的宴飲。覿，音「敵」，見面。

【直譯】

拿著玉圭時，恭敬謹慎的樣子，好像拿不動一般。拿得高就像在作揖，拿得低就像要交給別人。莊重的樣子，戰戰兢兢的神色；腳步細碎急促，好像有一定要遵循的路線。呈獻禮物時，有從容的神色。以私人身分和外國君臣相見時，愉愉快快的樣子。

【新繹】

此記行聘問之禮時的禮儀。所記有三個層次：執圭、享禮和私覿。圭，是上圓下方的瑞玉。古時諸侯大夫聘問鄰國，都要攜此以為信物。這有如現今所說的「國書」。使臣執圭，拿著圭上朝時，高度要適中。「上如揖，下如授」，就是說手的高度，高不超過作揖時的及於胸，低不下於授物時的低於腹。這是為了便於交給對方的緣故。執圭行聘之後，舉行饗（享）禮。聘是問候，代表君主請安，重在示敬，所以授圭以表至誠，言語舉止都須謹慎小心；享，則是進獻，把所帶來的眾多禮物，一一羅列庭中，這時候，容色舉止可以比較從容不迫了。等到正式公開的儀式完成了，私下和鄰國君臣相見時，就可以放鬆，和平時一樣歡歡樂樂的了。

第6章

君子不以紺緅飾❶，紅紫不以為褻服❷。當暑，袗絺綌❸，必表而出之。緇衣羔裘，素衣麑裘，黃衣狐裘❹。褻裘長，短右袂❺。必有寢衣，長一身有半。狐貉之厚以居❻。去喪，無所不佩。非帷裳，必殺之。❼羔裘玄冠不以弔。吉月❽，必朝服而朝。

【校注】

❶不以紺緅飾——不用紺緅色彩的布料來做衣領衣袖的鑲邊。紺，音「幹」，深青透紅。緅，音「鄒」，青紅近黑。飾，指鑲邊。

❷褻服——家居所穿的貼身衣服。褻，音「屑」，貼身衣服。

❸當暑二句——意思是夏天所穿的單衣，是用細葛布或粗葛布做成的。袗，音「診」，單衣。絺，音「痴」，細葛布。綌，音「係」，粗葛布。

❹緇衣羔裘三句——指冬天穿皮裘，要求顏色相配。緇，音「姿」，黑色。衣，這裡指「裼」（音「錫」），即罩袍。羔，小羊。麑，音「倪」，小鹿。裘，音「求」，皮衣。

❺袂——音「妹」，衣袖。

❻居——坐。這裡指用來當坐墊用。

❼非帷裳二句——古人上衣下裳，上衣短，下裳用整幅布做成，故稱帷裳。類似今日圍裙。殺，說如果不是做帷裳，就裁去多餘的布料，以便省工省料。

❽吉月——月朔。正月初一，一說每月初一。

【直譯】

君子不用紺色、緅色做衣領的鑲邊，紅色、紫色不用來做家居的便服。

當熱天時，可以穿著細葛布、粗葛布做成的單衣，但一定要穿在外面，然後才出門。

黑衣配紫羔皮裘，白衣配白鹿皮裘，黃衣配黃狐皮裘。家居所穿的皮裘要長，右邊的袖子要短。

一定要有睡覺用的衣被，長度是全身又再加一半。狐貉的厚皮用來作坐墊。

脫下喪服後，沒有東西不能佩帶的。不是用整幅布做的裙子，一定要裁去一些布。紫羔皮裘和黑色禮帽不穿戴著去弔喪。

大年初一，一定穿著上朝的衣服去朝賀。

【新繹】

此記在上位者的衣服禮制。前人常說這裡的「君子」，指孔子而言。孔子曾仕於魯，這樣講，當然不算錯，但觀其內容，應指在上位的君子而言，最起碼是孔子理想的衣服之制。

古代玄黑色是祭祀等正式禮服的顏色，所以深青透紅的紺色，和青多紅少的緅色，顏色近乎玄黑，都不用來做衣飾的緣邊。同樣的，古人視大紅的朱色為正色，所以與之相近的紅、紫色，也不作閒居便服之用。禮服正色，只用之於正式的場合。

衣服也要注意季節的變換。夏天穿葛布單衣，冬天穿皮裘，但外面都要加上外衣或罩袍，而且還要注意顏色的配合，如此才不失禮。衣袍右袖要短，是為了工作方便；寢衣長度要長，是為了睡覺取暖。至於喪祭之服，也有規定。紫羔裘、黑禮帽是吉服，不能穿戴來參加喪祭，禮服下裳要用整幅布來做，多餘的布料摺疊起來，不能剪掉。如果不是禮服，就可以，以免浪費。

第7章

齊❶，必有明衣❷，布。

齊，必變食，居必遷坐❸。

【校注】

❶ 齊——同「齋」。古人在祭祀之前，必潔身示敬。

❷ 明衣——沐浴後所穿的潔淨內衣。

❸ 居必遷坐——坐臥休息，一定要改變地方。平時和妻子同睡「內寢」（一名「燕寢」），齋戒時，要搬到「外寢」，不與妻妾同房。

【直譯】

齋戒的時候，一定要有浴衣，用布做的。齋戒的時候，一定要改變平常的飲食，坐臥休息時，一定搬移位置。

【新繹】

此記齋戒時必須注意衣食之事。古人遇有大事，必須祭祀行禮，潔身示敬，就叫齋戒。洗澡後，要穿布做的浴衣，用來乾淨身體。飲食方面，要改變飲食習慣，不飲酒，不吃葷，就是今天所說的吃齋。而且，「居必遷坐」，起居坐息必須遷移原來的位置，意思就是不與妻子同寢，清心寡欲。

第8章

食不厭精，膾不厭細❶。

食饐而餲，魚餒而肉敗❷，不食。色惡，不食。臭惡，不食。失飪❸，不食。不時

❹，不食。割不正，不食。不得其醬，不食。肉雖多，不使勝食氣❺。唯酒無量，不及亂。沽酒市脯❻，不食。不撤薑食，不多食。

祭於公，不宿肉❼。祭肉，不出三日；出三日，不食之矣。

食不語，寢不言。

雖疏食、菜羹，必祭，必齊如❽也。

【校注】

❶食不厭精二句——食，音「似」，指米飯或糧食。膾，音「快」，細切的肉。不厭，不嫌。

❷食饐而餲二句——饐，音「益」，熟爛。餲，音「厄」，餿了有氣味。餒，魚肉腐爛。

❸飪——音「任」，煮得不熟或太爛。

❹不時——不是食用的時間。

❺肉雖多二句——指吃肉的量不能多過吃飯。氣，同「餼」（音「細」）。食氣，指米飯等主食。

❻沽酒市脯——外面買來的酒和肉乾。脯，音「甫」，肉乾。沽、市，都是「買」的意思。

❼不宿肉——不吃公家助祭分賜的隔夜的祭肉。這裡的「宿」，有「久留」的意思。

❽齊如——齋戒一般。

【直譯】

米飯不嫌精白，魚肉不嫌細致。

米飯熟爛而變得有氣味，魚腐了，肉壞了，就不吃。顏色變了，不吃。味道變壞了，不吃。沒有煮好，不吃。不是吃的時間，不吃。肉割得不合法度，不吃。沒有適合的醬料，不吃。肉雖然多，不要吃得超過飯量。只有酒不限量，但不可喝到酒醉亂性的地步。買來的酒，買來的肉乾，不吃。不用撤去薑料，但也不多吃。

在公家助祭所分得的祭肉，不留過夜。家祭的祭肉不超過三天。超過了三天，便不吃它了。

吃飯的時候不閒談，就寢的時候不說話。

即使是粗飯、菜湯，也一定要祭一祭，而且也一定要莊嚴敬重，像齋戒一樣。

【新繹】

此記飲食之事的禮儀，重點在合乎衛生和知所節制。上文常說孔子不以惡衣惡食為恥，那是對學生勵志而言，如果生活條件許可，又不違禮，那麼精衣美食有何不可？食精膾細，是說不粗製濫造，而非指山珍海味。飯變了味，魚肉腐壞了，當然不好吃而且有害健康。太爛或不熟，不定時或不適量，當然都過猶不及，不好。古時吃的肉，割好才放在俎上，割得不方正，是失禮的；古人多自家宰牲釀酒，所以市上買來的酒和肉乾不吃，怕不衛生。薑料可以去寒除濕，所以可以當點心吃。後面的「祭於公」以下五句，講的是衛生；「食不語」以下五句，講的是禮貌。「必祭」一作「瓜祭」，是說先取各種食品，放在籩豆之間，來祭祀古昔的造食者。現代人看起來奇怪，古人卻行之如儀。

第9章

席❶不正，不坐。

【校注】

❶ 席——古代沒有椅子，只在地面上鋪席子，人就坐在席子上。席子一般是用蒲葦、竹篾、蒯草、禾桿作質料。

【直譯】

坐席擺不端正，不坐下。

【新繹】

古人席地而坐，席不正，就認為失禮。這和上文「割不正，不食」都是一樣的道理。從這些地方可以看出孔子教導學生，以為內心的修養和外在的事物是息息相關的。

第10章

鄉人飲酒❶，杖者出，斯出矣。

鄉人儺❷，朝服而立於阼階❸。

【校注】

❶ 鄉人飲酒——指鄉飲酒禮，古禮之一，是古代地方上一種尊老敬賢的酒會。

❷ 儺——音「挪」，古代一種迎神驅邪的民俗。

❸ 阼階——即東階，主人上下臺階的地方，賓客則從西階上下。阼，音「作」。

【直譯】

本地的人舉行酒會時，要等到扶著拐杖的老人出去了，然後自己才出去。

本地的人迎神驅鬼時，要穿著朝服站在東邊的臺階上。

【新繹】

此記參加鄉黨聚會時的禮儀。這裡講的是鄉飲酒禮和儺祭。鄉飲酒禮的舉行，通常是在三年一次的推薦賢才歡送會上，或者是地方上舉辦招飲賢者、教習鄉射或蜡祭的時候。儺祭，則是地方上舉行迎神驅鬼的儀式。據《禮記．王制篇》說：「六十杖於鄉，七十杖於國」，六十歲以上的老人，可以挾著拐杖出席酒會。這裡記的，就是當這些長者出席時，人們要禮敬他們，自居為主人，把他們當貴賓。

第11章

問人於他邦，再拜而送之。

康子饋藥❶，拜而受之，曰：「丘未達❷，不敢嘗。」

【校注】

❶ 康子饋藥——康子，魯卿季康子。已見前。饋，音「愧」，贈送。

❷ 達——通曉。

【直譯】

派人到外國去問候朋友，連拜兩次來送他。

季康子贈送藥品，孔子拜而收下它，說：「我孔丘還不懂用法，不敢吃。」

【新繹】

此記孔子與人交往酬贈的禮儀。請人到他國問候朋友或贈送朋友禮物，行再拜禮，是表示特別的謝意。有人說：一拜所託之人，二拜所問候之人。至於接受餽贈，則只拜一次，如果接受了，暫時不用，也要告訴對方，以免對方懸念。例如對方給你藥物治病，你不用卻不告訴他，他可能會做種種猜測。

第12章

廄❶焚。子退朝，曰：「傷人乎？」不問馬❷。

【校注】

❶ 廄——音「就」，馬棚。

❷ 傷人乎二句——有人斷句為：「傷人乎不？問馬。」有待商榷。

【直譯】

馬棚失火。孔子從朝廷回來，說：「傷了人麼？」沒有問到馬。

【新繹】

古人貴人賤畜，以為人的生命重要，而牛馬之類，則是供人使用的畜牲，所以比較起來，人比馬重要得多。因此孔子聽說馬廄起火，先問有沒有人傷亡，是符合常情的。否則先問馬而不問人，那就太奇怪了。有人為了表示孔子愛人也愛馬，因而把後面二句斷作：「傷人乎不？問馬。」雖然講得通，但似乎太矯情了，沒有必要。

第13章

君賜食，必正席先嘗之。君賜腥，必熟而薦❶之。君賜生❷，必畜之。侍食於君，君祭，先飯。疾，君視之，東首❸，加朝服，拖紳❹。君命召，不俟駕，行矣。

【校注】

❶ 薦——把煮熟的祭品進獻給祖先。
❷ 生——這裡指尚未宰殺的牲口，牛羊豕之類。即活的意思。
❸ 東首——頭朝向東方。因為國君從東階上，所以要臉朝東方，表示敬意。
❹ 紳——束在腰間的大帶子。

【直譯】

國君賞賜烹熟的食物，一定擺正席位先嚐嚐它。國君賞賜生肉，一定煮熟了才把它進獻給祖先。國君賞賜活的牲口，一定養著牠。

在國君身邊侍奉吃飯，國君致祭時，要（替國君）先嚐幾口飯。

生病時，國君來探問他，他便頭朝東，身上蓋著朝服，拖著大腰帶。

國君命令召見，不等車馬駕好，便出發了。

【新繹】

此章記事奉君上的禮儀。君上賜熟食，正席先嚐；君上賜生肉，必熟而薦；君上賜活物，必畜而養之。這些固然都是為了表示敬意，但等次有不同：熟食先嚐而後分給家人，是表示君恩先領了，但不用來進獻祖先，是因為怕這些熟食是君上祭後分享的剩物；生肉煮熟，才用來獻祭祖先，就是為了避免祖先吃別人祭後剩餘的食物；活的動物必把牠養著，是彰顯君上的恩德。

君祭先飯的原因，是先試試食物味道如何，有沒有毒。生病時，君上來探視，在床上頭朝東的原因，是因為君上從東階上；加朝服、拖紳帶的原因，是因為病臥在床時，不能穿朝服，只好把朝服蓋在被上，朝服的大腰帶拖到床前也沒關係了。至於君上平日召見，不等車駕，即刻前往，是表示急君之事。

第14章

入太廟，每事問。❶

【校注】

❶ 入太廟二句——已見〈八佾篇〉第十五章。太，一作「大」。大，同「太」。

【直譯】

孔子進入太廟，每件事情都要請教。

【新繹】

這句話已見於〈八佾篇〉第十五章。不同的是：前則記孔子與人一時的對答，此則記孔子平生之行事。

第15章

朋友死，無所歸❶，曰：「於我殯❷。」

朋友之饋，雖車馬，非祭肉，不拜。

【校注】

❶ 無所歸——靈魂沒有歸宿。表示沒有親人主持喪事。

❷ 於我殯——在我的地方停棺，舉行殯禮。

【直譯】

朋友死了，沒有親族料理喪事，孔子說：「由我來負責舉行殯禮。」朋友的饋贈，即使是車馬，只要不是祭肉，就不行拜禮。

【新繹】

此記交友的禮儀。朋友之道，重在義氣，所以朋友萬一死後，沒有歸宿，沒有親屬為他料理喪事，做朋友的人自應負起料理後事的責任。古代禮制：人死後三日，要舉行殯禮，將屍體放入靈柩之中，停放大堂；三個月後，下土安葬。這裡說朋友死無所歸，所以孔子說先由他安排殯禮。如果三個月之後，仍然沒有親族來料理死者喪事，當然也由孔子負責一切喪葬事務了。

另外，朋友之間，有通財之義。所以朋友生前饋贈馬車之類的禮物，不行拜禮；只有送來祭肉時，為了表示尊敬朋友的祖先，如同己親，就不能不拜了。

第16章

寢不尸，居不客❶。

見齊衰者，雖狎，必變❷。見冕者與瞽者，雖褻，必以貌。

凶服者式❸之；式負版者❹。

有盛饌，必變色而作❺。
迅雷風烈，必變。

【校注】

❶寢不尸二句——睡覺時不像屍體，閒坐時不像賓客。客，本作「容」，打扮之意。據《經典釋文》及《唐石經》改。

❷雖狎必變——狎，音「狹」，親近。變，變色、露出同情的神色。

❸式——同「軾」，古代車廂前的橫木。這裡作動詞用，在車上憑靠車前橫木行禮致敬。

❹負版者——背負著國家表徵圖籍的人。一說指版築修城的工人，他雖是賤役，但所從事者是為了國家，所以在車上也要憑軾行禮。另外，也有人認為「負版」是喪服的一種，為服斬衰和齊衰者所用。

❺作——起身示敬。

【直譯】

睡覺時不像死人那樣直躺著，閒坐時不像作客那樣矜持。

看見穿喪服的人，雖然平日親近，也一定改變態度，表示同情。看見戴禮帽和瞎了眼的人，雖然平常親近，也一定以禮貌相待。

看見穿孝服的人，憑靠車軾向他敬禮；也憑靠車軾向背著國家圖籍的人敬禮。

有豐盛的食物，一定整肅儀容，站起身來致謝。

遇有疾雷、狂風，一定變了臉色。

【新繹】

此章記儀容應隨外在環境的不同，而有所變化。「寢不尸，居不客」，是說即使平時在家，生活起居從容自在即可，否則就過猶不及了。睡覺時伸展四肢，自然放鬆即可，不應直挺挺的像死人或代替死者的「尸」那樣僵硬；居，古人稱坐也叫居，這裡的居，指在家閒坐時。不客，是說不要像做客人或見客人時那樣拘謹。「不客」，一作「不容」，意思是閒居時不必特別注意面容神色。

見到穿喪服的人、戴官帽的人和瞎眼的樂工之流，即使平日熟識，也要露出哀矜或尊敬的表情，這是一種禮貌。〈子罕篇〉第十章所述，可與這幾句話合看。

乘車時，遇見穿喪服的人，或為國家背負圖籍的人，都要憑靠著車前橫木，上身微俯，行禮示敬，表示同情或尊敬。

另外，遇見豐盛的酒筵和暴雷狂風，也都要露出不同的表情。前者表示喜出望外，後者表示對上天的警告，有敬畏之意。因為古人生活一向樸實，而且相信狂風暴雷是上天對人間行政不滿的一種信號。

第17章

升車，必正立，執綏❶。

車中，不內顧❷，不疾言，不親❸指。

【校注】

❶ 綏——用來攀引上車的繩索。

❷ 不內顧——《魯論語》無「不」字。見江聲《論語竢質》。內顧，是說不外顧。

❸ 親——此字不可解，有人以為是「妄」的誤字。《禮記．曲禮》就說：「車上不妄指。」

【直譯】

上車時，一定端正地站著，拉著扶手的繩子。

在車裡，不回頭後顧，不快速說話，不隨便指點。

【新繹】

此記上車及車上的禮儀。上車時要拉好上車的繩索，才站得穩。在車上時，不回頭看，以免忽略了車前需要注意的事物，例如上文所說的「凶服者」、「負版者」等等；也不說話太快，以免別人聽不清楚，或分心發生危險；更不隨便指指點點。跟上面所說的道理一樣，這些都是自己失態而且干擾別人的行為。「不親指」，有人以為照字面講也通，意思是有話或有事可請別人代傳，不必親自指點。

第18章

色，斯舉矣，翔而後集。曰：「山梁雌雉，時哉時哉！」子路共❶之，三嗅❷而作。

【校注】

❶ 共——同「拱」，拱手示敬。

❷ 嗅——當作「狊」（音「局」），形容鳥張開兩翅的樣子。

【直譯】

人的臉色一動，牠們就飛起來了，在空中翱翔著，然後集合在一起。孔子說：「山中橋上的雌野雞，識時務呀！識時務呀！」子路向牠們拱手行禮，牠們拍了幾次翅膀又飛起來了。

【新繹】

此記孔子師生山行見雌雉的故事，藉以說明人應識時務，見機而作。孔子的話，有暗喻自己不得時之嘆，而子路對雌雉的拱手示敬，則顯露出他一向的憨直。

有人以為這段文字是後人所加，或有闕文。

【十一】先進篇

本篇共二十六章，多論弟子及賢人之言行。朱熹《論語集注》把第二、第三兩章合為一章，故題二十五章。劉寶楠《論語正義》依何晏、皇侃等，把第十八、第十九兩章，第二十、第二十一兩章各合為一章，故題二十四章。

有人以為篇中記閔子騫直稱「閔子」，推測此篇應為閔子騫弟子後來所記。篇末弟子各言其志一章，文字長而有興味，亦與前十篇文字之簡約頗不相同。

第1章

子曰：「先進於禮樂，野人也；後進於禮樂，君子也。如用之，則吾從先進。」

【直譯】

孔子說：「先學習禮樂而後做官的，是來自鄉野的平民呀；先做官而後學習禮樂的，是在上位的世襲貴族呀。如果要任用他們，那麼我選用先學習禮樂的人。」

【新繹】

此記孔子對學習禮樂的看法。孔子以為讀書和做事都同樣重要。如果出來做事當了官，做得好，仍然要多讀書；如果讀書讀得不錯，也應該出來做官，服務社會，所以他主張：「仕而優則學，學而優則仕。」（見〈子張篇〉）

當時的卿大夫子弟，可能因世襲制度而生來就有其特殊地位，不學禮樂即已做官，所以治理國家政事常出問題；反而不如平民出身的學生，雖多來自鄉野，但天性質樸，學了禮樂以後，學而優則仕，反而做得中規中矩。因此孔子才會說「吾從先進」。

第2章

子曰：「從我於陳、蔡❶者，皆不及門❷也。」

【校注】

❶ 陳蔡——孔子中年晚期遊歷的兩個國家。時在魯哀公初年，孔子六十出頭。當時，吳國攻打陳國，楚國派兵救援陳國。聽說孔子在陳、蔡之間，楚國便派人來聘請他。孔子正想前往答謝，陳、蔡兩國當權的大夫，怕孔子被用後，對他們不利，商議決定派人圍困孔子在曠野中。孔子走不成，糧食也斷絕了，跟從的學生也都病得站不起來。後來楚王發動軍隊來迎接孔子，才得免。事見《史記·孔子世家》。

❷ 不及門——不在門下。

【直譯】

孔子說：「跟從我在陳國、蔡國共患難的學生，現在都不在門下了。」

【新繹】

此記孔子晚年感嘆昔日從遊陳、蔡的學生，都已不在身邊了。陳、蔡二國，都在今河南省境內。孔子師生周遊列國時，經過二國，都曾經遭遇二國大臣排斥，陷於困境。晚年他談起這段往事，對昔日共患難的學生，表現了懷念之意。那時候，他昔日的學生，出仕的出仕，離開的離開，都已不在身邊了。

第3章

德行：顏淵、閔子騫、冉伯牛、仲弓。

言語：宰我、子貢。

政事：冉有、季路。
文學：子游、子夏。

【直譯】

德行好的學生：顏淵、閔子騫、冉伯牛、仲弓。
辭令好的學生：宰我、子貢。
擅長政事的學生：冉有、季路。
擅長文學的學生：子游、子夏。

【新繹】

〈先進篇〉多記孔子對及門弟子的評語，其中記閔子騫的有四次，而且稱之為閔子，所以後人常據此而疑《論語》為閔子騫門人所記。

孔子弟子相傳有三千人，身通六藝者七十二人。此章所列的十個人，更是個中翹楚。分為德行、言語、政事、文學四門，正可看出孔子的教學重點。為何只列出這十個學生而不及於曾子等人，後人如朱熹疑此與上章從遊陳、蔡的記述有關。朱熹以為這十人即昔曾從遊陳、蔡者，所以將二章合為一章。不過，根據《左傳》的記載，那時冉有正做季氏家臣，在魯，另外，根據《史記‧仲尼弟子列傳》，那時子游、子夏都不過十六、七歲，不太可能隨行。所以本章與上章不必視為同時之作。

第4章

子曰：「回也，非助我者也，於吾言無所不說❶。」

【校注】

❶說——同「悅」。

【直譯】

孔子說：「顏回呀，不是能幫助我的人呀，但對我說的話沒有不喜歡的。」

【新繹】

此章記孔子稱許顏回好學。好學者重在問道辨疑，奉行不渝，而不在於肆口則言，隨心而發。因此孔子說顏回雖然不能啟發他什麼，但對他所傳授的道理都能領會了解，卻也不容易。

第5章

子曰：「孝哉閔子騫！人不間於其父母昆弟之言❶。」

【校注】

❶人不間於句——間，音「建」，隔閡、空隙。不間，不批評。昆弟，即兄弟。

【直譯】

孔子說：「孝順呀閔子騫！別人對於他父母昆弟讚美他的話，都沒有異議。」

【新繹】

根據劉向《說苑》的記載，相傳閔子騫少時喪母，父親再娶，又生二子，繼母偏愛自己所生二子，虐待閔子騫。父親知道後，要驅逐繼母。閔子騫反而勸阻說：「母在一子單，母去三子寒。」因而父母昆弟等等，無不感動。

閔子騫，因為孝順父母，友愛兄弟，不但父母兄弟稱讚他，別人也同樣稱讚他。可見他是一個表裡如一、孝行純篤的人。因此孔子特別標榜他的孝行。

第6章

南容三復「白圭」❶，孔子以其兄之子妻之❷。

【校注】

❶ 南容三復白圭——南容，就是孔子的學生南宮适。已見前。白圭，見《詩經．大雅．抑篇》：「白圭之玷，尚可磨也；斯言之玷，不可為也。」意思是：白圭上的汙點，還可以磨掉呀；這些話裡的汙點，是不能去掉的呀。

❷ 孔子以其兄句——子，古代男子女子的通稱，這裡指女兒。妻之，嫁他為妻。「妻」讀去聲（音「氣」）。

【直譯】

南容再三誦讀「白圭」的詩句，於是孔子把自己哥哥的女兒嫁給他。

【新繹】

南容，已見〈公冶長篇〉第二章，孔子稱許他：「邦有道，不廢；邦無道，免於刑戮。」可見是個謹言慎行的人。此章說他喜歡吟《詩經》中「白圭」那首詩，更可確定他說話非常小心。這可能就是孔子「以其兄之子妻之」的原因。

第7章

季康子問：「弟子孰為好學？」

孔子對曰：「有顏回者好學，不幸短命死矣，今也則亡。」❶

【校注】

❶ 季康子問六句——魯哀公和孔子也有同樣的問答。見〈雍也篇〉第三章。

【直譯】

季康子問：「學生中誰是好學的？」

孔子答道：「有一個叫顏回的學生是好學的，可惜不幸短命死了，現在就找不到了。」

【新繹】

此章記孔子評顏回為好學，與〈雍也篇〉第三章所記大致相同。但〈雍也篇〉記的是魯哀公問，此章記的是季康子問。孔子回答魯哀公的話，除了說顏回好學，「不幸短命死矣」之外，還多了「不遷怒，不貳過」兩句讚美之辭，是不是同一件事，是不是回答國君必須詳盡一些，現在都已無從查考了。

第8章

顏淵死。顏路❶請子之車以為之椁❷。

子曰：「才不才，亦各言其子也。鯉❸也死，有棺而無椁。吾不徒行以為之椁，以吾從大夫之後❹，不可徒行也。」

【校注】

❶ 顏路——顏回的父親，也是孔子的學生。名無繇，字路。比孔子小六歲。
❷ 椁——也寫作「槨」，音「果」。古代棺木有兩層，內層稱棺，外層稱椁。
❸ 鯉——孔子的兒子。名鯉，字伯魚。卒年五十歲，那時孔子七十歲。
❹ 從大夫之後——這是「我也是大夫」的謙遜說法。孔子做過魯國的司寇，是大夫的職位。

【直譯】

顏淵死了。顏路請求孔子的車子用來當顏淵出殯時的槨。

孔子說：「有才沒有才，說來也總是各人自己的兒子呀。鯉死的時候，只有內棺而沒有外槨。我不可以徒步走路，把車子當他的槨。因為我跟從在大夫的行列後面，是不可以徒步走路的。」

【新繹】

此章記孔子行禮，直道而行，不容假借。孔子七十歲時，兒子鯉死了，出殯時，只有內棺，沒有外槨。古人厚葬，棺木有兩層，內棺之外，還有外棺，外棺就叫椁。「椁」一作「槨」。有人愛面子，甚至會賣掉車子來買外槨，或自己沒車卻向別人借車來充數。孔子認為按禮，大夫耆老不徒行，而且車子乃國君所賜，不可借人或賣掉，因此兒子死時，視家裡之有無，並沒有為兒子準備外槨。也因此，顏回死時，顏回父親提出相同請求時，孔子沒有答應。這跟〈公冶長篇〉第二十四章說孔子批評微生高代人借醋乃不正直的行為，是一樣的道理。

第9章

顏淵死。子曰：「噫！天喪予！天喪予！」

【直譯】

顏淵死了。孔子說：「唉！天要亡我了！天要亡我了！」

【新繹】

此章記孔子對顏回之死的痛惜。為什麼孔子會悲傷到說「天喪予」，歷來都認為孔子以天下聖道為己任，而且視顏回為傳人，因而有此慨嘆。

第10章

顏淵死，子哭之慟。從者曰：「子慟矣！」曰：「有慟乎？非夫人❶之為慟而誰為？」

【校注】

❶ 夫人——這個人。夫，音「扶」，指示形容詞。

【直譯】

顏淵死了，孔子為他哭得非常傷心。跟從的學生說：「您太傷心了！」孔子說：「真有太傷心嗎？不為這樣的人傷心，還為誰呢？」

【新繹】

此章記孔子為顏回之死，極感悲慟，連其他的人都感覺到孔子的過度傷心了，所以提醒孔子。孔子的回答，卻是說他沒有過度，只是真情的流露而已。

第11章

顏淵死，門人欲厚葬之。子曰：「不可。」門人厚葬之。

子曰：「回也視予猶父也，予不得視猶子也。非我也，夫二三子也。」

【直譯】

顏淵死了，同學們想要厚葬他。孔子說：「不可以。」同學們還是厚葬了他。

孔子說：「顏回啊待我就像父親，我卻不能夠看待他像兒子啊。不是我要厚葬的，是那幾位同學呀。」

【新繹】

《禮記．檀弓篇上》說喪具要「稱家之有亡（同「無」）」，因此家貧如顏回者，按禮是不宜厚葬的。同學們顧念私情，仍然厚葬了顏回之後，孔子表示他的立場。他雖然視顏回如子，但認為行禮仍應直道而行。他自己的兒子孔鯉死時，也沒有厚葬，所以他說：「予不得視猶子也。」

第12章

季路問事鬼神。子曰：「未能事人，焉能事鬼？」

曰：「敢問死。」曰：「未知生，焉知死？」

【直譯】

季路請教服事鬼神的方法。孔子說：「還不能服事活人，怎麼能夠服事鬼神？」季路說：「大膽請教死的道理。」孔子說：「還不知道生的道理，怎麼能知道死的道理？」

【新繹】

季路請教鬼神和死亡有關的道理，孔子的回答，好像都有些避開了正題，事實上不然。因為事鬼神如事人，首在敬畏，如果沒有敬畏之心，對人對鬼神都難免有輕慢的行為；如果現實世界可以接觸到的人事，都不知道如何對待，那麼又如何去對待非現實世界的鬼神？同樣的道理，生死之事有實有虛，現實中的人生比較容易理解，而生之前、死之後的事情，則比較難以捉摸。

第13章

閔子侍側，誾誾如也❶；子路，行行❷如也；冉有、子貢，侃侃❸如也。子樂。「若由也，不得其死然。」

【校注】

❶ 誾誾如也——誾，音「銀」。已見〈鄉黨篇〉。
❷ 行行——剛強的樣子。行，音「杭」，讀去聲。
❸ 侃侃——和樂的樣子。一說剛直的樣子。

【直譯】

閔子侍立在孔子身旁，正正直直的樣子；子路，剛剛強強的樣子；冉有、子貢，和和樂樂的樣子。

孔子很高興。「像仲由呀，想不到他死的樣子。」

【新繹】

此章記孔子四位賢弟子的容貌神態。因為各人稟性不同，所以表現出來的容貌神態也就因之而異。稱閔子騫為閔子，和孔子特別提到子路的剛強，都值得注意。說子路「不得其死然」，固然是稱許，也可能是告誡。

第14章

魯人為長府❶。閔子騫曰：「仍舊貫，如之何？何必改作？」

子曰：「夫人❷不言，言必有中❸。」

【校注】

❶ 長府——儲藏財貨的庫房。猶今言「國庫」。

❷ 夫人——這個人。夫，音「扶」。

❸ 中——讀去聲（音「仲」），合乎道理。

【直譯】

魯國官員修建長府。閔子騫說：「還是依照往例，怎麼樣？何必改建？」

孔子說：「這個人不大說話，一說話就必定有切合道理的地方。」

【新繹】

上文說孔子稱許閔子騫的德性，此章表面上看似是稱許閔子騫言語口才好，但實際上仍在閔子騫的德性上。魯國有人要修建長府，閔子騫說一仍舊貫即可，何必翻新改造，否則豈不勞民傷財。可見出發點仍是在於德性，所以孔子才說他言不妄發，發必有中。

第15章

子曰：「由之瑟，奚為於丘之門？」門人不敬子路。子曰：「由也升堂矣，未入於室也。」

【直譯】

孔子說：「仲由彈的這種瑟調，哪裡是出於我孔丘的門下呢？」因此同學們不尊敬子路。

孔子說：「仲由已經升堂了，只是還沒有入室而已。」

【新繹】

子路好勇使氣，所以他彈瑟時發出來的音調，也有殺伐之聲。孔子批評他不夠中和諧調，是希望他還能更求精進，而不是認為他一無是處。古人居室建築，先入門升階，然後再登堂入室。登堂表示已經到位了，合格了，只是還沒有進入內室，到達極致而已。音樂的造詣是難以形容的，孔子用居室建築來做比喻，予人具體的印象。

第16章

子貢問：「師與商❶也孰賢？」子曰：「師也過，商也不及。」曰：「然則師愈與❷？」子曰：「過猶不及。」

【校注】

❶ 師與商——就是顓孫師（子張）和卜商（子夏），都是孔子的學生。已見前。

❷ 愈與——愈，較好、略勝。與，同「歟」。

【直譯】

子貢問：「師和商呀哪一個賢明？」孔子說：「師呀過分了，商呀還不夠。」

子貢問：「那麼是師好一些嗎？」孔子說：「過分了就等於不夠。」

【新繹】

孔子一向強調中庸之道，認為恰到好處，不偏不倚最好。因此做任何事情，太超過和趕不上這兩種弊病，其失相等。

第17章

季氏富於周公❶，而求也為之聚斂❷而附益之。

子曰：「非吾徒也。小子鳴鼓而攻之，可也。」

【校注】

❶ 周公——一說指周公旦或其後代，一說泛指在周天子左右作卿士的人，如周公閱之類。

❷ 為之聚斂——替他搜刮財富。斂，音「練」，聚集、收藏（財富）。

【直譯】

季氏比周公有錢，但冉求卻還替他搜括，來增加他的財富。

孔子說：「冉求不再是我的門徒了。你們小伙子大張旗鼓去攻擊他，是應該的呀。」

【新繹】

季康子是諸侯國魯君的卿相，可是他的財富卻比魯國的始祖要多得多，這本來就易遭受物議了，而冉求做他的家臣，卻還要幫他繼續搜括，增加賦稅，所以孔子對這位學生非常不滿，叫其他同學可以公開批評。

有人以為周公旦是開朝元老，曾佐武王、相成王，不應該說他有財富，所以認為此章周公另有其人。事實上，官階地位高的人，俸祿相對高，累積一些財富，是自然而然之事。

第18章

柴❶也愚，參也魯❷，師也辟❸，由也喭❹。

【校注】

❶ 柴——孔子的學生。姓高，名柴，字子羔。衛國人，又說是齊、鄭、魏人。比孔子小三十歲。

❷ 魯——愚鈍。

❸ 辟——通「僻」，偏激的意思。

❹ 喭——音「彥」，粗魯。定州簡本作「献」，不知何義。

【直譯】

高柴愚笨，曾參遲鈍，顓孫師偏激，仲由魯莽。

【新繹】

此章孔子比較子羔、曾子、子張、子路四位學生的不同性情，以及各自的缺點。奇怪的是，文前沒有「子曰」二字，因此有人以為它脫漏了，也有人以為此章應與下章合為一章，下一章的「子曰」，蓋統攝上文而言。不過，下一章所談到的顏回、子貢，未必談的是性情，所以這裡仍然分為兩章。

第19章

子曰：「回也其庶乎！屢空。❶賜不受命，而貨殖焉，億則屢中。❷」

【校注】

❶ 回也二句——是說顏回有希望，卻生活貧困。庶，庶幾，有希望的口氣。空，匱乏。

❷ 賜不受命三句——是說子貢不聽話，卻會做生意。貨殖，經商營利。殖，通「植」，將本求利。億，通「臆」，猜測。中，音「仲」，合、準。

【直譯】

孔子說：「顏回應該是有希望的吧，卻常常窮困。端木賜不接受教導，去投資經商，猜測行情，竟常常猜中。」

【新繹】

此章記孔子比較顏回與端木賜的為人不同。顏回樂天知命，一心向道，可是在現實生活中非常貧窮，簞食瓢飲，居於陋巷；端木賜不肯安分，不肯聽天由命，可是卻有生意頭腦，善於理財，因而結駟連騎，聘享諸侯。

有人把「不受命」解釋為「不做官」，這是不對的。《史記．貨殖列傳》就曾說子貢「既學於仲尼，退而仕於衛，廢著鬻財於曹、魯之間。」可見子貢離開孔子以後，「廢著鬻財」，不再讀書而去學做生意了。因而說「不受命」是孔子感嘆子貢不受教導，或者說是子貢沒有得到官方允許去做生意（古之經商者，皆受命於官），都還講得通，比解釋為「不做官」要好。

第20章

子張問善人之道。

子曰：「不踐跡❶，亦不入於室❷。」

【校注】

❶ 踐跡——踩踏前人的腳印。

❷ 不入於室——不能登堂入室。

【直譯】

子張請教好人的道理。

孔子說：「不重踏著古代善人的腳印走，也就不能（登堂）入室。」

【新繹】

古人的居室建築，有其一定的規制，如何才能登堂入室，也有一定的走法。進了門道，主人由阼（東）階上，客人由西階上，如何走，如何行禮，都有明確的規定。所以孔子以此為喻，說明求學與做人，都應該學習古人正確的走法，才有可能登堂入室。這不是「墨守成規」，而是「擇善而固執之」。歷來頗有些人解釋此章，說是善人不與人同流合汙，但也不能達到聖人仁者的境界。離開字面去發揮，未必正確。

第21章

子曰：「論篤是與❶，君子者乎？色莊者乎？」

【校注】

❶ 與——稱許。

【直譯】

孔子說：「言論篤實是被讚美的，但他究竟是君子一類的人呢？或者只是外表莊重的人呢？」

【新繹】

此章孔子教人不可以貌取人。這個「貌」包括口才和外表。有的人說起話來，老老實實的樣子，也有的人外表裝得很端莊慎重，但其實是個偽君子。孔子一向重視言行一致，表裡一致，所以他教我們要從實際的行為去辨別君子和小人。

第22章

子路問：「聞斯行諸❶？」子曰：「有父兄在，如之何❷其聞斯行之？」冉有問：「聞斯行諸？」子曰：「聞斯行之。」

公西華曰：「由也問『聞斯行諸？』子曰，『有父兄在』；求也問『聞斯行諸？』子曰，『聞斯行之』。赤也惑，敢問。」

子曰：「求也退，故進之；由也兼人，故退之。」

【校注】

❶ 聞斯行諸——等於問「聞斯行之乎」，即：聽到這個道理就去實踐它嗎？

❷ 如之何——怎麼樣、怎麼能。

【直譯】

子路問：「聽到了道理就去實踐它嗎？」孔子說：「有父親兄長在做主，怎麼可以聽到了就去實踐它？」

冉有問：「聽到了道理就去實踐它嗎？」孔子說：「聽到了就去實踐它。」

公西華說：「仲由問『聽到了就去實踐它嗎？』您說，『有父親兄長在做主』；冉求問『聽到了就去實踐它嗎？』您說，『聽到了就去實踐它』。赤有些疑惑，大膽來請教。」

孔子說：「冉求為人退縮，所以我勉勵他進取；仲由為人具有兩個人的膽量，所以我壓抑他要他退讓。」

【新繹】

此章所記，是孔子因材施教的實例。冉求為人膽怯，所以孔子要他勇敢一些；子路為人過於勁直，所以孔子要他小心一些。易言之，孔子期望學生合乎中庸之道，沒有過與不及的毛病。

第23章

子畏於匡❶，顏淵後。
子曰：「吾以女❷為死矣。」曰：「子在，回何敢死？」

【校注】

❶ 子畏於匡——已見〈子罕篇〉第五章。
❷ 女——同「汝」，你。指顏淵。

【直譯】

孔子被圍困在匡地時頗為擔心，顏淵後到。
孔子說：「我以為你是死了。」顏淵說：「您還在世，我怎麼敢死？」

【新繹】

上文〈子罕篇〉說過，仁者無憂。孔子被圍困在匡的時候，他擔心的不是自己的處境，而是學生們的安危。因此當顏回失散，晚了五天才趕來相會時，他擔心顏回是否命遭不測。顏回的回答，也顯露了他對待孔子如自己父親的感情。因為《曲禮》上說過：「父母在，不許友以死。」對待老師如父親，當然不敢言死了。

第24章

季子然❶問：「仲由、冉求可謂大臣與❷？」

子曰：「吾以子為異之問❸，曾由與求之問❹。所謂大臣者，以道事君，不可則止。今由與求也，可謂具臣❺矣。」

曰：「然則從之者與？」

子曰：「弒父與君，亦不從也。」

【校注】

❶ 季子然——季氏的子弟。季平子之子，季桓子之兄。參閱《史記．仲尼弟子列傳》。

❷ 與——同「歟」。

❸ 為異之問——是為別的事情來問。

❹ 曾由與求之問——竟然問的是仲由和冉求。曾，音「增」，乃、竟然。

❺ 具臣——充數不稱職的臣子。

【直譯】

季子然問：「仲由、冉求可以說是大臣嗎？」

孔子說：「我以為你是問別的事情，竟然只是問仲由和冉求的事。所謂大臣的人，用正道來服事君上，不能做到就辭職不幹。如今仲由和冉求這兩個人，可以說是充數的臣子了。」

季子然說：「那麼，他們是聽從命令的人嗎？」

孔子說：「殺父親和君上的事，他們也是不會聽從的。」

【新繹】

季子然是季氏子弟，《史記．仲尼弟子列傳》作「季孫」。他向孔子請教仲由和冉求這兩位孔門弟子稱不稱得上是大臣。孔子對這兩位學生，一向肯定他們的行政能力，卻不肯定他們的道德實踐。上文〈公冶長篇〉記孟武伯之問、〈八佾篇〉之記冉有不能諫止季氏違禮祭泰山、本篇第十七章記冉有之為季氏聚斂，都足以為證。因此在孔子心目中，這兩位做為季氏家臣的學生，都不能稱為以道事君的大臣。不過，他們雖非大臣之資，卻也並非完全聽命之徒，像弒君父這一類大逆不道之事，他們也確定不會做的，也因此孔子認為他們是聊可充數的具臣。

第25章

子路使子羔為費宰❶。子曰：「賊夫人之子❷。」

子路曰：「有民人焉，有社稷焉，何必讀書，然後為學？」

子曰：「是故惡夫佞者❸。」

【校注】

❶ 子羔為費宰——子羔，即孔子弟子高柴。已見前。費，地名，在今山東省費縣西南，當時屬季氏所有。宰，邑長。

❷ 賊夫人之子——賊，傷害。夫，音「扶」，此、彼的語氣。夫人之子，這個人家的孩子。

❸惡夫佞者——惡，音「勿」，厭惡。夫，音「扶」，此、這個。佞者，巧言善辯的諂媚者。指子路討好季氏。

【直譯】

子路叫子羔去做費邑的總管。孔子說：「這是害了人家的孩子。」

子路說：「那地方有老百姓要管理，有土地和五穀的神壇要祭祀，為什麼一定要先讀書然後才叫做學問呢？」

孔子說：「就是因此，我才討厭巧舌利口的人。」

【新繹】

子路做季氏家臣時，推薦子羔當費邑的邑長。古時地方官的職責，最重要的就是管理人民和敬事鬼神，所以子路只看到子羔有這方面的才能，就逕行推薦了，而沒有理會子羔的讀書學禮，是否已有成就。這跟孔子學而優則仕的主張，是相違背的，所以孔子批評子路強詞奪理。

第26章

子路、曾皙❶、冉有、公西華侍坐。

子曰：「以吾一日長乎爾，毋吾以也。❷居則曰：『不吾知也！』如或知爾，則何以哉？」

子路率爾而對曰：「千乘之國，攝乎大國之間，加之以師旅，因之以饑饉；由也為之，比及三年，可使有勇，且知方也。」夫子哂之。❸

「求！爾何如？」對曰：「方六七十，如五六十，求也為之，比及三年，可使足民。如其禮樂，以俟君子。」❹

「赤！爾何如？」對曰：「非曰能之，願學焉。宗廟之事，如會同，端章甫，願為小相焉。」❺

「點！爾何如？」鼓瑟希，鏗爾，舍瑟而作。對曰：「異乎三子者之撰。」

子曰：「何傷乎？亦各言其志也。」

曰：「莫春❻者，春服既成。冠者❼五六人，童子六七人，浴乎沂❽，風乎舞雩❾，詠而歸。」夫子喟然歎曰：「吾與點也。」

三子者出，曾皙後。曾皙曰：「夫三子者之言何如？」子曰：「亦各言其志也已矣。」

曰：「夫子何哂由也？」曰：「為國以禮，其言不讓，是故哂之。」

「唯求則非邦也與？」「安見方六七十、如五六十而非邦也者？」

「唯赤則非邦也與？」「宗廟會同，非諸侯而何？赤也為之小，孰能為之大？」

【校注】

❶ 曾皙——孔子的學生。姓曾，名點，字子皙。曾參的父親。

❷以吾一日二句——不要因為我年紀比你們大一點。以，因為。爾，你、你們。毋，勿、不要。

❸以上一段——率爾，輕率的樣子。攝，介乎、夾在。加，施加、侵犯的意思。因，因仍、接連。比及，等到。比，音「必」。知方，知道禮義。

❹以上一段——方六七十，面積六、七十方里的地方。如五六十，或者五、六十方里的地方。

❺以上一段——會同，諸侯朝見天子稱「會」，諸侯相見稱「同」。端章甫，古代祭祀或朝會時所穿戴的禮服和禮帽。「端」即玄端，「章甫」即玄冠，都是黑色的禮服和禮帽。

❻莫春——暮春。莫，「暮」的本字。

❼冠者——古時人到二十歲時，行加冠禮，即算成年人了。

❽沂——音「宜」，水名，源出山東省鄒縣東北，流經曲阜，與洙水合，入於泗水。

❾舞雩——壇名，跳舞來祈雨的祭壇。在沂水邊，曲阜城南。壇上多種樹木，故可乘涼。雩，音「雨」，古代一種祈雨的祭典。

【直譯】

子路、曾皙、冉有、公西華陪坐在旁。

孔子說：「因為我年紀大你們一兩天，不要因為我這樣子（就不說話了）呀。閒居時你們常說：『人家不了解我。』如果有人了解你們，那麼你們怎麼做？」

子路直率地很快答道：「擁有千輛兵車的國家，夾在大國的中間，有軍隊來侵犯它，接著又發生饑荒；我仲由去治理它，等到三年光景，就可以使人民有勇氣，而且知道禮法了。」孔子略帶嘲笑的看他。

「冉求，你怎麼樣？」答道：「周圍六七十里，或者像五六十里的地方，我冉求去治理它，等到三年光景，可以使人民富足。至於那些禮樂的事情，只有等待君子來做了。」

「公西赤，你怎麼樣？」答道：「不敢說能治理它，只是願意學習。宗廟祭祀的事情，或者像諸侯會盟的時候，穿著禮服，戴著禮帽，我願意做一個贊禮的小儐相。」

「曾點，你怎麼樣？」曾點鼓瑟的聲音稀落下來，鏗的一聲，放下瑟，然後站起來。答道：「不同於他們三位所陳述的志趣。」

孔子說：「有什麼關係呢？也不過是各人說說自己的志向啊。」

曾點說：「暮春時節，春天的袷衣已經裁製好了，和成年人五六人，小孩子六七人，一起到沂水洗洗澡，在舞雩壇上乘乘涼，然後唱著歌回家。」孔子喟然感歎道：「我同意曾點說的。」

另外三個同學都出去了，曾晳最後走。曾晳說：「他們三個人說的話怎麼樣？」孔子說：「也不過是各人說說自己的志向罷了。」

「老師為什麼笑仲由呢？」「治理國家需要禮讓，他的話不謙遜，所以笑他。」

「那冉求所說的就不是國家嗎？」「怎麼見得周圍六七十里或五六十里的地方，就不是國家呢？」

「那公西赤所說的就不是國家嗎？」「宗廟祭祀、諸侯會盟，不是諸侯國的事情，那又是什麼？公西赤願意做它的小儐相，那誰能做它的大儐相呢？」

【新繹】

此章記述孔子誘發子路等四位學生各自說出他們的志向，從而顯露出各自不同的人生境界。

敘述非常生動，是《論語》中著名的篇章。

子路等人所說的志向，按字面上看，可以分為兩類。子路、冉有、公西華是一類。子路所說的富國強兵，冉有所說的豐衣足食，公西華所說的知禮守道，都是從統治人民的行政管理來說的，差別只在於說得謙遜不謙遜而已。曾皙則與他們三人不同，他說的是一種教化的成果和生命的情態。表面上看，他的志向是暮春時節，穿著春衣，和若干成人、童子去洗洗澡，乘乘涼，然後詠歌而歸，這好像只是個人的生活情趣而已，與國計民生無關，不像子路等三人那樣志向宏大，但究其實，所謂富國強兵、豐衣足食、知禮守道，最終的目的是什麼？一言以蔽之，還不是要使人民生活安樂。曾皙所說的，其實正是這種境界。上文說過，孔子的志向是：「老者安之，朋友信之，少者懷之。」與曾皙所言，亦正相契合，因而他說：「吾與點也。」

至於子路說了自己的志向之後，孔子哂之的原因，是針對子路的不知謙讓之道，老是搶先說話，而不是否定他所說的志向。這一點是讀者必須注意的。

【十二】顏淵篇

本篇共二十四章，記錄孔子與弟子，以及弟子之間討論明君仁政之事，皆聖賢之格言，仕進之借鑑。篇中所論，如「克己復禮」、「己所不欲，勿施於人」等等，都是儒學的重要課題。

第1章

顏淵問仁。子曰：「克己復禮為仁。一日克己復禮，天下歸仁焉。為仁由己，而由人乎哉？」

顏淵曰：「請問其目❶。」子曰：「非禮勿視，非禮勿聽，非禮勿言，非禮勿動。」

顏淵曰：「回雖不敏，請事斯語❷矣。」

【校注】

❶目——目有二義，一是綱目，一是條目。綱是維繫網的大繩，條是小繩，目是網眼。因此綱目是總綱、統領，條目是分項、細目。顏淵請教時，怕瑣碎，當然問綱目，而孔子回答不厭其詳，所以說是條目。

❷請事斯語——願意奉行這些話。事，從事、奉行，有實踐之意。

【直譯】

顏淵請教仁道。孔子說：「克制自己的欲望，回到合禮的正道，就是仁了。一旦能克制自己的欲望，回到合禮的正道，天下的人都會贊同你的。實踐仁道靠自己，難道還靠別人嗎？」顏淵說：「請問實踐仁道的綱目。」孔子說：「不合禮的不看，不合禮的不聽，不合禮的不說，不合禮的不做。」

顏淵說：「回雖然不聰敏，但願意實踐這些話。」

【新繹】

此記孔子教顏回行仁的條目，蓋以禮為本。仁與禮有密不可分的關係，仁是大公無私之心，禮是規規矩矩的行為。大公無私之心，順天理，去人欲，一切言行舉動都必須合乎禮義；規規矩矩的行為，講禮制，依正道，一切言行舉動也都必須合乎公義。禮制文儀因時因地會有所改變，有的要保留，有的要改變，但一切都要合乎天理和公義。仁是愛心，但要辨別是非善惡，禮是公義，但要區別上下先後，它們共同的地方都是講合乎理。合理的就存而行之，不合理的就改而正之。而在存而行之和改而正之的過程中，一方面要去人欲，克制私人的欲望，一方面要講公義，回到合理的正道。因此克己復禮是實踐仁道的基本工夫，而「非禮勿視」等四項，則為行仁的基本條目。

第2章

仲弓問仁。子曰：「出門如見大賓，使民如承大祭。己所不欲，勿施於人。在邦無怨，在家無怨。」仲弓曰：「雍雖不敏，請事斯語矣。」

【直譯】

仲弓請教仁道。孔子說：「出門好像見到貴賓，使喚人民好像承辦隆重的祭典。自己不喜歡的事情，不要施加在別人身上。在諸侯國裡沒有怨恨，在卿大夫家裡也沒有怨恨。」

仲弓說：「雍雖然不聰敏，但願意實踐這些話。」

【新繹】

上章是就個人修養來談仁道，在於克己復禮，此章則就政治道德來說明仁道，在於敬與恕。「出門如見大賓」二句，是敬，盡己之心，一絲不苟，亦即忠道。「己所不欲」二句，是恕，反省自己，體諒別人，亦即恕道。仁者，忠恕而已矣。忠是律己，恕是待人。用之於政事上，則於己臨事不苟，待人寬宏不苛，不管是為諸侯邦國或大夫之家做事，都不至於被人怨恨。

第3章

司馬牛❶問仁。子曰：「仁者，其言也訒❷。」曰：「其言也訒，斯謂之仁矣乎❸？」子曰：「為之難，言之得無訒乎？」

【校注】

❶ 司馬牛——孔子的學生。姓司馬，名耕，字子牛。宋國人。他的為人，多話而急躁。一說他即宋國桓魋的弟弟。他的兄弟，多非善類。但也有人（如楊伯峻）以為此為二人，不容相混。

❷ 訒——音「刃」，忍、難以開口的樣子。雖似遲鈍，實為謹慎。

❸ 矣乎——表示疑問的連用語助詞。

【直譯】

司馬牛請教仁道。孔子說：「有仁德的人，他說話是遲鈍的。」

司馬牛說：「一個人說話遲鈍，這樣就說他有仁德了嗎？」孔子說：「實踐它的時候困難，說它的時候能不遲鈍嗎？」

【新繹】

以上二章，從個人修養和政治道德來談仁道，此章則從做事態度來說明行仁之道，在於能言能行。說得到，做得到，當然最好，否則，孔子以為口才不好，說話遲鈍，卻肯去努力工作的人，反而比花言巧語卻偷機取巧的人要好些。

據《史記．仲尼弟子列傳》說，司馬牛「多言而躁」，因此此章所記孔子的談話，顯然也是因材施教，對稟性習染不同的學生，給予不同的教導。

第4章

司馬牛問君子。子曰：「君子不憂不懼。」

曰：「不憂不懼，斯謂之君子已乎❶？」子曰：「內省不疚❷，夫❸何憂何懼？」

【校注】

❶ 已乎——同「矣乎」。見上章。

❷ 內省不疚——內心自省，不感慚愧。省，音「醒」，反省。疚，音「究」，病苦。

❸ 夫——音「扶」，發語詞。

【直譯】

司馬牛請教君子的意義。孔子說：「君子不憂愁，不畏懼。」

司馬牛說：「不憂愁不畏懼，這樣就說他是君子了嗎？」孔子說：「內心反省自己沒有愧疚，那還有什麼憂愁什麼畏懼？」

【新繹】

此章記孔子向司馬牛解釋何謂君子。君子兼有地位高和品德好二義，此章所說，偏重後者。歷來學者頗多以為司馬牛的兄長，即曾經想殺害孔子的宋國大夫桓魋。有此兄長，司馬牛自己的心裡恐怕不會舒坦，史書上稱他「多言而躁」，或許與此有關。此章孔子回答他的問題，說君子所以能不憂不懼，乃在於內省不疚。能夠自我反省，覺得自己已經盡心盡力，毫不愧疚的人，何憂懼之有？用在司馬牛身上，就是說雖然有個不安分的兄長，但只要自己修德守道，不助桀為虐，又何需憂懼呢？

第5章

司馬牛憂曰：「人皆有兄弟，我獨亡❶。」子夏曰：「商聞之矣：『死生有命，富貴在天。』❷君子敬而無失，與人恭而有禮。四海之內，皆兄弟也。君子何患乎無兄弟也？」

【校注】

❶ 我獨亡——單單我沒有。亡，同「無」。

❷ 死生有命二句——朱熹以為是孔子說過的話。《論衡．祿命篇》則以為此至下文「皆兄弟也」以前，皆孔

子所言。

【直譯】

司馬牛憂慮道：「別人都有兄弟，我偏偏沒有。」

子夏說：「我聽說過這樣的話：『死生都有命定，富貴由天安排。』君子做事慎重而沒有過失，待人恭敬而有禮貌，普天之下的人，便都是兄弟。君子何必擔心沒有兄弟呢？」

【新繹】

其實，根據傳統的說法，司馬牛不僅有一個曾在宋國作亂的次兄桓魋，而且他的長兄向巢，弟弟子頎、子車等人，也都非善類。有這樣的兄弟，令他感到羞惱，所以他憤而說自己沒有兄弟。同學子夏勸勉他只要自己修德，待人有禮，那麼「四海之內，皆兄弟也」，可謂善勸者矣。

第6章

子張問明。

子曰：「浸潤之譖❶，膚受之愬❷，不行焉，可謂明也已矣❸。浸潤之譖，膚受之愬，不行焉，可謂遠❹也已矣。」

【校注】

❶ 浸潤之譖——是說讒言像水的逐漸滲透，不易察覺。譖，音「怎」去聲，暗中毀謗。

❷膚受之愬——是說訴冤像有切膚之痛一般。愬，同「訴」。
❸也已矣——表示肯定的連用語末助詞，加強語氣用。下同。
❹遠——遠見。

【直譯】

子張請教賢明的道理。

孔子說：「逐漸滲透的讒言，切身感受的訴苦，不能打動你，就可以說是明智的了。逐漸滲透的讒言，切身感受的訴苦，不能打動你，就可以說是有遠見的了。」

【新繹】

此章孔子教人要能辨明小人的讒言誣告。讒言如水之慢慢滲透，令人不易察覺；投訴常事關利害，令人有切膚之痛，一時之間難以詳察。這兩種都是小人用以害人的手段，而能夠察覺不為所惑的人，恐怕不多。子張或許容易聽信別人讒言，所以孔子如此勸告。

善用重章複句和連用語氣詞，以增加文章的氣勢與韻味，是《論語》形式表現的特色之一，本章可為例證。

第7章

子貢問政。子曰：「足食，足兵，民信之❶矣。」

子貢曰：「必不得已而去，於斯三者何先？」曰：「去兵。」

子貢曰：「必不得已而去，於斯二者何先？」曰：「去食。自古皆有死；民無信不立。」

【校注】

❶ 民信之——高麗本「民信」前有「使」字，是說讓人民信任它（政府行政）。此與足食、足兵並列為行政三要項，所以不可說因足食、足兵而獲得人民信任。

【直譯】

子貢請教政治。孔子說：「充足糧食，充足軍備，使人民相信政府。」子貢說：「假使迫不得已，一定要去掉一項，在這三項裡，哪一項先去掉？」孔子說：「去掉軍備。」

子貢說：「假使迫不得已，一定要去掉一項，在這剩下的兩項裡，哪一項先去掉？」孔子說：「去掉糧食。自古以來誰都有死亡的時候；人民要是沒有信心，政府是站立不住的。」

【新繹】

此章記孔子告訴子貢為政治國的應變道理。孔子所說的三個要件，足食、足兵、人民信任三者之中，最重要的是人民信任，任何政府一旦失去人民的信賴，沒有不潰敗的。其次是足食，人民豐衣足食，對政府就容易有信心。否則，衣食有缺，民生疾苦，即使發展武力，軍備再好也沒有用，因為那是窮兵黷武，得不到人民的支持的。軍人來自人民，軍備來自民間，道理容易明白。以上的這兩種情況，有不少歷史的教訓，可為佐證。這樣說，並不是說軍備不重要，讀者千萬不可誤會了。一開頭，就已經說它是三要件之一了，不是嗎？

「民無信不立」，這句話說得非常中肯。

第8章

棘子成❶曰：「君子質❷而已矣，何以文為？」

子貢曰：「惜乎夫子之說君子也！駟不及舌❸。文猶質也，質猶文也。虎豹之鞟❹，猶犬羊之鞟。」

【校注】

❶ 棘子成——衛國的大夫。其他不詳。

❷ 質——樸實。與下文的「文」（文采）相對。

❸ 駟不及舌——四匹馬駕駛的車，也不如口舌說的話快。猶如俗諺所說：「一言既出，駟馬難追。」

❹ 鞟——音「闊」，皮革、去了毛的獸皮。

【直譯】

棘子成說：「君子質樸就夠了，何必要文采幹什麼？」

子貢說：「可惜啊！老先生這樣的解釋君子呀！駟馬都趕不上舌頭說出的話。文采如同質樸呀，質樸如同文采呀。虎豹的皮革，如同狗羊的皮革。」

【新繹】

此章記子貢認為君子應文質並重，文指形式、外表，質指內容、心地。一個人的言行舉動是看得見的，是否具有文采，合乎禮儀，也是看得見的，它會影響別人的觀感，而一個人的心是否質樸仁慈，自己知道，別人卻無從得知，看不清楚。因此文質二者應該兼具並重，而不應比較哪一個重要。君子地位高，影響大，所以更應文質並重，然後才可以說是彬彬君子。

「虎豹之鞟，猶犬羊之鞟」是說去了毛的虎豹犬羊，光看牠們的皮，一般人是無法辨別的。子貢藉此來說明文質應該並重的道理。

第9章

哀公問於有若曰：「年饑，用不足，如之何？」有若對曰：「盍徹乎❶？」曰：「二❷，吾猶不足，如之何其徹也？」對曰：「百姓足，君孰與不足？百姓不足，君孰與足？」

【校注】

❶ 盍徹乎——何不採用「徹」法呢。徹，周朝的稅法，抽取十分之一的稅率。

❷ 二——徵收十分之二的稅。

【直譯】

哀公向有若請教說：「年成饑荒，財用不夠，應該怎麼辦？」有若答道：「何不實行十分抽一的稅率呢？」

哀公說：「十分抽二，我還不夠，怎麼能用那十分抽一的徹法呢？」（有若）答道：「百姓夠了，誰會給你不富足？百姓不夠了，誰又給你富足？」

【新繹】

此章記魯哀公與有若討論財政稅收的問題。周朝推行井田制度，規定每年收成抽取十分之一的稅率，這就叫做「徹」。魯國從魯宣公十五年起，據《左傳》說，就已經「初稅畝」，也就是說除了「徹」法之外，還另外抽取十分之一，這也就是本章中魯哀公所說的「二」。有若告訴他君民一體的道理，人民富足了，國用才可能充足，因為國用來自人民的稅收。如果國君聚斂，稅收苛嚴，那麼人民反對，國家就有顛覆的危險。

第10章

子張問崇德辨惑。

子曰：「主忠信，徙義❶，崇德也。愛之欲其生，惡之欲其死；既欲其生，又欲其死，是惑也。『誠不以富，亦祇以異。』❷」

【校注】

❶ 徙義——遷過向善。阮元校勘，以為「徙」字當從高麗本作「從」。

❷ 誠不以富二句——見於《詩經．小雅．我行其野》。意思是：實在不是為了財富，也只不過是為了見異思遷。這兩句詩引用在這裡，很難解釋。程頤說是「錯簡」，本應在〈季氏篇〉「齊景公有馬千駟」之上。不過這也只是猜測而已。

【直譯】

子張請教提高品德、辨別迷惑的方法。

孔子說：「篤守著忠誠信實的道理，改過向善，就可以提高品德了。愛他就希望他活，恨他就希望他死；既然希望他活，卻又希望他死，這就是迷惑呀。《詩經》上說：『誠不以富，亦祇以異。』」

【新繹】

此章記孔子說明崇德辨惑的道理。崇德就是提高品德，孔子以為有兩個做法：一是誠心向善，盡己之心，待人以信，這是從正面說的；二是從反面說，萬一不小心做錯了事，也不可文過飾非，要改過向善才對。能夠如此，自然可以提高品德。辨惑，就是辨識迷惑。孔子以為做法是要把個人的好惡愛憎，所謂私情，和天道的是非善惡分辨清楚，這樣就不會迷惑了。例如「愛之欲其生，惡之欲其死」，對於同一個人，應該理性的去判斷他的是非善惡，然後才決定該愛他或恨他，如此就不會「既欲其生，又欲其死」了。

「誠不以富」二句，與上文意不相屬，前人認為是錯簡。不必強加解釋。

第11章

齊景公❶問政於孔子。孔子對曰：「君君，臣臣，父父，子子。」公曰：「善哉！信如君不君，臣不臣，父不父，子不子，雖有粟，吾得而食諸❷？」

【校注】

❶ 齊景公——齊國國君，齊靈公之子，齊莊公之異母弟。崔杼弒莊公後，被立為齊君。名杵臼。「景」是諡號。在位五十三年。

❷ 雖有粟二句——粟，音「素」，小米，借指糧食、俸祿。諸，「之乎」二字的合音。

【直譯】

齊景公向孔子請教政治。孔子答道：「君要像君，臣要像臣，父要像父，子要像子。」齊景公說：「說得好啊！真的如果君不像君，臣不像臣，父不像父，子不像子，即使有米糧，我能夠來吃用它嗎？」

【新繹】

齊景公是齊莊公的異母弟。崔杼弒莊公，立之為君。齊景公三十一年（西元前五一七年），亦即魯昭公二十五年，孔子當時三十五歲，因季氏之亂，到了齊國。當時齊國陳恆專政，不立太子，真是君不君，臣不臣，父不父，子不子。所以當齊景公請教為政治國之道時，孔子有感而發，如此回答。

第12章

子曰：「片言可以折獄❶者，其由也與？」

子路無宿諾❷。

【校注】

❶ 片言可以折獄——片言，偏言、一方之辭。一說：片言即判言，是說能辨別言辭。折，判決。獄，這裡指訴訟案件。

❷ 宿諾——隔夜的諾言。一說：拖了很久還不履行的諾言。

【直譯】

孔子說：「只聽一方面的話，就可以判決案件的，大概只有仲由吧？」

子路沒有隔夜才實踐的諾言。

【新繹】

此章記孔子評子路的為人。子路為人，一向直率，好處是坦白正直，壞處是過於剛強，失之急躁。此章二段文字，皆就此立論。前者說子路片言可以折獄，只聽片面之辭，就可判決案件，好處是說子路平日為人誠信，大家多肯據實以告，所以很快就可定案；壞處是說子路過於自信，有時還沒有了解事情的全貌真相，就下了結論，這是危險的。

同樣的道理，第二段話「子路無宿諾」，是說子路言必信，行必果。今天答應的事情，今天就一定去做。從好處去說，是堅持信用，值得信賴；從壞處去說，則是有時操之過急，反而欲速則不達了。

第13章

子曰：「聽訟，吾猶人也；必也使無訟乎！」

【直譯】

孔子說：「聽審訴訟案件，我跟別人差不多；但一定要使民眾沒有訴訟才好吧！」

【新繹】

此章記孔子對法律訴訟的看法。他以為聽審案件公正客觀，還不如沒有訴訟案件可審。《大戴禮記．禮察篇》說，禮是「禁於將然之前」，法是「禁於已然之後」，這是禮和法的不同。〈為政篇〉第三章說的：「道之以政，齊之以刑，民免而無恥；道之以德，齊之以禮，有恥且格。」說的也就是這個道理。

第14章

子張問政。子曰：「居之無倦，行之以忠。」

【直譯】

子張請教政治的道理。孔子說：「在行政職位上，不要懈怠，執行政事時，要盡忠誠。」

【新繹】

此章記孔子告訴子張，為政要耐煩，而且忠誠。「居」和「行」在這裡是相對的，居指居心或坐下來處理事情，行指行事或出門執行政令。耐煩才能平心靜氣；忠誠才會秉公無私。

第15章

子曰：「博學於文，約之以禮，亦可以弗畔矣夫！」❶

【校注】

❶ 博學於文三句——已見〈雍也篇〉第二十七章。

【直譯】

孔子說：「廣博地學習（書本上的）知識，再用禮節來約束自己，也就可以不違背正道了吧！」

【新繹】

此章已見〈雍也篇〉第二十七章。請參閱，此不贅述。

第16章

子曰：「君子成人之美，不成人之惡。小人反是。」

【直譯】

孔子說：「君子成全別人的好事，不助長別人的壞處。小人和這個恰好相反。」

【新繹】

此章從人的本性去比較君子和小人的不同。君子居心仁厚，所以看到別人有好的表現，會由衷的讚美，看到別人做錯了，會同情、原諒，或勸誡、糾正，而小人則不同。小人居心叵測，看到別人好就嫉妒，看到別人不好就幸災樂禍或落井下石。

第17章

季康子問政於孔子。孔子對曰：「政者，正也。子帥以正，孰敢不正？」

【直譯】

季康子向孔子請教政治的道理。

孔子答道：「政的意思，就是正呀。您率先來端正自己，還有誰敢不端正？」

【新繹】

孔子教學生，因材施教，對稟性不同的學生有不同的教法，平日與人應對，也常常因人而異，隨機而發。季康子是魯國上卿，位高權重，理當推行正道，可是他卻溺於私利，據邑謀叛，所以當他請教如何為政時，孔子就告訴他說要管理國家眾人之事，應該先從自己做起，己身能正，自然上行下效，沒有人敢不依正道了。

第18章

季康子患盜，問於孔子。孔子對曰：「苟子之不欲，雖賞之不竊。」

【直譯】

季康子擔心盜賊多，向孔子請教。

孔子答道：「只要你不貪求，即使獎勵他們，也不肯偷竊的。」

【新繹】

此章和上章一樣，都有「子帥以正，孰敢不正」的意思。盜賊之起，固然由於其人不知廉恥，但與貧富不均、社會不公也有關係。季康子位居上卿，對於貧富不均、社會不公的現象，當然要負很大的責任。所以孔子告訴他，執政者沒有私欲，盜賊自然就少了。

第19章

季康子問政於孔子，曰：「如殺無道，以就❶有道，何如？」孔子對曰：「子為政，焉用殺？子欲善而民善矣。君子之德風，小人之德草。草上之風，必偃❷。」

【校注】

❶就——接近、歸向。
❷偃——音「演」，倒、披靡。

【直譯】

季康子向孔子請教政治，說：「如果殺死沒有道德的人，來親近有道德的人，怎麼樣？」孔子答道：「您治理政事，何必用到殺戮？假使您真想要好，那麼人民也就好了。執政者的德行像風，老百姓的德行像草。草上有風吹，一定隨風倒。」

【新繹】

以上三章，都是記述孔子回答季康子問政之事。孔子以為政治應該重視禮教，禮教先於法治，而執政者必須以身作則，人民才會聞風景從。此章以風比君子，草比小人，譬喻非常生動。

季孫和孟孫、叔孫三家，專擅魯政，因皆出桓公之後，所以又稱「三桓」。魯政之衰，與「三桓」之貪欲枉法，大有關係，不止季康子一人而已。

第20章

子張問：「士何如斯可謂之達❶矣？」子曰：「何哉，爾所謂達者？」子張對曰：「在邦必聞，在家必聞。」

子曰：「是聞也，非達也。夫達也者，質直而好義，察言而觀色，慮以下人；在邦必達，在家必達。夫聞也者，色取仁而行違，居之不疑；在邦必聞，在家必聞。」

【校注】

❶ 達——顯達、通達。子張從功名上講，所以說是名位顯達；孔子從道理上講，所以說是人情通達。

【直譯】

子張問：「士人要怎樣才可以說他是（顯）達了呢？」孔子說：「什麼意思呀，你所說的（顯）達？」子張答道：「在諸侯國裡一定有名聲，在卿大夫家裡也一定有名聲。」

孔子說：「這是名聲，不是（通）達。這（通）達的意思，是天性正直而且愛好正義，能察人言語而且觀人神色，總是通達人情，想著對人謙讓；因此在諸侯國裡一定（顯）達，在卿大夫家裡也一定（顯）達。這名聲的意思，是表面裝成仁厚，而行為卻相反，而且以仁人自居，毫不懷疑；在諸侯國裡一定求名聲，在卿大夫家裡也一定求名聲。」

【新繹】

此章記孔子向子張解釋「達」與「聞」的不同。「達」是顯達、通達，「聞」是名聲、虛名。

前者是內充於己，誠信自然孚於眾望；後者是只重外表，徒具虛名。二者看似相近，實則大大不同。或許子張為人比較好名，所以孔子藉此規勸他。

第21章

樊遲從遊於舞雩❶之下，曰：「敢問崇德、修慝、辨惑❷。」子曰：「善哉問！先事後得，非崇德與❸？攻其惡，無攻人之惡，非修慝與？一朝之忿❹，忘其身，以及其親，非惑與？」

【校注】

❶ 舞雩——已見前〈先進篇〉第二十六章。
❷ 崇德修慝辨惑——參閱本篇第十章。修慝，消除惡念。慝，音「特」，惡念、怨恨。
❸ 與——同「歟」。下同。
❹ 忿——音「憤」，氣憤。

【直譯】

樊遲跟從孔子遊玩在舞雩的臺下，說：「大膽請教提高品德、消除怨恨、辨別疑惑的方法。」孔子說：「問得好！先去勞動，後去收穫，不就是提高品德嗎？批評自己的缺點，不批評別人的缺點，不就是消除怨恨嗎？為了一時的憤怒，就忘了自己的生命，甚至連累了自己的父母，不就是疑惑嗎？」

【新繹】

此章記孔子教樊遲如何提高品德、消除惡念和辨明迷惑。這三樣都是心性的修養工夫，要從自己做起。凡事都只問耕耘，不計收穫；先檢討自己，不攻擊別人；學習忍耐，不要牽累親人，孔子以為能夠如此，即可積德日新，改過遠禍了。

第22章

樊遲問仁。子曰：「愛人。」問知❶。子曰：「知人。」樊遲未達。子曰：「舉直錯諸枉❷，能使枉者直。」樊遲退，見子夏曰：「鄉❸也吾見於夫子而問知。子曰：『舉直錯諸枉，能使枉者直。』何謂也？」子夏曰：「富哉言乎！舜有天下，選於眾，舉皋陶❹，不仁者遠矣。湯有天下，選於眾，舉伊尹❺，不仁者遠矣。」

【校注】

❶ 知——同「智」。

❷ 舉直錯諸枉——舉直，提拔正直的人。錯，同「措」。錯諸枉，措之於邪曲的人之上。一說，錯為攻錯、糾正。錯諸枉，是說糾正邪曲的小人。

❸ 鄉——音「向」，通「嚮」，不久以前。

❹ 皋陶——音「高遙」，舜的臣子，掌管刑獄之事。

❺ 伊尹——商湯的賢相。名摯，一稱伊摯。尹為官名。助湯滅桀興商，又輔助卜丙、仲壬二王。

【直譯】

樊遲請教仁道。孔子說：「愛人。」請教智慧。孔子說：「知道人的好壞。」樊遲不明白。孔子說：「提拔正直的人，安置他們在邪曲的人上面，就能使邪曲的人變得正直。」

樊遲退了出來，去見子夏說：「剛才我見到我們老師而向他請教智慧，老師說：『提拔正直的人，安置他們在邪曲的人上面，就能使邪曲的人變得正直。』這是什麼意思呢？」

子夏說：「多麼有意義的話啊！舜擁有天下，在群眾中選用人才，提拔了皋陶，沒有仁德的人就離開了。湯擁有天下，在群眾中選用人才，提拔了伊尹，沒有仁德的人也就離開了。」

【新繹】

此章記孔子師生討論仁與智的道理。孔子告訴樊遲說：仁是「愛人」，智是「知人」。樊遲不明白，孔子進一步告訴他：「舉直錯諸枉，能使枉者直。」意思是前者為智，後者為仁。樊遲還是不明白，所以又去請教子夏。子夏長於文獻知識，明白孔子的意思，因此以舜舉皋陶、湯舉伊尹為例，來說明舉用賢才就是智、澤及人民就是仁的道理。由此可見仁與智是一體的，不能分開。樊遲不明白，就是因為將仁智視為二事。

第23章

子貢問友。子曰：「忠告而善導之，不可則止，毋自辱焉。」

【直譯】

子貢請教交朋友的道理。孔子說：「盡心地勸告而且委婉地開導他，不接受就算了，不要自討沒趣。」

【新繹】

此章記孔子教人交朋友的道理。所謂朋友，當然志同道合，一起進德修業，互相勉勵，也互相規勸。此章所言，是就朋友有互相規勸的道理來說的。朋友有過錯時，要忠告他，但需盡其心，善其言，不可過於急切，傷害了朋友的自尊，否則朋友惱羞成怒，反而有違規勸之義了。孔子講中庸之道，隨處可見。

第24章

曾子曰：「君子以文會友，以友輔仁。」

【直譯】

曾子說：「君子用文章學問來結交朋友，靠朋友來輔助自己增進仁德。」

【新繹】

上章孔子所言，其實已有「以友輔仁」之意，此章記曾子談君子交友之道，當係推闡孔子之說而來。《禮記・學記篇》說：「獨學而無友，則孤陋而寡聞。」這是就「以文會友」來說的。上章所言「忠告而善導之」，則是就「以友輔仁」來說。合而觀之，說的正是君子進德修業之事。

【十三】子路篇

本篇共三十章，內容大致與上篇相似，皆論君子仁人修身治國之要，從中可以看出孔子輕耕織而重政教的思想主張。

第1章

子路問政。子曰：「先之，勞之。」請益。曰：「無倦。」

【直譯】

子路請教政治的道理。孔子說：「帶領他們工作，慰勞他們。」子路請求多說一些。孔子說：「不要懈怠。」

【新繹】

此章孔子告訴子路為政之道，在於先之、勞之和不要懈怠。先之，是說自己身先士卒，以身作則；勞之，是說慰勞他們。先之，是在他們工作之前；勞之，是在他們工作之後。舊說：「勞之」是自己先竭力工作，然後才讓別人跟從。如此解釋，與「先之」沒有什麼不同，故不採取。

子路是個性剛直而略嫌急躁的人，這種人好處是有勇有為，壞處是容易煩躁。「先之，勞之」是教子路要好好發揮自己的長處，「無倦」不懈怠是教子路持之有恆，避免過剛易折的毛病。「請益」，要求孔子多說，正見子路個性的急切。孔子的答話簡單，正要子路多思考。

第2章

仲弓為季氏宰❶，問政。子曰：「先有司❷，赦小過，舉賢才。」

曰：「焉知賢才而舉之？」子曰：「舉爾所知；爾所不知，人其舍諸❸？」

【校注】

❶ 宰——古代卿大夫的家臣之長或私邑的總管。

❷ 先有司——在有司之前率先示範。有司，官吏皆職有所司，各有主管的事務。

❸ 人其舍諸——其，通「豈」，難道。舍，同「捨」，捨棄。諸，之乎。

【直譯】

仲弓做了季氏的總管，來請教政治的道理。孔子說：「帶領主管人員工作，寬恕別人的小過失，提拔優秀的人才。」

仲弓說：「怎樣去辨別優秀的人才而提拔他們呢？」孔子說：「提拔你所知道的；你所不知道的，別人難道會捨棄他嗎？」

【新繹】

此章記孔子告訴仲弓（冉雍）為政之道，以及舉用賢才的方法。此章所說的為政之道有三點，比上章要詳細。第一點「先有司」，就是上章所說的「先之，勞之」，自己先以身作則，做好自己該管的事，才容易帶領部屬。第二點是「赦小過」，凡人過錯難免，大過不能寬赦，自然要懲處，但無關緊要的小錯，則不妨原諒，如此則刑不濫而人悅服。第三點是「舉賢才」，舉用賢能的人才，使他們各安其位，各盡其才。子路要去做季氏費邑的總管，這一點很重要，因為總管上下，眾職各有所司，如果所用的人適才適所，那麼就事易舉而已不勞。至於如何舉用賢才，孔子所說的先提拔你所了解的人，也是最合情合理、最簡便易行的方法。

第3章

子路曰：「衛君❶待子而為政，子將奚先❷？」子曰：「必也正名❸乎！」

子路曰：「有是哉，子之迂也！奚其正？」

子曰：「野哉由也！君子於其所不知，蓋闕如也❹。名不正，則言不順；言不順，則事不成；事不成，則禮樂不興；禮樂不興，則刑罰不中❺；刑罰不中，則民無所措手足。故君子名之必可言也，言之必可行也。君子於其言，無所苟而已矣。」

【校注】

❶ 衛君——衛出公，衛靈公太子蒯聵的兒子，名輒。蒯聵因反對靈公夫人南子淫亂，反被驅逐在外，而由輒繼位。其他參閱下文【新繹】部分。

❷ 奚先——何事為先。

❸ 正名——確立名義，把不對的名稱矯正過來。名，事物的名稱。

❹ 蓋闕如也——蓋，大概、應該的語氣。闕如，缺然、空著不說，即存疑。

❺ 中——音「仲」，合、合理。

【直譯】

子路說：「假使衛君等待您去治理國政，您準備什麼事情先做？」孔子說：「一定是矯正名義吧！」

子路說：「有這樣的道理麼，您竟如此迂闊呀！名義哪裡值得矯正呢？」

孔子說：「由真粗野呀！君子對於他所不知道的事情，大概是寧闕存疑不說的。名義不能矯正，那言論就不能合理；言論不能合理，那事情就不能成功；事情不能成功，那禮樂就不能推行；禮樂不能推行，那刑罰就不能得當；刑罰不能得當，那人民就沒有地方擺放手腳了。所以君子用的名義一定可以說出來的呀，說的話一定可以做得到的呀。君子對於他所說的話，沒有地方是隨便的就是了。」

【新繹】

根據《史記．孔子世家》說，魯哀公六年，孔子自楚國到了衛國，當時衛出公已在位。衛出公名輒，是衛靈公的孫子。本來衛靈公死了，應由太子蒯聵繼位，但太子與南子不合，逃亡在外，因而靈公死後，由南子扶立輒為君，即衛出公。衛出公即位之後，不讓蒯聵回國。這就是上文說過的君不君，臣不臣，父不父，子不子。當時孔子的學生，像子路等人，已在衛國做官，可能衛出公有意請孔子執政，所以請子路傳話。孔子所說的「正名」，就是正名分，正名義，亦即正君臣父子的名義，顯然是針對當時衛國的政治情況而發。

孔子重禮，他認為禮不正則名義亂，名義亂則名實不相符，如此為政，則有名無實，文中「名不正，則言不順」等等的情況，勢必發生，到時候賞罰不得當，人民手忙腳亂，又有什麼好處呢？

第4章

樊遲❶請學稼。子曰：「吾不如老農。」請學為圃。曰：「吾不如老圃。」樊遲出。子曰：「小人哉樊須也！上好禮，則民莫敢不敬；上好義，則民莫敢不服；上好信，則民莫敢不用情。夫如是，則四方之民襁負其子❷而至矣，焉用稼？」

【校注】

❶ 樊遲——孔子的學生。名須，字子遲。已見前。

❷ 襁負其子——用襁褓背負著他們的小孩。襁，音「強」，即襁褓的簡稱，包裹幼兒的長布帶。

【直譯】

樊遲請求學種田。孔子說：「我不如老農夫。」請求學種蔬菜。孔子說：「我不如老菜農。」樊遲退了出去。孔子說：「小人物啊，樊須這個人！在上位的人愛好禮節，那麼人民就沒有人敢不尊敬；在上位的人愛好正義，那麼人民就沒有人敢不服從；在上位的人愛好誠信，那麼人民就沒有人敢不用真心待人。假使能夠這樣，那麼四方的百姓，都會用長的布帶背著他們的孩子來歸順了，何必自己種田呢？」

【新繹】

此章記孔子教人志向要遠大。孔子之教導學生，是要他們接受文武合一的完整教育，不僅在學識上要不斷的充實，而且在品德上也要不斷的提升，以期學成之後，可以出來服務社會，為國家做事。因此，孔子所期望於學生的，是要他們做士大夫，不是要他們去耕田種菜；是要他們講求禮義信用，導正百姓，不是要他們只求生活上的滿足。

樊遲的提問，是不是反映了當時已有人批評讀書人四體不勤、五穀不分，無從得知，但孔子不當面對樊遲說教，卻反而向其他學生解釋，顯然是想藉此開導所有學生立志的重要。

第5章

子曰：「誦《詩》三百❶，授之以政，不達；使於四方，不能專對❷；雖多，亦奚以為？」

【校注】

❶《詩》三百——即《詩經》，孔子的教材之一。當時只稱《詩》，三百，取其成數而言。

❷專對——擅於應對。當時的外交場合，各國君臣都常利用《詩經》斷章取義，來表達心中的意願。

【直譯】

孔子說：「讀了《詩經》三百篇，把政事交給他，不能辦好；派他到四方各國去，不能自己妥善應對；雖然讀得多，又有什麼用處？」

【新繹】

《詩經》是春秋時代諸侯各國必讀書之一，在很多重要的外交或內政場合，與會者常藉賦誦其中若干篇章來表示自己的意願。所以孔子曾說：「不學《詩》，無以言。」這裡的《詩》，是指《詩經》，「言」是指外交辭令。也因此孔子以之做為教導學生的主要教材。在這樣的目標之下，孔子此章之中特別強調了學以致用的重要。

第6章

子曰：「其身正，不令而行；其身不正，雖令不從。」

【直譯】

孔子說：「（在上位的人）他自己行為端正，不必下命令就能行得通；他自己行為不端正，即使下命令，人民也不服從。」

【新繹】

孔子一向強調德治、禮治，亦即以德治國，按禮行事。此章和上文〈顏淵篇〉所說的「子帥以正，孰敢不正？」、「君子之德風，小人之德草。」等等一樣，都是強調執政者必須以身作則，正道而行。

第7章

子曰：「魯、衛❶之政，兄弟也。」

【校注】

❶衛——國名，姬姓。始封周武王弟康叔。魯定公十三年（西元前四九七年），孔子至衛，受到衛靈公禮遇。魯哀公七年（西元前四八八年），再度赴衛，弟子多人出仕。孔子在衛前後約十年。

【直譯】

孔子說：「魯國、衛國的政治，像兄弟一樣。」

【新繹】

魯國是周公旦的封地，衛國是康叔的封地。周公和康叔都是周武王的弟弟，而且二人之間，關係非常親近，因此稱二國為兄弟之國，一點也不假。但這裡強調的是「魯、衛之政」，就孔子當時的政壇情況來看，魯、衛二國的政治是同樣衰微不振的，也因此孔子有此感嘆。

也有人以為孔子曾說：「魯一變，至於道」，又曾經五次到衛國，居衛時還曾說衛國多君子：「三年有成」，足見此章乃期許之語，未必是感嘆之辭。此亦有其道理，可備一說。

第8章

子謂衛公子荊❶善居室：始有，曰：「苟❷合矣。」少有，曰：「苟完矣。」富有，曰：「苟美矣。」

【校注】

❶ 衛公子荊——衛國的公子，名荊。因魯國也有公子荊，故加「衛」以示區別。

❷ 苟——差不多，但這裡又含有「足夠」的意思。下同。

【直譯】

孔子談到衛國公子荊，說他很會居家過日子；剛有一些，就說：「差不多夠用了。」稍有一些，就說：「差不多夠完備了。」多有一些，就說：「差不多夠完美了。」

【新繹】

衛國公子荊生活儉約，為人謙遜，和當時衛國在上位者的奢侈風氣大不相同，不但孔子在此稱許他，《左傳．襄公二十九年》吳季札提到他時，也說他是衛國的君子人物。文中的「苟」，是聊且、差不多的意思，這應該是衛公子荊說話時一種謙虛的語氣。但譯為白話，說「差不多」完備或近乎完美了，卻容易引人誤會他，似乎還有所企求。所以我以前曾經把「苟」譯成「夠」、「很」，認為上下文氣比較順。

第9章

子適❶衛，冉有僕❷。子曰：「庶❸矣哉！」

冉有曰：「既庶矣。又何加焉？」曰：「富之。」

曰：「既富矣，又何加焉？」曰：「教之。」

【校注】

❶ 適——往、前往。

❷ 僕——駕車。

❸ 庶——眾。指人口眾多。

【直譯】

孔子到衛國去，冉有替他駕車子。孔子說：「人口真多呀！」冉有說：「已經人口眾多了，還有什麼要增加的呢？」孔子說：「讓他們生活富裕。」冉有說：「已經生活富裕了，還有什麼要增加的呢？」孔子說：「教育他們。」

【新繹】

此章可見孔子主張人民應先富後教。先讓人民生活安定、富足，然後才接受教育。《孟子．梁惠王篇上》說的：「是故明君制民之產，必使仰足以事父母，俯足以畜妻子，樂歲終身飽，凶年免於死亡，然後驅而之善。」道理正同。事實上，這是很多古代政治思想家的共同主張，像《管子．治國篇》中也說：「倉廩實而知禮節，衣食足而知榮辱。」否則謀衣食而恐不足，救死傷而恐不贍，哪裡還有空閒去講禮義呢？

第10章

子曰：「苟有用我者，期月❶而已，可也；三年有成。」

【校注】

❶ 期月——滿一週年的同個月份，即滿一年。期，音「基」，同「朞」。

【直譯】

孔子說：「只要有肯用我的，一年罷了，就可以過得去；三年便有成績。」

【新繹】

根據《史記．孔子世家》記載，這是孔子在衛國時，因衛靈公不能用他而發的感嘆之言。孔子這樣說，一方面表現了他積極的用世態度，另一方面也表現了他懷才不遇的感慨。

第11章

子曰：「『善人為邦百年，亦可以勝殘去殺矣。』❶誠哉是言也！」

【校注】

❶ 善人為邦百年二句——孔子引述的古代成語，出處不詳。

【直譯】

孔子說：「『好人治理國家一百年，也就可以感化殘暴的人，去除殺虐的刑法了。』說得對呀這句話！」

【新繹】

此章孔子引用古訓來說明善人為政，社會風氣才會改善。上文〈先進篇〉第二十章，說子張問「善人之道」，孔子回答：「不踐跡，亦不入於室。」意思是說不遵循古代善人的腳步，就不能登堂入室。可以與此章合讀。

第12章

子曰：「如有王者❶，必世❷而後仁。」

【校注】

❶ 王者——這裡指推行仁政的君王。

❷ 世——古人說三十年為一世。

【直譯】

孔子說：「假如有實行王道的人，也一定要過三十年，然後才可以實行仁道。」

【新繹】

此章和上章都是說社會風氣的改善，很不容易，也急不來，都必須有善人和王者領導才有可能。善人領導，要百年才能改善，而行仁道的王者來領導，也需要一世三十年。比較起來，可見在孔子心目中，王者的影響力仍然比善人大得多。只是善人和王者究竟在哪裡呢？孔子沒有說。他的言下之意，似乎有期許，也有無可奈何的感嘆。

第13章

子曰：「苟❶正其身矣，於從政乎何有❷？不能正其身，如正人何❸？」

【校注】

❶ 苟——假使、只要。

❷ 於從政乎何有——對於從政啊，何難之有。何有，何難之有。

❸ 如正人何——如何正人。

【直譯】

孔子說：「假使能夠端正他本身的行為，在從事政治時，何難之有？不能端正他本身的行為，又如何去端正別人呢？」

【新繹】

這仍然是強調在上位者，必須以身作則，和第六章所說，是相同的道理。

第14章

冉子退朝❶。子曰：「何晏❷也？」對曰：「有政。」子曰：「其❸事也。如有政，雖不吾以❹，吾其與聞之。」

【校注】

❶ 冉子退朝——冉子，指冉有；時為季氏家臣。朝，這裡指季氏家中的私朝。

❷ 晏——遲、晚。

❸ 其——指季氏。

❹ 雖不吾以——以，用。是說雖然不再任用我。

【直譯】

冉子辦公下班回來。孔子說：「為什麼回來晚了？」答道：「有公家政務。」孔子說：「大概是大夫家的事務吧。如果有國家政務，雖然現在不任用我了，我應該也會參與聽得到它。」

【新繹】

此章記冉有當季氏家臣時，將「政」與「事」混為一談，孔子規正他，說明了孔子對「正名」的重視。

這裡的「政」指國政而言，「事」指家事而言。前者指國君的教令，後者指卿大夫的教令，這有如我們今天所稱的「政務官」和「事務官」一樣，是有區別的。政務重在決策，事務重在執行。冉有當時為季氏家臣，應該只是執行任務，而非參與決策。按禮，大夫雖不管事，但猶得與聞國政，像《左傳・哀公十一年》記載季氏為田賦之事，即曾徵詢孔子的意見，說過「子為國老，待子而行」的話。可見孔子雖不見用，但當時確實可以與聞國政。

第15章

定公問：「一言而可以興邦，有諸❶？」

孔子對曰：「言不可以若是其幾❷也。人之言曰：『為君難，為臣不易。』如知為君之難也，不幾乎一言而興邦乎？」

曰：「一言而喪邦，有諸？」

孔子對曰：「言不可以若是其幾也。人之言曰：『予無樂乎為君，唯其言而莫予違❸也。』如其善而莫之違也，不亦善乎？如不善而莫之違也，不幾乎一言而喪邦？」

【校注】

❶ 有諸——有這樣的道理嗎。諸，「之乎」二字的合音。之，可以指事物，也可以指道理。

❷ 幾——音「基」，通「期」，期望、企求。

❸ 莫予違——沒有人敢違抗我。予，我。

【直譯】

魯定公問：「一句話就可以興盛國家，有這樣的話嗎？」

孔子答道：「說話不可以像這樣子的來企盼呀。有人說過這樣的話：『做君王困難，做臣子也不容易。』如果知道做君王的困難，不是幾乎因這一句話就可以興盛國家嗎？」

定公又問：「一句話就會滅亡國家，有這樣的話嗎？」

孔子答道：「說話不可以像這樣子的來企盼呀。有人說過這樣的話：『我做君王沒有什麼快樂，只是自己說的話，卻沒有人違抗而已。』如果他說得對而沒有人違抗它，不是也很好麼？如果說得不對卻沒有人違抗，不是幾乎因為這一句話就會滅亡國家嗎？」

【新繹】

此章記述孔子和魯定公討論一言興邦、一言喪邦的道理。「為君難，為臣不易。」這一句話，對君王來說，讓他知道治國不容易，必須事事小心，戰戰兢兢，一點也不能疏忽；對臣子來說，大家都能體會君王難為，因而同心協力，襄佐君上。能夠如此，國家因這句話真的可能就興盛起來了。反之，君王知道大家「唯其言而莫予違也」，即使他做錯事，也沒有人敢違抗他的命令，如此一來，他雖胡作非為，而大家都噤聲不諫，不是真的可能因「莫予違也」這句話而喪邦嗎？

孔子不正面去批評魯定公，卻在答話之間隱寓諷諫之意，真可謂是善諷而得體。

第16章

葉公❶問政。子曰：「近者說❷，遠者來。」

【校注】

❶ 葉公——楚國的大夫。已見〈述而篇〉第十九章。葉，音「社」。

❷ 說——同「悅」。

【直譯】

葉公請教政治的道理。孔子說：「使近處的人安樂，使遠方的人歸附。」

【新繹】

此章記孔子勸葉公為政，要行仁政，得民心。《墨子．耕柱篇》和《韓非子．難三》都同樣有葉公子高問政於仲尼的記載。《墨子．耕柱篇》說孔子的回答是：「遠者近之，而舊者新之」，《韓非子．難三》說孔子的回答是：「葉，都大而國小，民有背心，故曰政在悅近而來遠。」這些資料都可以拿來和本章合讀。

第17章

子夏為莒父❶宰，問政。子曰：「無❷欲速，無見小利。欲速，則不達；見小利，則大事不成。」

【校注】

❶ 莒父——音「舉甫」，魯國地名，在今山東省高密市東南。

❷ 無——同「毋」，不要、不可。下同。

【直譯】

子夏做了莒父這地方的邑宰，來請教政治的道理。孔子說：「不要貪快，不要只顧小利。貪快，就不能達到目的；只顧小利，那麼大事就不能成功。」

【新繹】

此章記孔子告誡子夏為政不可貪快速、貪小利。處理政事，有一定的程序，貪求快速則往往考慮不周或越序躁進，反而敗事。貪求小利，則往往心有旁騖，因小失大，反而吃大虧，不能達到預期的目標。

第18章

葉公語孔子曰：「吾黨有直躬者❶，其父攘❷羊，而子證❸之。」

孔子曰：「吾黨之直者異於是；父為子隱，子為父隱。直在其中矣。」

【校注】

❶ 吾黨有直躬者——黨，鄉黨、鄰里。直躬，端正自己的行為。直躬者，指某個行為端正的人。

❷ 攘——竊取、掩取。與盜、偷不同，攘是別人的羊來到自己的家，卻佔為己有。

❸ 證——告發、證實。

【直譯】

葉公告訴孔子說：「我鄉里有個行為正直的人，他父親竊取了別人家的羊，他卻出來證實這件事。」

孔子說：「我鄉里的正直者和這個人不一樣；父親替兒子隱瞞，兒子替父親隱瞞。正直就在這裡面了。」

【新繹】

此章記孔子和葉公討論正直的道理。葉公說有人告發自己的父親偷了羊，這個人的行為非常正直。孔子卻以為這個人違背了常情，不算正直。因為法理不外人情，所謂法令、道理，都是順乎人情來制定的，如果不合人之常情，法令、道理就很難實施。父子間的親情，是人類的天性，一旦對方有事，關心、解救都唯恐不及，哪裡還有工夫想到檢舉告發？儒家和法家的不同，就在這裡。傳說中的瞽叟殺人，舜竊負而逃，也就是古代「子為父隱」的一個例子。

第19章

樊遲問仁。子曰：「居處❶恭，執事敬，與人忠。雖之❷夷狄，不可棄也。」

【校注】

❶ 居處——生活起居之事。處，讀上聲（音「楚」）。

❷ 之——往。

【直譯】

樊遲請教仁道。孔子說：「日常起居要恭謹，執行工作要慎重，對待別人要忠實。即使到野蠻未開化的地方去，也不可以捨棄。」

【新繹】

此章記孔子告訴樊遲所謂仁道，應該從日常生活中做起。做人要莊重，做事要認真，待人要忠誠，這三點說易而行難，孔子希望樊遲確實做去。這裡並沒有談到執政為仁的問題。同樣回答仁的道理，孔子每因對象不同，稟性不同，而有不同的答案。這就是所謂因材施教。

有人認為書中記樊遲問仁，總共有三次。除此章之外，分別見於〈雍也篇〉和〈顏淵篇〉。孔子的回答，三次都不一樣，可能和樊遲請教時的環境背景不同有關。甚至有人根據孔子回答的內容，認為此章所論，都與「行」有關，因而主張首句改為「樊遲問行」。

第20章

子貢問曰：「何如斯可謂之士矣？」子曰：「行己有恥，使於四方，不辱君命，可謂士矣。」

曰：「敢問其次？」曰：「宗族稱孝焉，鄉黨稱弟❶焉。」

曰：「敢問其次？」曰：「言必信，行必果，硜硜然❷小人哉！抑亦可以為次矣。」

曰：「今之從政者何如？」子曰：「噫！斗筲❸之人，何足算❹也？」

【校注】

❶ 弟——同「悌」，敬事兄長。

❷ 硜硜然——像堅硬碰擊的小石頭那樣。硜，音「坑」，石頭碰擊的聲音。

❸ 斗筲——形容器量窄小。斗，十升的容器。筲，音「稍」，二升或五升的容器。

❹ 算——數、論。定州簡本作「數」。

【直譯】

子貢問道：「怎麼樣才可以說他是個士人呢？」孔子說：「自己做事有羞恥心，出使到四方的諸侯國去，不會辱沒君上的任務，就可以說是士人了。」

子貢說：「冒昧再問次一等的。」孔子說：「宗族的人稱讚他孝順父母，鄉里的人稱讚他敬愛兄長。」

子貢說：「冒昧再問次一等的。」孔子說：「說話一定信實，做事一定果斷，這是像石頭硬硜硜那樣、見識固執淺陋的人呀！但也可以說是次一等的了。」

子貢說：「現在從政的士人怎麼樣？」孔子說：「唉！像斗筲一般器量狹小的人，哪裡能夠算數呢？」

【新繹】

孔子告訴子貢，士有三種不同身分：一是在執行政事時，要有榮譽感，派到外國去，要能完成使命；二是在宗族鄉黨裡，要講孝悌之道，孝順父母，友愛兄弟；三是平日閒居時，說話要誠實，做事要果斷，雖然像個小人物，也須自重。這三種不同的身分，也代表三種有高下之分的不同層次。至於等而下之的士人，孔子就不予評論了。從這裡我們可以看到孔子對他所教導的學生的期許。

第21章

子曰：「不得中行而與之，必也狂狷乎！狂者進取，狷者有所不為也。」

【直譯】

孔子說：「不能找到合乎中正之道的人而跟他交往，那一定也要找到狂放和孤介的人吧！狂放的人有進取心，孤介的人有的事情不肯做。」

【新繹】

此章承上章之後，應該也是孔子分當時的士人為三種類型：一是行為不偏不倚，能行中庸之道的人，這種人最難得；第二、三種是狂者和狷者。狂者雖然失之狂，但志向遠大，故知進取；狷者雖然孤介，但重氣節，故有所不為。雖然過猶不及，但都還有可取之處。

第22章

子曰：「南人❶有言曰：『人而無恆，不可以作巫醫❷。』善夫！」「不恆其德，或承之羞。」❸子曰：「不占而已矣。」

【校注】

❶ 南人——南方人，泛指吳、楚等南國之人。古人地域觀念濃厚，常區分南北。

❷ 巫醫——巫師為人接神除邪，醫師為人治療疾病。但古代常常一人兼而有之。

❸ 不恆其德二句——見於《易經．恆卦》爻辭。意思是：不篤守自己的德性，有時會因此招來羞辱。

【直譯】

孔子說：「南方人有句話說：『人假使沒有恆心，就不可以成為巫醫。』這話說得好呀！」《易經》上說：「不恆其德，或承之羞。」孔子說：「這是教沒有恆心的人不用去占卜罷了。」

【新繹】

此章記孔子教人不可無恆心恆德。所謂「人而無恆，不可以作巫醫。」究竟是誰說的，現在已無從查考，「不恆其德，或承之羞。」則見於《易經．恆卦》九三的爻辭。這裡所說的恆心恆德，除了有今天所謂耐心的意義之外，還兼指要有一定的操守。因為巫醫在古代雖然職位低，但大家靠他們交接鬼神，治療疾病，假使他們沒有耐心，即是對鬼神不敬；沒有醫德，即是對人們不利。

第23章

子曰：「君子和而不同，小人同而不和。」

【直譯】

孔子說：「君子中正和平卻不黨同附和，小人黨同附和卻不中正和平。」

【新繹】

此章記孔子教人從與人交往方面來辨別君子和小人的不同。在春秋時代，「和」用來指道義相交，「同」用來指利害結合，二者是相對立的。可是戰國時代以後，這兩個字的用法，意義就逐漸接近了。

第24章

子貢問曰：「鄉人皆好之，何如？」子曰：「未可也。」「鄉人皆惡之，何如？」子曰：「未可也。不如鄉人之善者好之，其不善者惡之。」

【直譯】

子貢問道：「地方上的人都喜歡他，這個人怎麼樣？」孔子說：「還不行啊。」「地方上的人都討厭他，這個人怎麼樣？」孔子說：「也不行啊。不如地方上的好人都喜歡他，那些不好的人都討厭他。」

【新繹】

此章孔子教人如何辨別好人與壞人。一個人如果有節操，講是非，固然會贏得別人的讚美，但也一定會得罪小人，被誹謗攻訐。相反的，一味討好別人，不講是非，不辨善惡的人，小人固然會喜歡他，但有正義感的君子一定瞧不起他。孔子告訴我們要認識好人或壞人，不能輕信片面之詞。

第25章

子曰：「君子易事而難說❶也。說之不以道，不說也；及其使人也，器之❷。小人難事而易說也。說之雖不以道，說也；及其使人也，求備焉。」

【校注】

❶ 易事而難說——事，侍候、對待。說，同「悅」，也作取悅講。下同。

❷ 器之——器重他所用的人。

【直譯】

孔子說：「君子容易事奉卻難以討好。討好他不照正道，他不會喜歡；但等到他用人，卻能器重各種人才。小人難以事奉卻容易討好。討好他雖然不照正道，他也喜歡；但等到他用人，卻求全責備。」

【新繹】

此章孔子教人如何辨別君子和小人。是從他屬下的觀點來立論的，可見這裡所說的君子，是指品德的問題。一個在上位者，如果能篤守正道，在他手下做事，只要照規矩就可以了，不必討好他。反之，品德不佳的上位者，不守正道，只喜歡屬下曲意奉承，那就與小人無異了。

第26章

子曰：「君子泰而不驕，小人驕而不泰。」

【直譯】

孔子說：「君子安泰卻不驕傲，小人驕傲卻不安泰。」

【新繹】

此章孔子教人從待人的態度方面去辨別君子和小人。泰是安詳舒放的樣子，驕是傲慢自大的樣子，二者固然不同，但並不容易區別。因為安泰者不會刻意示好，容易被誤會為驕傲。

第27章

子曰：「剛、毅、木、訥，近仁。」

【直譯】

孔子說：「剛正、堅毅、樸實、遲鈍，都接近仁德。」

【新繹】

剛者無欲，毅者有恆，這是實踐仁道的人必備的工夫。木者質樸，訥者遲鈍，與巧言令色相對，雖然不夠聰明，失之笨拙，但反而可以篤守道德，近於仁人。

第28章

子路問曰：「何如斯❶可謂之士矣？」

子曰：「切切偲偲❷，怡怡如也，可謂士矣。朋友切切偲偲，兄弟怡怡。」

【校注】

❶ 何如斯——何如、怎麼樣。斯，才、就。

❷ 切切偲偲——朋友之間互相切磋勉勵。切切，懇切的樣子。偲偲，周詳的樣子。偲，通「思」。

【直譯】

子路問道：「怎麼樣才可以說他是個士人呢？」

孔子說：「切磋勉勵，和和順順的樣子，就可以說是士人了。同學朋友要互相切磋勉勵，兄弟之間要和和順順。」

【新繹】

孔子因材施教，同樣的問題，對不同的學生有不同的教法。上文第二十章答子貢問何謂士人，孔子的回答是「行己有恥，使於四方」等等，其中第三類「言必信，行必果」比較接近子路的為人，但也不敢肯定。此章回答子路，對朋友要切磋勉勵，對兄弟要和和順順，都與子路平日的為人過於剛直自信確然有關。

第29章

子曰：「善人教民七年，亦可以即戎❶矣。」

【校注】

❶ 即戎——從軍作戰的意思。即，就。戎，兵器、與戰爭有關的事物。定州簡本「即」作「節」。節戎，節制戰爭的意思。與從軍作戰正好相反。

【直譯】

孔子說：「賢人教導人民七年，也就可以叫他們從軍作戰了。」

【新繹】

古代國君認為祭祀和戰爭是國家的大事，不能不慎重。此章所說的「教民」，並非只指軍事訓練而言。朱熹說是：「教之以孝悌忠信之行，務農講武之法。」應是恰當的解釋。至於「七年」，不知何據，應是估計的數字。七與十古字形體近似，有人說七為十字之誤寫，以合後世所謂「十年生聚、十年教戰」之數，但也只是臆測而已。

第30章

子曰：「以不教民戰❶，是謂棄之。」

【校注】

❶ 以不教民戰——用不教之民去作戰的意思。不教民，不曾受過教導訓練的人民。

【直譯】

孔子說：「用沒有受過訓練的民眾去作戰，這就叫做糟蹋他們。」

【新繹】

此章應結合上章一起看，孔子認為戰爭的成敗，在於平時的訓練。訓練除了孝悌忠信之行、務農講武之法以外，還包括國君在不同季節所舉行的蒐獮活動等等。平日多習戰，真正戰爭時才不會慌張。否則那就真的無異於驅田里之民而置諸死地了。

【十四】憲問篇

本篇共四十四章，論王道霸政之跡、諸侯大夫之行，其中論知恥行仁、修身安民等等，皆為政之大節。朱熹把第一章「克伐怨欲」以下另立一章，第二十六章「曾子曰」以下另立一章，第三十七章「子曰作者七人矣」另立一章，故題四十七章。有人懷疑此篇為原憲所記。

第1章

憲問恥。子曰：「邦有道，穀❶；邦無道，穀，恥也。」「克、伐、怨、欲不行❷焉，可以為仁矣？」子曰：「可以為難矣，仁，則吾不知也。」

【校注】

❶ 穀——原指米糧，這裡借指俸祿。

❷ 不行——能克制不使發生。

【直譯】

原憲請教恥的意義。孔子說：「國家上軌道，可以做官得俸祿；國家不上軌道，也一樣做官得俸祿，是可恥的。」「好勝、自誇、怨恨、貪求這些毛病都不曾出現，就可以說是仁了吧？」孔子說：「可以說是難得的了，但是不是仁，那我還不知道。」

【新繹】

憲，即原憲，字子思。《史記．仲尼弟子列傳》引述此章，即作「子思問恥」。有人懷疑此篇為原憲所記，故篇首稱憲而不稱姓。

「邦有道，穀」等句，與〈泰伯篇〉第十三章所說的：「邦有道，貧且賤焉，恥也；邦無道，富且貴焉，恥也。」是一樣的意思。穀指俸祿而言，因為古代官薪是以米穀來計算的。國家政治上軌道，做官享受俸祿，當然沒問題；如果不上軌道，自己還戀棧富貴，貪圖享受，那就不應該了。這種觀念的養成，和克己復禮的修養息息相關。下面所說的「克、伐、怨、欲」這四種毛病能夠克制，不使它們發作，也與克己復禮的修養有關。但只克制這四種毛病，細究之，不過是只做到「克己」的工夫而已，還沒有能夠「復禮」。因此孔子說這樣的人雖然難得可貴了，但仍然不能夠稱為仁人。

第2章

子曰：「士而懷居，不足以為士矣。」

【直譯】

孔子說：「士人假如貪戀安逸的生活，就不能夠稱為士人了。」

【新繹】

此章孔子教人要志向遠大，不可貪圖生活上的享受。「居」指閒居時的悠閒安樂。此章所言，和〈里仁篇〉第九章所說的：「士志於道，而恥惡衣惡食者，未足與議也。」是一樣的道理。

第3章

子曰：「邦有道，危❶言危行；邦無道，危行言孫❷。」

【校注】

❶ 危——高而不安的樣子。古人也用來形容言行的正直，例如正襟危坐等等。

❷ 孫——同「遜」，謙卑的意思。

【直譯】

孔子說：「國家上軌道時，可以正直地說話，正直地做事；國家不上軌道時，正直地做事，說話卻要謙遜。」

【新繹】

此章孔子教人處世之道。他以為行為關乎節操，不論國家政治上不上軌道，都應該直道而行，但在亂世危邦之中，為了遠禍全身，說話不妨委婉一些。

用現代的話講，邦有道時，可以唱唱高調，即使危言聳聽也無所謂，也可以特立獨行；邦無道時，雖然可以特立獨行，但言論務必謹慎小心，以免引來禍端。

第4章

子曰：「有德者必有言，有言者不必有德。仁者必有勇，勇者不必有仁。」

【直譯】

孔子說：「有道德的人一定有口才，有口才的人不一定有道德。有仁德的人一定有勇氣，有勇氣的人不一定有仁德。」

【新繹】

有仁德的人，一切言行發自內心，說到就能做到，所以說他有口才，有勇氣。這裡所謂「有口才」，是指言論足以感動人心。但有口才的人，有的只是花言巧語，言行不能一致，而有勇氣的人，有的也只是一時的血氣之強而已，未必真的果敢。孔子的觀察，非常深入，值得參考。

第5章

南宮适❶問於孔子曰：「羿❷善射，奡❸盪舟，俱不得其死然。禹、稷❹躬稼而有天下。」夫子不答。南宮适出，子曰：「君子哉若人！尚德哉若人！」

【校注】

❶ 南宮适——就是南容。見〈公冶長篇〉第二章。适，音「括」。

❷ 羿——音「異」，人名，又叫后羿。相傳是夏代有窮國的君主。是射箭能手，後為臣子寒浞殺死。

❸ 奡——音「傲」，人名。字也寫作「澆」。相傳是夏代寒浞的兒子。擅長水戰。

❹ 禹稷——禹，夏朝開國的始祖。稷，周朝的始祖，名棄，也稱后稷。他們都起於田畝之間。

【直譯】

南宮适向孔子問道：「羿擅長射箭，奡（擅長）划船水戰，都沒有得到好死。禹和稷親自耕種務農，卻得到了天下。（為什麼？）」孔子沒有回答。

南宮适出去後，孔子說：「真是個君子啊，這個人！真崇尚道德啊！這個人！」

【新繹】

談論古代歷史，重在鑑古而知今。從〈公冶長篇〉第二章，我們知道南容是個謹慎的人，「邦有道，不廢；邦無道，免於刑戮。」因此他向孔子請教羿、奡、禹、稷所以興亡的原因，一定有所指於當代，也因此孔子不便回答。羿、奡有勇力卻敗亡，禹、稷躬耕勸農，反而得了天下。主要的原因，在於是不是以德治國而已。

第6章

子曰：「君子而不仁者有矣夫，未有小人而仁者也。」

【直譯】

孔子說：「是君子卻不具仁德的人有的吧，但還沒有是小人卻有仁德的啊。」

【新繹】

此章記孔子從仁德上去區別君子和小人。這裡的「君子」，指居上位的人。居上位的人，通常講求仁德，但也有德行不佳的。而所謂小人，孔子以為必定是沒有仁心德行。

第7章

子曰：「愛之，能勿勞乎？忠焉，能勿誨乎？」

【直譯】

孔子說：「愛惜他，能不憂勞嗎？忠心他，能不教誨嗎？」

【新繹】

這裡的「之」、「焉」，都是指示代名詞，但指的對象究竟是什麼人什麼事，則不得而知。「愛」可以解釋為「愛惜」或「愛護」。愛惜某個人當然會常為他憂慮事情；但如果是愛護的話，按古人「勞則思，思則善心生」的想法，就是要多使他勞動，使他從不斷的勞動中學習成長，否則過於愛惜他，可能會愛之適足以害之，使他經不起任何挫折或失敗。「忠焉」當然可指忠於某人某事，盡心盡力，既然盡心盡力，一旦看到他有過失，自然要教誨或勸告。這就是所謂有過則改，無則加勉。

第8章

子曰：「為命，裨諶❶草創之，世叔❷討論之，行人子羽❸修飾之，東里子產❹潤色之。」

【校注】

❶ 裨諶——音「脾臣」，鄭國大夫。

❷ 世叔——鄭國大夫，名游吉。

❸ 行人子羽——古代稱外交官為行人。子羽，鄭國大夫公孫揮的字。

❹ 東里子產——東里，地名，在今河南省鄭州市。子產，就是鄭國大夫公孫僑。子產因為住在東里，故以為號。

【直譯】

孔子說：「（鄭國）創制的公文，裨諶為它擬草稿，世叔審議它，外交官子羽修飾它，東里子產潤色它。」

【新繹】

此章記孔子稱許鄭國的外交官員及其辭令。春秋時代諸侯國之間，來往頻仍，而且非常重視外交辭令及禮儀。此章所提到的裨諶、世叔、子羽、子產，都是鄭國的大夫，因此，開頭的「為命」自是指鄭國的外交文書。孔子說看到的鄭國外交文書，都善於辭令，應是經過上述幾位鄭國大夫的審慎參與，因此非常精密妥當。

第9章

或問子產。子曰：「惠人❶也。」

問子西❷。曰：「彼哉❸！彼哉！」

問管仲。曰：「人也。奪伯氏駢邑三百❹，飯疏食，沒齒❺無怨言。」

【校注】

❶ 惠人——慈惠寬厚的人。孔子曾說子產「養民也惠」，見〈公治長篇〉第十六章。

❷ 子西——春秋時代有三個子西，一是鄭國的公孫夏，即子產的同宗兄弟；二是楚國的鬥宜申；三是楚國的公子申。不知何指。朱熹以為指楚公子申而言。

❸ 彼哉——是不知如何批評之語。

❹ 奪伯氏駢邑三百——伯氏，齊國的大夫，名偃。駢邑，地名，定州簡本作「屏邑」，在今山東省臨朐縣一帶。齊桓公削奪了伯氏的采邑三百戶，封給管仲。

❺ 沒齒——終身、到死為止。

【直譯】

有人問子產這個人怎麼樣。孔子說：「是個慈惠的人。」問起子西。孔子說：「他呀，他呀！……」問起管仲。孔子說：「是個仁人呀。他奪取了伯氏在駢邑的三百戶封地，使伯氏只能吃粗米飯，可是到死也沒有怨恨的話語。」

【新繹】

此章記孔子比較子產、子西、管仲三個賢相的為人。子產是鄭國的賢相，〈公治長篇〉中曾有介紹。孔子到過鄭國，知其為人，有「君子之道」，不但「行己也恭」、「事上也敬」，而且「養民也惠」、「使民也義」。其中「養民也惠」一項，與此章的「惠人也」是可以合看的。子西，據朱熹說，應指楚國賢大夫公子申。他在楚平王死時執政，得到大眾的擁護，想立之為王，可是他不肯，仍讓位給楚昭主。這種讓位之德，是仁者的表現，不過也由於他的讓位，導致後來楚國發生「白公之亂」，同時也由於他曾經阻止楚昭王任用孔子，所以孔子不知要如何評論他，只能說：「他呀，他呀！……」管仲則是齊國的賢相，他輔佐齊桓公稱霸諸侯，桓公尊之為「仲父」。孔子的學生曾經質疑管仲不是仁者，說他追隨公子糾，公子糾被齊桓公殺死時，管仲不但沒有殉難，還去輔佐齊桓公。孔子卻認為管仲輔佐齊桓公九合諸侯，一匡天下，使天下沒有戰爭，那是行仁的表現。此章還特別強調齊桓公曾經奪取另一位齊大夫伯氏的駢邑三百戶，封給管仲，伯氏竟然也佩服管仲功在國家，自己生活雖大不如前，卻至死不怨管仲，藉此來說明管仲是如何的賢明。

本章第三段孔子說管仲是「人也」，這個「人」字，應即「仁人」之謂。理由見本篇第十六、十七兩章。可見孔子在這裡是將鄭國、楚國、齊國的三位賢相相提並論，分別給予不同的評價。

第10章

子曰：「貧而無怨、難；富而無驕、易。」

【直譯】

孔子說：「貧窮卻不怨恨，比較困難；富有卻不驕傲，比較容易。」

【新繹】

此章記孔子感嘆君子固窮的不易。一個人富貴時，心情好，要他不驕傲，那樣更容易得到別人的讚美，所以比較容易做得到；而在貧窮時，心態不易平衡，稍不如意，就會怨天尤人。這些都是人之常情。也因此，顏回能夠安貧樂道，孔子就許之為好學；南容能夠安貧樂道，孔子就把哥哥的女兒嫁給他。

第11章

子曰：「孟公綽❶為趙、魏老❷則優，不可以為滕、薛❸大夫。」

【校注】

❶孟公綽——魯國的大夫，孟氏支族。生當魯襄公、昭公之世。

❷趙魏老——趙、魏這兩家，原來都是晉國的上卿。當時他們的采邑，在今河北、山西境內。晉國原有六卿，後來互相併吞，成為韓、趙、魏三國。老，這裡指古代大夫的家臣之長。

❸滕薛——當時魯國附近的兩個小國，都在今山東省滕縣西南一帶。

【直譯】

孔子說：「孟公綽做趙氏魏氏的家臣總管，是有餘裕的，卻不能讓他做滕國、薛國的大夫。」

【新繹】

此章記孔子評量魯國大夫孟公綽的優缺點，說明任職做官，都須適才適所。孟公綽這個人，從下一章孔子說他「不欲」來看，應該是個清心寡欲的人，所以如趙、魏這些比較財大地大的上卿國家，請他去做家臣之長，不會有問題；但他的好處雖是寡欲不貪財，卻缺乏決策的能力，不能自己下判斷，因此像滕、薛這樣的小國，雖然地小財弱，但仍然政繁事多，所以不適合請他去做位高權重的大夫。

魯哀公二年（西元前四九三年）前後，孔子因在衛國不為衛靈公所用，於是想到晉國投靠趙簡子，途中聽說趙簡子殺害了舜華等兩位賢臣，因而又回到衛國。此章所記孔子評論孟公綽的話，不知是否就在此時。

第12章

子路問成人❶。子曰：「若臧武仲❷之知，公綽❸之不欲，卞莊子❹之勇，冉求之藝，文之以禮樂，亦可以為成人矣。」曰：「今之成人者何必然？見利思義，見危授命，久要❺不忘平生之言，亦可以為成人矣。」

【校注】

❶ 成人——才德兼備的完人。

❷臧武仲——就是魯國的大夫臧孫紇。以智慧聞名當時。

❸公綽——即魯國大夫孟公綽。見上章。

❹卞莊子——魯國卞邑的大夫。曾刺虎，是著名的勇士。

❺久要——舊約、很久以前的約定。一說「要」通「約」，貧困的意思。久要，長久在困苦之中。

【直譯】

子路請教怎樣才是完善的人。孔子說：「像臧武仲的智慧，孟公綽的不貪，卞莊子的勇敢，冉求的才藝，再用禮樂來成就他的文采，也就可以說是完善的人了。」

孔子又說：「現在的完善的人何必這樣子？看見利益能想到道義，看見危險能犧牲生命，很久以前的約定，能不忘記生前平時許下的諾言，也就可以說是完善的人了。」

【新繹】

此章記孔子說人格完善的人，應該具有智慧、廉潔、勇敢、才藝四種美德，退而求其次，至少要具有「見利思義」的廉潔、「見危授命」的勇敢和「久要不忘平生之言」的誠信才算是。

不過，這是孔子回答子路所說的話。孔子因材施教，回答不同的人，有時候是有不同答案的。例如《說苑．辨物篇》就說：顏淵問「成人之行何若？」孔子的回答是：「成人之行，達乎情性之理，通乎物類之變，知幽明之故，睹遊氣之源，若此而可謂成人。」可見回答顏淵時偏重在德性修養方面，和回答子路時偏重在生活行為方面，二者有所不同。

第13章

子問公叔文子❶於公明賈❷曰：「信乎夫子❸不言、不笑、不取乎？」公明賈對曰：「以告者過也❹。夫子時然後言，人不厭其言；樂然後笑，人不厭其笑；義然後取，人不厭其取。」

子曰：「其然？豈其然乎❺？」

【校注】

❶ 公叔文子——就是衛靈公的大夫公孫拔。衛獻公的孫子，《左傳》寫作「公孫發」。「文」是諡號。

❷ 公明賈——姓公明，名賈。衛國人。

❸ 夫子——古代大夫也可稱為夫子。這裡指公叔文子。

❹ 以告者過也——「以此告子者之過也」的省略。過，錯誤、過甚其詞。

❺ 豈其然乎——增加疑問的問法。豈，定州簡本作「幾」。

【直譯】

孔子向公明賈問起公叔文子，說：「真的他老先生不說、不笑、不取嗎？」公明賈答道：「這是傳話的人說錯了。他老人家到了適當的時機，然後才說話，別人不會厭惡他的話；高興了，然後才笑，別人不會厭惡他的笑；合理了，然後才取得，別人不會厭惡他的取得。」

孔子說：「是這樣嗎？難道真是這樣的嗎？」

【新繹】

公明賈說公叔文子不苟言笑、不苟得，這是合乎中庸之道的境界，沒有過猶不及的毛病，幾乎可以說是仁聖之人了。孔子表示懷疑。公明賈和公叔文子都是衛國的大夫，公叔文子是前輩，因此公明賈對他特別推崇，也是人情之常。從這裡我們也可以了解聽人說話的道理。

第14章

子曰：「臧武仲以防求為後於魯❶，雖曰不要❷君，吾不信也。」

【校注】

❶ 臧武仲以防求為後於魯——臧武仲，魯國大夫，曾官司寇。見第十二章。防，臧武仲的封邑，在今山東省費縣附近。武仲為季孫所逐，奔齊前，據守防邑，請求立臧為為後嗣。臧為，臧武仲異母兄宣叔之子。後，後嗣、繼承人。

❷ 要——音「妖」，要挾、威脅。定州簡本「要」下無「君」字。

【直譯】

孔子說：「臧武仲據守著防邑，來要求魯君封臧為為繼承人，雖然有人說他不是要挾君上，我是不相信的啊。」

【新繹】

根據《左傳．襄公二十三年》的記載，孟孫討厭臧武仲，請求季孫派兵攻打臧武仲。臧武仲先逃到邾國，後來才轉到齊國，在赴齊國前，曾回到自己的封邑防這個地方，據守對抗，要求魯君封臧為做臧氏的繼承人。臧武仲在請立之後，曾經說一些自己「知不足也」、「非敢私諸，苟守先祀」之類謙卑的話，所以當時有人以為臧武仲是迫不得已，並非有意要挾魯君。可是，孔子以為他有據防以叛的事實，因此仍然予以譴責。

第15章

子曰：「晉文公❶譎而不正，齊桓公❷正而不譎。」

【校注】

❶ 晉文公——晉獻公的次子，名重耳。繼齊桓公為諸侯盟主，春秋五霸之一。

❷ 齊桓公——齊僖公的兒子，襄公的弟弟，名小白。任用管仲為相，尊王攘夷，九合諸侯，一匡天下，春秋五霸之一。

【直譯】

孔子說：「晉文公詭詐而不正派，齊桓公正派而不詭詐。」

【新繹】

晉文公重耳和齊桓公小白都是春秋時代前期諸侯的霸主，孔子比較二人的行事用心，認為雖然都是霸主，不能推行仁政，但齊桓公比晉文公要好一些。因為齊桓公伐山戎以大燕土、伐荊楚以申貢職，以及存邢立衛等等，皆仗義之行，不用詭術，不像晉文公心懷詭詐，即位之後，雖然表面上也尊王攘夷，卻常常公報私仇，例如他之攻曹伐衛敗楚等等，都是以陰謀取勝的。

第16章

子路曰：「桓公殺公子糾，召忽死之。管仲不死。❶曰未仁乎？」子曰：「桓公九❷合諸侯，不以兵車，管仲之力也。如其仁！如其仁！」

【校注】

❶ 桓公殺公子糾三句——齊襄公無道，他的弟弟公子小白，由鮑叔牙侍奉逃往莒國。後來襄公被殺，齊國大亂，管仲、召忽也侍奉襄公的另一個弟弟公子糾，逃到魯國。等到齊國亂平了，小白先回齊國即位，是為齊桓公。齊桓公興兵逼魯國殺公子糾，召忽因此自殺，管仲卻沒有殉死，反而被齊桓公起用為相。事詳《左傳》莊公八年、九年。

❷ 九——是多次的意思，不必實指。有人把它解釋為「糾」。

【直譯】

子路說：「桓公殺死公子糾，召忽為此自殺死了。管仲卻不殉節。可以說（管仲）不夠仁德吧？」

孔子說：「桓公多次會合諸侯，不用士兵戰車來威逼，都是管仲的力量呀。這就是他的仁德！這就是他的仁德！」

【新繹】

根據《左傳》莊公八年、九年的記載，齊襄公無道被殺，他的弟弟小白逃往莒國，另一個弟弟公子糾逃往魯國。後來小白回國繼位，是為齊桓公。齊桓公逼魯人殺公子糾。管仲和召忽二人原是公子糾的近臣，被遣送回齊時，召忽自殺而死，管仲不但沒有殉死，還接受鮑叔牙的推薦，被桓公拜為齊相。管仲這種行為，子路不以為然，所以問孔子的看法。孔子則以為管仲個人的行為是不忠不仁，但他能輔佐齊桓公合諸侯之力以尊王攘夷，安定天下，事實上與仁人之化育天下，相去不遠，因此仍然稱許他可算是有仁德的了。

第17章

子貢曰：「管仲非仁者與？桓公殺公子糾，不能死，又相之❶。」子曰：「管仲相桓公，霸諸侯，一匡天下，民到于今受其賜。微❷管仲，吾其被髮左衽❸矣。豈若匹夫匹婦之為諒❹也，自經於溝瀆❺而莫之知也？」

【校注】

❶ 相之——輔助他（齊桓公）。相，讀去聲（音「向」），作動詞用。

❷ 微——沒有。

❸ 被髮左衽——披散頭髮，衣襟向左開。這是夷狄的習俗，和漢人的束髮戴冠、衣襟右衽不一樣。被，同「披」。衽，音「任」，衣襟。

❹ 諒——小信、小節。

❺ 自經於溝瀆——自盡死在田間水溝之中。自經，用繩子自縊而死。瀆，音「毒」，水溝。

【直譯】

子貢說：「管仲不是仁人吧？桓公殺了公子糾，他不但不能殉難，反而又去輔佐桓公。」孔子說：「管仲輔佐桓公，稱霸諸侯，統一匡正了天下的變亂，人民直到現在都還受到他的恩惠。假使沒有管仲，我們大概都要披散著頭髮，向左邊開衣襟（淪為夷狄）了。他難道要像愚夫愚婦那樣執著小節，自殺在溝渠間卻還沒有人知道他是誰嗎？」

【新繹】

此章可與上章合看，一樣是記孔子稱許管仲的功德。管仲事奉公子糾，公子糾被齊桓公逼死，管仲沒有殉身，反而拜相輔助桓公，這在古人是不忠不義之事，所以子貢和子路一樣，對他的為人有所質疑。孔子則仍然強調管仲固然小節有虧，但他能輔佐桓公稱霸諸侯，尊王攘夷，安定天下，使百姓廣受恩澤，免於被異族統治，否則就要「被髮左衽」，變成夷狄之民了。就此而言，孔子從大處著眼，以為管仲是立大功而不顧小節的仁者。

第18章

公叔文子之臣大夫僎❶，與文子同升諸公❷。子聞之，曰：「可以為『文』矣。」

【校注】

❶ 大夫僎——公叔文子的家臣，名僎（音「撰」），後來由於文子的推薦，做了大夫，故云。

❷ 同升諸公——一起升為國家的大臣。「公」是泛稱。

【直譯】

公叔文子的家臣大夫僎，和文子一同升為朝廷大臣。孔子聽到這件事，說：「文子可以諡為『文』了。」

【新繹】

大夫僎原來是公叔文子的家臣，屬於「士」的階級，公叔文子舉薦他，升為大夫，所以這裡稱大夫僎。孔子以為公叔文子這種表現，具有知人、忘己、事君等德行，所以稱他諡號為「文」，真是名副其實。

第19章

子言衛靈公❶之無道也，康子❷曰：「夫如是，奚而不喪❸？」

孔子曰：「仲叔圉❹治賓客，祝鮀❺治宗廟，王孫賈❻治軍旅。夫如是，奚其喪？」

【校注】

❶ 衛靈公——衛國國君，襄公的兒子，獻公的孫子，名元。在位四十二年。

❷康子——指季康子。
❸奚而不喪——何為不亡。奚，何。喪，讀去聲，失位、敗亡。
❹仲叔圉——就是衛國的大夫孔文子。圉，音「雨」。
❺祝鮀——衛國掌管宗廟的大夫。已見〈雍也篇〉第十六章。
❻王孫賈——衛國的大夫。已見〈八佾篇〉第十三章。

【直譯】

孔子談到衛靈公的無道時，季康子說：「既然像這樣子，為什麼不會敗亡呢？」孔子說：「有仲叔圉接待賓客，祝鮀管理宗廟，王孫賈統率軍隊，能像這樣子，他怎麼會敗亡？」

【新繹】

此章記述孔子說明賢臣對國家的重要。孔子說衛靈公雖然無道，但他能任用仲叔圉、祝鮀、王孫賈這些賢才，所以國家仍然安定無虞。言外之意，當然是勸季康子要舉薦人才，以為國用。

第20章

子曰：「其言之不怍❶，則為之也難❷。」

【校注】

❶怍——音「作」，慚愧。

❷難——不容易。一說：難通「戁」，敬肅之意。是說如果大言不慚，那麼做事就該認真。

【直譯】

孔子說：「他說的時候大言不慚，那麼做的時候便很困難。」

【新繹】

此章雖然只有兩句話，看似淺近易懂，但其實頗難定論。馬融解為：「內有其實，則言之不慚。積其實者，為之難也！」這是說一個人要自己說話不慚愧，平日的行為自然要非常注意。朱熹則解為：「大言不慚，則無必為之志，而不自度其能否矣。欲踐其言，豈不難哉！」這是說大言不慚的人，通常說的做不到。二者有所不同，但強調說到就要做到，則是一致的。

第21章

陳成子❶弒簡公❷。孔子沐浴而朝❸，告於哀公曰：「陳恆弒其君，請討之。」公曰：「告夫三子❹。」

孔子曰：「以吾從大夫之後❺，不敢不告也。君曰：『告夫三子』者。」

之❻三子告，不可。孔子曰：「以吾從大夫之後，不敢不告也。」

【校注】

❶陳成子——齊國的大夫。名恆。「成」是諡號。田姓，又名田常。他曾教唆大夫鮑息謀殺齊悼公，立齊簡

公。魯哀公十四年，又謀殺齊簡公，改立齊平公。

❷ 簡公——齊國國君，名壬。被陳恆所弒，事見《左傳・哀公十四年》。

❸ 沐浴而朝——洗頭髮、身體乾淨後才上朝。

❹ 三子——指魯國執政的三卿：季孫、叔孫、孟孫。

❺ 從大夫之後——忝為大夫，仍是大夫的身份。自稱大夫的謙辭。

❻ 之——往。

【直譯】

陳成子殺了齊簡公。孔子齋戒沐浴後上朝，向魯哀公報告說：「陳恆殺了他的君上，請出兵討伐他。」哀公說：「去報告三卿他們。」

孔子（退朝後）說：「因為我跟隨在大夫的後面（忝為大夫），所以不敢不來報告呀。君上卻回答『去報告三卿他們』。」

孔子到季孫等三位大臣那兒報告，都不答應。孔子說：「因為我跟隨在大夫的後面，所以不敢不來報告呀。」

【新繹】

根據《左傳・哀公十四年》的記載，該年六月陳恆弒其君齊簡公。古人以為以臣弒君是大逆不道的行為，人人可以得而誅之。齊、魯是鄰國，孔子當時七十一歲，雖已年老，無職權，卻仍是大夫，覺得魯國有出兵討伐陳恆的義務和勝算，所以去見魯哀公。沐浴齋戒，是表示誠敬之意。可是，當時魯國政權在季孫三家手裡，魯哀公不敢自專；而季孫三家自己也是以臣凌君的權臣，自然不肯出兵。孔子的感嘆，表現了他已經依禮盡力，卻有深沉的無奈。

第22章

子路問事❶君。子曰：「勿欺也，而犯之❷。」

【校注】

❶事——侍候、事奉。

❷犯之——向他犯顏進諫的意思。

【直譯】

子路請教服事君上的方法。孔子說：「不要欺騙他呀，卻可以觸犯他。」

【新繹】

子路請教事奉君上的道理。孔子因材施教，他知道子路為人剛強，這種人遇事諫諍，甚至冒犯上級，都有可能，所以告訴他在諫諍冒犯之前，先問問自己是否忠誠無欺。這裡的「欺」，兼有欺騙、欺負之義。《禮記．檀弓篇上》說的「事君有犯而無隱」，也同樣是這個道理。

第23章

子曰：「君子上達，小人下達。」

【直譯】

孔子說：「君子求上進，小人趨下流。」

【新繹】

此章記孔子比較君子和小人在志趣上的不同。上達、下達講的上、下，究竟指什麼，依照孔子的學說，上應指仁義等等方面的修養與表現，而下則指財利等等方面。前者是公義，後者是私利。〈里仁篇〉說：「君子喻於義，小人喻於利。」可以參照。

第24章

子曰：「古之學者為己，今之學者為人。」

【直譯】

孔子說：「古代的學者是為了充實自己，現在的學者是為了求知於人。」

【新繹】

此章記孔子比較古今學者的不同。這裡所說的「學者」，與今日專指鑽研學術、學有專精的學者，意義不同，它只是泛指一般學生或讀書人。為己，是為了充實自己的學識和修養；為人，是說只為了得到別人的讚美和肯定。如果有人光從字面上將此二句曲解為：古人求學是為了（肯定）自己，今人求學是為了（造福）別人，那就恐怕有違孔子的原意。

第25章

蘧伯玉❶使人於孔子❷。孔子與之坐而問焉，曰：「夫子❸何為？」對曰：「夫子欲寡其過而未能也。」

使者出，子曰：「使乎？使乎！」

【校注】

❶ 蘧伯玉——衛國的大夫。姓蘧（音「渠」），名瑗（音「院」），字伯玉。孔子在衛國時，曾住在他家。

❷ 使人於孔子——派遣使者來探問孔子。使，讀去聲，作動詞用。

❸ 夫子——老先生、老人家。對大夫的尊稱。此指蘧伯玉。

【直譯】

蘧伯玉派人到孔子這兒。孔子給這個人座位，而後問他，說：「他老人家近來做些什麼？」使者答道：「他老人家想要減少自己的過錯，卻還沒有能夠做到呀。」

使者出去後，孔子說：「是使者嗎？是使者啊！」

【新繹】

此章記孔子稱許蘧伯玉所派的使者說話非常得體。蘧伯玉是衛國的賢大夫，孔子到衛國時，曾住在他家。據《莊子．則陽篇》、《淮南子．原道訓》等等來看，蘧伯玉果然是個能反躬自省的人，所以才有「年五十而知四十九非」的話。連他派來的人應答都如此得體，他本人的修養也就可想而知了。

第26章

子曰：「不在其位，不謀其政。」❶

曾子曰：「君子思不出其位❷。」

【校注】

❶ 不在其位二句——已見〈泰伯篇〉第十四章。

❷ 思不出其位——思慮不會超出他的職位。語出《周易．艮卦》的象辭。

【直譯】

孔子說：「不在他的職位上，就不討論他職位上的事務。」

曾子說：「君子所思慮的，不會超出他職位上的事情。」

【新繹】

此章前段文字已見〈泰伯篇〉第十四章，此不贅述。後段文字記曾子所言，顯係闡發孔子所說的道理。但「思不出位」這句話，也見於《周易．艮卦》的象辭，是說君子要守其本分，不越其職。這種情況，應該解釋為：曾子引用《周易》的話來印證孔子之言。也可以解釋為：「曾子引夫子贊《易》之詞以為證。」（清人毛奇齡語）。因此，朱熹把這兩段話分為兩章，看似有理，但未必恰當。

第27章

子曰：「君子恥其言而過其行。」

【直譯】

孔子說：「君子羞愧他所說的話超過他所做的事。」

【新繹】

皇侃《論語義疏》此句作「君子恥其言之過其行也」，意思並無不同，都是說君子必須言行一致，不可說的多，做的少，更不可說到而做不到。《禮記．表記》說：「君子恥有其辭而無其德，有其德而無其行。」道理說得更詳細些。

第28章

子曰：「君子道者三，我無能焉；仁者不憂，知者不惑，勇者不懼。」

子貢曰：「夫子自道也！」

【直譯】

孔子說：「君子遵循的道德有三種，我都沒有能夠做到；仁德的人不憂愁，智慧的人不迷惑，勇敢的人不懼怕。」

子貢說：「這是老師自我介紹呀！」

【新繹】

「仁者不憂，知者不惑，勇者不懼」這三句話，也見於〈子罕篇〉第二十九章，只是順序不同。這三句話所說的道理，不僅僅是對仁者、智者、勇者知識上的了解，而且還在於不憂、不惑、不懼等等行為的表現上。孔子說他還不能做到，是自謙之辭，也是一種自省的工夫。子貢說的「夫子自道也」，應該包含有知與行這兩層意義。

第29章

子貢方人❶。子曰：「賜也賢乎哉？夫我則不暇❷。」

【校注】

❶ 方人——評論別人。方，比方、比較，有批評的意思。

❷ 夫我則不暇——要是我就沒這閒工夫。夫，語首助詞，表示提挈，要發議論的口氣。

【直譯】

子貢常比較別人的長短。孔子說：「賜呀，你夠好了嗎？要是我就沒有這閒工夫。」

【新繹】

此章記孔子告訴子貢多自我反省而少批評別人。「方」不但有「比較」的意思，而且也有「批評」、「規正」的含意。孔子自己也會批評別人，因此此句可理解為要批評別人，先反省自己。

第30章

子曰：「不患人之不己知，患其不能也。」

【直譯】

孔子說：「不擔心別人不知道自己，只擔心自己沒有才能。」

【新繹】

此章記孔子告誡學生要多自修。這樣的道理已經多次出現在上面各篇章之中。例如〈學而篇〉、〈里仁篇〉、〈衛靈公篇〉中都有。

第31章

子曰：「不逆❶詐，不億❷不信，抑❸亦先覺者，是賢乎！」

【校注】

❶ 逆——預測、事先猜想。
❷ 億——通「臆」，憑空猜測。
❸ 抑——音「亦」，抑且、或是。

【直譯】

孔子說：「不事先預料別人欺騙，也不憑空揣測別人不守信用，但是要真的如此卻也能事先發覺的，就是賢人了吧！」

【新繹】

此章孔子解釋預料揣測和事先發覺在語義上的不同。「逆」是預料，「億」是揣測，這都只是有疑於心，沒有事實根據。如果事先所猜測的，有事實為依據，作合理的判斷，後來的結果也恰如所料，這就叫做「先覺」；這樣的人，自是賢明無疑。

《大戴禮記．曾子立事篇》說：「君子不先人以惡，不疑人以不信。」可與本章合讀。

第32章

微生畝❶謂孔子曰：「丘何為是栖栖❷者與？無乃為佞乎？」

孔子曰：「非敢為佞也，疾❸固也。」

【校注】

❶微生畝——孔子同時的隱士。姓微生，名畝。《漢書》作尾生晦（畝的古字）。

❷栖栖——同「棲棲」，惶惶不安的樣子。一說：栖栖同「濟濟」，形容有威儀的樣子。

❸疾——厭惡、痛恨。

【直譯】

微生畝對孔子說：「你為什麼總是這樣匆匆忙忙的呢？莫非是想靠口才去討好人家吧？」

孔子說：「我不敢靠口才去討好別人，只是痛恨固陋的人。」

【新繹】

朱熹《論語集注》說微生畝這個人「呼夫子名而辭甚倨，蓋有齒德而隱者。」這個推測是有道理的。微生畝覺得孔子道既不行，不如像他一樣早日退隱，何必如此栖栖惶惶。孔子則以仁者的胸懷，認為人不應獨善其身。

俞樾《群經平議》說「栖栖」同「萋萋」、「濟濟」，解作多威儀，說是「微生畝見孔子修飾威儀，疑其以此求悅於人」，可備一說。

第33章

子曰：「驥，不稱其力，稱其德也。」

【直譯】

孔子說：「對日行千里的良馬，不是稱讚牠的力氣，而是稱讚牠的品行馴良啊。」

【新繹】

孔子說千里馬的可貴，在於牠的馴良，而不僅僅在於牠的足力。如果牠不馴良，不肯任重致遠，縱使能夠日行千里，又有何用？孔子藉此來比喻君子的可貴，在於他有高尚的品德，而不只在於他有出眾的能力。

第34章

或曰：「以德報怨，何如？」

子曰：「何以報德？以直報怨，以德報德。」

【直譯】

有人說：「用恩德來回報怨恨，怎麼樣？」

孔子說：「那用什麼來報答恩德呢？應該是用正直來回報怨恨，用恩德來回報恩德。」

【新繹】

孔子一向強調中庸之道，認為過猶不及。人家對我結怨，如果以恩德去回報他，那反而有徇私之心了。一切循正直之道，該怎樣辦就怎樣辦最好。《禮記．表記》說：「以德報德，則民有所勸；以怨報怨，則民有所懲。」是此章的最佳注腳。這和《老子》所說的「報怨以德」，主張顯然不同。

第35章

子曰：「莫我知也夫❶！」子貢曰：「何為其❷莫知子也？」子曰：「不怨天，不尤人，下學而上達。知我者，其天乎！」

【校注】

❶ 莫我知也夫——莫知我也夫。也夫，表示感嘆的語尾助詞，連用以加強語氣。

❷ 何為其——何為、何謂。其，句中語助詞。

【直譯】

孔子說：「沒有人了解我了吧！」子貢說：「為什麼說沒有人了解您呢？」孔子說：「不怨恨上天，不責怪別人，從淺近處學習知識，卻向高妙處領悟道理。了解我的，大概只有上天吧！」

【新繹】

此章記述孔子向子貢表示自己恪遵天理，謹守人道。據《史記．孔子世家》的記載，這是魯哀公十四年叔孫氏西狩獲麟之後，孔子所發出的感嘆。不怨天，不尤人，是反省自己的修養工夫，不難理解，但「下學而上達」是不是也一樣是指修德而言，則難以確定。像皇侃的《論語義疏》，就以為這句話應該解為：「下學，學人事；上達，達天命。」甚至有人把「上達」解釋為：「達於佐國理民之道」，顯然是就人事管理而言，已非反省自修的工夫了。

第36章

公伯寮❶愬子路於季孫❷。子服景伯❸以告，曰：「夫子固有惑志。於公伯寮，吾力猶能肆諸市朝❹。」

子曰：「道之將行也與❺，命也；道之將廢也與，命也。公伯寮其如命何！」

【校注】

❶ 公伯寮——孔子的學生，或疑不是。姓公伯，名寮（寮一作「僚」），字子周。魯國人。季孫的家臣，與子路同事。

❷ 愬子路於季孫——向季孫毀謗子路。愬，同「訴」，投訴、毀謗。

❸ 子服景伯——魯國的大夫，出身孟孫之家。姬姓，名何，字伯。「景」是諡號。又稱子服何。

❹ 肆諸市朝——陳列他的屍體在眾人面前。

❺ 也與——表示疑問測度的語末助詞。下同。

【直譯】

公伯寮向季孫毀謗子路。子服景伯把這件事告訴了孔子，說：「他老人家（季孫）固然有被迷惑心志的時候。但是對於公伯寮，我的力量還能夠殺死他，把他的屍首陳列在市集或朝廷上。」

孔子說：「大道將要實現了吧，是天命呀；大道將要破滅了吧，也是天命呀。公伯寮又能對天命怎麼樣？」

【新繹】

子路為人剛強，可能有什麼事情觸犯了公伯寮，因而公伯寮去向季孫投訴，將對子路不利。子服景伯將此事告訴了孔子，而且說他有能力可以致公伯寮於死地。孔子認為有禍害，當然要避開，可是禍害畢竟還未造成，不必過於緊張，所以他回答子服景伯時，說了一段一切委諸天命的話。這與上章所說的「不怨天，不尤人」，是一樣的態度。不過，尋繹孔子在這利害關頭所說的話，也有曉諭景伯、保護子路、警告公伯寮的用意。

第37章

子曰：「賢者辟❶世，其次辟地，其次辟色，其次辟言。」

子曰：「作者七人❷矣。」

【校注】

❶ 辟——同「避」，避開。下同。

❷ 七人——歷來說法不一，究竟是哪七人，不詳。

【直譯】

孔子說：「賢明的人避開不好的社會，次一等的避開不好的地方，再次一等的避開不好的臉色，再次一等的避開不好的言論。」

孔子說：「這樣做的已經有七個人了。」

【新繹】

此章記孔子說賢人處世，見機引退時的幾種類型。最賢明的人，一見到時代混亂，就不出仕了；其次是在亂世之中，還有所期待，只是不肯到混亂的國家去；再其次的是，即使在混亂的國家，也還是有所期待，只有遇到君上不給他好臉色的時候，他才會離開；又再其次的是，即使君上不給他好臉色，他也還可以忍耐，要一直到君上公開批評他，他才會離開。

「作者七人矣」，應該是承接上文，說見機引退的已有七人。但究竟是哪七個人，歷來說法不一，有人說是：堯、舜、禹、湯、文、武、周公；有人說是：伯夷、叔齊、虞仲、夷逸、朱張、柳下惠、少連；有人說是：長沮、桀溺、丈人、石門、荷蕢、儀封人、楚狂接輿，等等。其實都是猜測之辭。

第38章

子路宿於石門❶。晨門❷曰：「奚自❸？」子路曰：「自孔氏。」曰：「是知其不可而為之者與❹？」

【校注】

❶ 石門——魯城外門。

❷ 晨門——早晨看守城門的人。城門通常管制出入，深夜關，清晨開。

❸ 奚自——從何處來。

❹ 與——同「歟」。

【直譯】

子路在石門住了一夜。早晨看守城門的人說：「從哪兒來？」子路說：「從孔家來。」看守城門的人說：「就是那位明知那不能做卻還是去做它的人嗎？」

【新繹】

此章記子路與守城門的人的一段對話，說明孔子是一位「知其不可而為之」的人。「知其不可而為之」，是說只問理想，不計成敗。上文第三十二章寫孔子回答微生畝，說他痛恨「固陋」的人，所指就是石門吏這一類。孔子志在兼濟天下，救世濟人，而不是只要獨善其身而已。他雖然知道理想不容易達成，但他仍然願意盡其心力，這是那些固陋的小人所不能理解的。

第39章

子擊磬❶於衛。有荷蕢❷而過孔子之門者，曰：「有心哉，擊磬乎！」既而曰：「鄙哉，硜硜乎！莫己知也，斯己而已矣。『深則厲，淺則揭。』❸」

子曰：「果哉！末❹之難矣。」

【校注】

❶ 磬——音「慶」，一種用玉石製成的樂器。孔子當時擊磬，應是自行演習或藉以消遣。

❷ 荷蕢——肩挑著草筐。荷，音「賀」，擔負。蕢，音「潰」，草編成的箕籠。

❸ 深則厲二句——見於《詩經．邶風．匏有苦葉》。意思是說：水深就和衣涉水過去，水淺就撩起衣裳走過去。

❹ 末——沒、無。

【直譯】

孔子在衛國時敲著石磬。有一位挑著草筐而經過孔子門前的人，說：「有感慨呀，這敲石磬的聲音啊！」後來又說：「固執呀，這敲得硜硜響的磬聲啊！沒有人瞭解自己，那就只為自己算了。《詩經》上說：『深則厲，淺則揭。』」

孔子說：「多麼果斷啊！那也就沒有什麼困難了。」

【新繹】

此章記衛國荷蕢隱士嘲諷孔子的話。這位隱士勸孔子有道則仕，無道則隱，而孔子志在用世，表示難以苟同。最後二句：「果哉！末之難矣。」有兩層意思：一是說自己要是如隱士所言獨善其身，隱而忘世，那何難之有？一是說隱士過於決絕，很難說服他了。

第40章

子張曰：「《書》云：『高宗諒陰，三年不言。』❶何謂也？」

子曰：「何必高宗，古之人皆然。君薨❷，百官總己❸，以聽於冢宰❹三年。」

【校注】

❶ 高宗諒陰三句——殷高宗住在凶廬裡，三年內不談國事。高宗，殷王武丁的廟號。諒陰，一作「諒闇」，居喪時所住的房子。這兩句話見於《尚書·無逸篇》，文字稍有出入。

❷ 薨——音「轟」。諸侯死稱「薨」，天子死則稱「崩」。這裡泛指古代君王而言，非專指高宗。

❸ 總己——總攝自己所管的職務。

❹ 冢宰——一稱太宰，最高的行政長官。

【直譯】

子張說：「《尚書》上說：『高宗諒陰，三年不言。』這是什麼意思？」

孔子說：「何必高宗呢？古代的人都是這樣的。國君死了，所有的官吏都要盡到自己的職責，來聽從宰相的指揮，總共三年之久。」

【新繹】

此章記孔子向子張解釋《尚書》「高宗諒陰，三年不言」的意義。依照古禮，父母死，須守三年之喪，這一點子張應該了解，他的問題是殷高宗居喪三年期間，都不講話，那麼國家大事由誰來裁決下令。孔子回答說，國君去世後，百官三年內都聽命於冢宰（百官之長，等於後來的丞相、宰相）。所以殷高宗三年不言政事，不成問題。言下頗有三年之喪的古禮，已不行於世的感喟。

第41章

子曰：「上好禮，則民易使也。」

【直譯】

孔子說：「在上位的人愛好禮節，那麼人民就容易使喚了。」

【新繹】

此章是說在上位者能夠守禮依法，以身作則，那麼人民也就會依法而行，聽從上級的指揮。〈子路篇〉說過的：「上好禮，則民莫敢不敬」，也是在說明這個道理。

第42章

子路問君子。子曰：「修己以敬。」

曰：「如斯而已乎？」曰：「修己以安人。」

曰：「如斯而已乎？」曰：「修己以安百姓。修己以安百姓，堯、舜其猶病諸❶！」

【校注】

❶ 堯、舜其猶病諸——堯、舜他們都恐怕做不到它呢。病，難、擔心。諸，之乎。

【直譯】

子路請教君子的道理。孔子說：「修養自己而敬重別人。」子路說：「像這樣子就夠了嗎？」孔子說：「修養自己來安定別人。」子路又說：「像這樣子就夠了嗎？」孔子說：「修養自己來安定百姓。修養自己來安定百姓，堯、舜大概都還做不到這個地步吧！」

【新繹】

此章孔子向子路說明君子自立立人之道。這裡所說的君子，相對百姓而言，即指在上位者。在上位者重在品德，要修養自己的德行。「修己以敬」，有人說「以敬」即以敬謹之心來端正自己，這當然講得通；但如果把「以」解為「而」，作連繫詞用，「敬」是敬重別人，如此解釋，更符合在上位者的身分，而且由「敬」己而「安」人，也似乎更有層次感。「安人」進而「安百姓」，那已是治國平天下的大業，不是一般在上位者所可企及的。

第43章

原壤❶夷俟❷。

子曰：「幼而不孫弟❸，長而無述❹焉，老而不死，是為賊。」以杖叩其脛。

【校注】

❶ 原壤——孔子的老朋友。姓原，名壤。魯國人。他母親死時，竟不哭而歌，見《禮記．檀弓篇》。

❷ 夷俟——蹲坐在地上等候。這在古代是失禮的行為。夷，箕踞。

❸ 孫弟——孫，同「遜」，謙遜。弟，同「悌」，敬重兄長。

❹ 無述——無可稱道、沒有值得稱讚的地方。

【直譯】

原壤伸開兩腿坐著等候孔子。

孔子說：「幼小時就不恭順，長大了也無可稱道，年老了又不死，這就是害人的賊。」拿拐杖敲他的小腿。

【新繹】

原壤是孔子的老朋友，可能太熟悉了，所以不講究禮數，等候孔子時，竟然曲伸雙腿，蹲坐地上。孔子來了，罵他從小到大都不知禮，還拿手杖敲他足脛。孔子的罵和打，有人說是痛斥，我則以為這是孔子幽默風趣的一面。他的罵是笑罵，但也是真的責備；他的打，不是真打，只是半開玩笑，至少不會打傷朋友。

第44章

闕黨❶童子將命❷。或問之曰：「益者與❸？」

子曰：「吾見其居於位❹也，見其與先生並行也。非求益者也，欲速成者也。」

【校注】

❶ 闕黨——就是闕里，孔子所住的地方。古時五百家的地方就可稱之為黨。在今山東省曲阜市西南，洙水、泗水之間。

❷ 將命——奉命來傳達消息。將，持、拿。指手拿信簡之類。

❸ 與——同「歟」。

❹ 居於位——安坐在席位上。居，定州簡本作「君」，有端坐、安坐之意。

【直譯】

闕黨的一個童子來傳達消息。有人問起他說：「是來請益的人嗎？」

孔子說：「我看見他坐在成年人的席位上，看見他越禮和長輩並肩走路在一起。（他）並不是來請益的人，是想要快點成為大人的人。」

【新繹】

古人席地而坐，成年人有席位，未成年的人只能侍坐或侍立一旁；而且未成年人與長輩一起走路時，也不可並肩而行，只能跟隨在後。闕黨的這位童子如此不知禮節，所以孔子批評他是個「速成者」。速成，即「欲速則不達」之意。上章孔子罵原壤「幼而不孫弟」，也就是這個意思。

#【十五】衛靈公篇

本篇共四十二章，記孔子論志士君子的守禮行義之道、事君用兵之方，皆有恥且格之事。朱熹把第一、第二兩章合為一章，故題為四十一章。

第1章

衛靈公問陳❶於孔子。孔子對曰：「俎豆之事❷，則嘗聞之矣；軍旅之事❸，未之學也。」明日遂行❹。

【校注】

❶ 陳——同「陣」，軍隊列陣作戰的方法。

❷ 俎豆之事——俎和豆都是古代用來盛肉類等食物的器具，祭祀宴會行禮時用它。因此藉來指禮儀有關的事情。

❸ 軍旅之事——此指用兵打仗之事。古代兵制：一軍一萬二千五百人，一旅五百人。

❹ 明日遂行——此句何晏、皇侃、邢昺皆屬下讀，為下章之首。

【直譯】

衛靈公向孔子請教軍隊列陣的方法。孔子答道：「禮儀的事情，我是曾經聽過它的；軍隊的事情，卻從來沒有學習過。」第二天便離開了。

【新繹】

衛靈公是無道之君，他向孔子請教用兵之道，表示他有意於征伐。孔子重禮而輕兵，不直接說他反對，反而委婉的說他只懂行禮如儀的事情，不懂練兵打仗的方法。他說的，當然是客氣話，但他反對的態度是毅然決然的，所以他第二天就離開了衛國。

《左傳．哀公十一年》記載孔子告訴孔文子的一段話：「胡簋之事，則嘗學之矣；軍旅之事，未之聞也。」與本章可以合看。

第2章

在陳絕糧❶，從者病，莫能興❷。子路慍見曰：「君子亦有窮乎？」子曰：「君子固窮，小人窮斯濫矣。」

【校注】

❶ 在陳絕糧——參閱下文。詳見劉寶楠《論語正義》與程樹德《論語集解》。

❷ 興——作、站起身來。

【直譯】

孔子在陳國斷絕了糧食，跟從的學生都病倒了，沒有人能夠站起來。子路生氣地來見孔子說：「君子也有窮困的時候嗎？」

孔子說：「君子自然也有窮困的時候，但不像小人一窮困就無所不為了。」

【新繹】

朱熹《論語集注》將此章與上章合為一章，可能是他以為二章所寫，都與孔子的固窮樂道有關。但上章所記，是衛靈公生前之事，而此章記孔子在陳絕糧之事，則應已在衛靈公死後數年。所以本書一仍舊本，另立一章。

根據《史記．孔子世家》等書的記載，孔子由衛國到陳國，是在魯定公十四、十五年之間，後來又遷於蔡國，轉往葉國，再回蔡國，三年後，因吳國伐陳而楚國救陳，孔子是時在陳、蔡之間被困。所謂孔子「在陳絕糧」，就是指這件事。孔子脫困，由陳返衛，已在魯哀公六年，而衛靈公死在魯哀公二年，因此上章與此章所記，時間是不相連接的，而且重點也不完全一樣。上章重在重禮輕兵，此章重在君子固窮。

孔子周遊列國，原意是希望有用於世，在陳絕糧之時，跟隨他的學生一定覺得老師途窮道孤，沒有希望了，所以有些學生由失望轉為憤怒。子路一向剛直，所以率先詰問，語帶譏諷。孔子的答話絕妙，說君子小人都有遇見窮困的時候，但君子遇見窮困時，仍然能夠固守節操，和小人大大不同。

第3章

子曰：「賜也，女以予為多學而識之者與❶？」對曰：「然，非與？」曰：「非也，予一以貫之❷。」

【校注】

❶ 女以予句——女，同「汝」，你，指端木賜子貢。予，我。識，同「誌」、「記」，博聞多記的意思。與，同「歟」。下同。

❷ 一以貫之——用一個原則或基本觀念來貫通萬物萬事的道理。

【直譯】

孔子說：「賜呀，你以為我是博學而又記得它們的人嗎？」子貢答道：「是的，難道不是嗎？」孔子說：「不是的，我只是用一個基本的觀念來貫串它們。」

【新繹】

此章記孔子告訴子貢自己的一貫之道。「一以貫之」的「一」，這裡照字面譯為一個基本的觀念，其實在先秦的思想家學說中，「一」常常是指「道」的本體。不止孔子這樣說，老子也這樣說。雖然他們所說的內涵不一樣，但仍然有可以互相通貫之處。〈里仁篇〉第十五章孔子告訴曾子說：「吾道一以貫之」，所說的忠恕，即「仁」的道理，拿來與此章合看，可使讀者對孔子所說的一貫之道，有更多的體會。

第4章

子曰：「由，知德者鮮❶矣。」

【校注】

❶ 鮮——音「險」，少的意思。

【直譯】

孔子說：「由，懂得道德的人很少了。」

【新繹】

此章記孔子向子路感嘆能夠修德的人很少，用意大概就是要子路在修養上多下工夫。〈雍也篇〉第二十九章說：「中庸之為德也，其至矣乎！民鮮久矣。」對照來看，孔子這裡講的德，指的是中庸之道。

第5章

子曰：「無為而治者，其舜也與？夫何為哉？恭己、正南面而已矣。」

【直譯】

孔子說：「不做什麼卻能安定天下的人，大概只有舜了吧？他做了什麼呢？自己恭敬地端坐在朝向南面的位置上而已。」

【新繹】

此章記孔子推崇帝舜的無為而治。無為而治，是道家的政治理想，老子開始，即已有此主張，有人即據此章，認為孔子受了老子的影響。事實上，受到前人的影響，或者思想偶然與前人有相似處，都有可能，但此章孔子所言舜「恭己、正南面」與「無為而治」的關係，卻不能不辨。「恭己」是說自己謹言慎行，誠敬行事，「正南面」是說做帝王像個帝王的樣子，這些都是說時容易、做時困難的事。〈泰伯篇〉第二十章說：「舜有臣五人而天下治」，就說明了舜能舉用賢臣而後天下治的道理。後來注解此章的人，也多據此申論。事實上，舉用賢才也不過是「無為而治」背後的條件之一而已。不管如何，讀者不可呆看「無為而治」這四個字。

第6章

子張問行。

子曰：「言忠信，行篤敬，雖蠻貊之邦❶，行矣。言不忠信，行不篤敬，雖州里，行乎哉？立則見其參於前❷也，在輿則見其倚於衡❸也，夫然後行。」

子張書諸紳❹。

【校注】

❶ 蠻貊之邦——南蠻、北狄等地，泛指未經開化的異族。貊，音「莫」，北狄。

❷ 參於前——交錯呈現在眼前。參，音「餐」，交錯出現，當面即見。

❸ 倚於衡——出現在車轅前的橫木上，坐在車廂裡望眼即見。衡，車轅前端的橫木。

❹ 書諸紳——書之於紳，寫它們在衣帶上。

【直譯】

子張請教「行」的道理。

孔子說：「說話忠誠實在，行為篤厚慎重，即使在南蠻、北狄野蠻民族的國家，也行得通。說話不忠誠實在，行為不篤厚慎重，即使在本鄉本土，能行得通嗎？站立時就看見這些話交錯出現在面前，在車裡就看見這些話斜掛在車前橫木上，要這樣而後才行得通。」

子張寫下這些話在衣帶上。

【新繹】

此章記述孔子教導子張要注意言行，言必忠信，行必篤敬，能夠如此，則無往不利。「蠻貊之邦」與「州里」是一對照，「立」與「在輿」又是一對照，是說大至所在的邦國大環境，小至生活中的小細節，都必須存心忠信，言行謹慎。子張把孔子的話寫在自己的衣帶上，是表示將誌之不忘、力行實踐的意思。孔子師生的教學情況，躍然紙上。

「書諸紳」的「書」，應是以筆書之於紳，有人據此否認「筆始蒙恬」的舊說，認為先秦已用毛筆寫字，蒙恬只是毛筆的改良者而已。

第7章

子曰：「直哉史魚❶！邦有道，如矢；邦無道，如矢。君子哉蘧伯玉❷！邦有道，則仕；邦無道，則可卷而懷之❸。」

【校注】

❶ 史魚——一稱史鰌，衛國的大夫。名鰌，字子魚。史，官名。曾向衛靈公力諫進蘧伯玉而退彌子瑕，以剛直不屈著稱。事見《韓詩外傳》、《新序》等書。

❷ 蘧伯玉——已見〈憲問篇〉第二十五章。

❸ 卷而懷之——捲起來藏在懷中。卷，同「捲」，比喻退隱不仕。

【直譯】

孔子說：「正直呀，史魚這個人！國家上軌道的時候，他像箭一樣直；國家不上軌道的時候，他也像箭一樣直。是個君子呀，蘧伯玉這個人！國家上軌道的時候，他就出來做官；國家不上軌道的時候，他就可以收起他的才能隱藏起來。」

【新繹】

此章記孔子稱史魚和蘧伯玉是衛國正直的君子。衛靈公不任用賢才蘧伯玉，反而親近男侍彌子瑕，政治因此不上軌道，小人道長而君子道消。史魚是耿直之臣，他屢次勸告，衛靈公不聽，最後史魚自殺以屍諫。所以孔子稱史魚其直如矢。而蘧伯玉為人處事，力求「寡過」，非常謹慎。這樣的人，邦有道則仕，邦無道則隱，雖然不是兼濟天下的仁人，卻也進退得宜，所以孔子稱他為君子。

〈泰伯篇〉第十三章孔子曾說：「天下有道則見，無道則隱。」〈憲問篇〉第三章也說：「邦有道，危言危行；邦無道，危行言孫。」說的都是君子處世的道理。

第8章

子曰：「可與言而不與之言，失人；不可與言而與之言，失言。知者不失人，亦不失言。」

【直譯】

孔子說：「可以跟他說卻不跟他說，這是錯待人才；不可以跟他說卻跟他說，這是白費口舌。聰明的人不錯待人才，也不白費口舌。」

【新繹】

此章孔子教人要知人擇言。揆其語氣，應是就在上位者言，所以才會有「失人」、「失言」這樣的話語。可說則說，不可說則不說，這樣善於把握機先的人，才是智者，才叫知人擇言。

第9章

子曰：「志士仁人，無求生以害仁，有殺身以成仁。」

【直譯】

孔子說：「志士仁人，沒有貪戀生命因而敗壞仁德的，只有犧牲生命來成全仁德的。」

【新繹】

志士仁人既以行仁為志業，必然一切行為以禮義為依歸，義之所在，雖死而不辭。《孟子・告子篇上》說：「生，亦我所欲也；義，亦我所欲也。二者不可得兼，舍生而取義者也。」亦即此義。上文一再說「仁者不憂」，也就是這個道理。

第10章

子貢問為仁。

子曰：「工欲善其事，必先利其器。居是邦也，事其大夫之賢者，友其士之仁者。」

【直譯】

子貢請教行仁的方法。

孔子說：「工匠想要做好他的工作，一定要先磨好他的工具。住在這個國家呀，就要服事它大夫中的賢人，交往它士人中的仁者。」

【新繹】

孔子告訴子貢要推行仁德，那就不僅僅是修養自己而已，還要顧及他人。師事賢明的長官，親近講求仁德的士人，如此互相切磋，以友輔仁，才容易有成效。孔子以工匠必先利其器為喻，非常簡明易懂。

第11章

顏淵問為邦。

子曰：「行夏之時❶，乘殷之輅❷，服周之冕❸，樂則《韶》、《舞》❹。放鄭聲❺，遠佞人。鄭聲淫，佞人殆。」

【校注】

❶ 時——指夏朝施行的曆法。以建寅之月（舊曆正月）為正月，比較合乎四季自然現象，便於農耕。

❷ 輅——音「路」，車子。商朝貴族所乘的大車，比周朝的車實用。

❸ 冕——禮帽。周朝用的禮帽美觀，不像殷冠那樣奢麗。

❹ 《韶》、《舞》——《韶》，舜時的音樂。《舞》，同《武》，指周武王時的音樂。《韶》、《武》並稱，泛指自舜流傳至周初的音樂。一說：《韶》樂兼舞，故曰《韶舞》。

❺ 放鄭聲——禁止鄭國新興的樂曲。

【直譯】

顏淵請教治理國家的方法。

孔子說：「用夏朝的曆法，坐殷朝的大車，戴周朝的禮帽，音樂就用《韶》和《武》。禁絕鄭國的新樂，斥退讒佞的小人。鄭國的樂曲淫濫，讒佞的小人陰險。」

【新繹】

孔子回答顏淵所問治國之道，非常詳細，要點在於簡便樸實。講曆法，三代不同，夏朝以陰曆一月為正月，適在春季，最便農民；講車子，周朝飾以金玉，不如殷朝純以木製的質樸耐用；講禮帽，宜華而不靡，周朝的最合乎要求；講音樂，從舜流傳到周初的古樂，盡善盡美，聽了令人三月不知肉味。以上這些，都是採取古代各自不同的優點。至於淫蕩的鄭聲，那是靡靡之音，那和小人一樣，都應當遠離。

第12章

子曰：「人無遠慮，必有近憂。」

【直譯】

孔子說：「一個人假使沒有長遠的考慮，一定會有即將來到的憂患。」

【新繹】

孔子教人要居安思危，不可只沉醉於眼前的安樂，而應該多為未來設想，以防患未然。遠和近本來是空間上的距離，但也可以是時間上的距離。「遠慮」和「近憂」，所憂慮的可以是指同一件事，也可以不是。

第13章

子曰：「已矣乎！吾未見好德如好色者也。」

【直譯】

孔子說：「算了吧！我從未見過喜歡道德像喜歡美貌的人。」

【新繹】

「吾未見好德如好色者也」這句話，已見於〈子罕篇〉第十八章，此章多了「已矣乎」這個感嘆詞。孔子如此感嘆的原因，一定是當時這樣的人很多，所以孔子一再感嘆，記錄的學生或有不同，因此重複出現。

第14章

子曰：「臧文仲❶其竊位者與！知柳下惠❷之賢，而不與立❸也。」

【校注】

❶ 臧文仲——就是魯國掌政的大夫臧孫辰。已見〈公冶長篇〉第十八章。

❷ 柳下惠——魯國的賢人。本名展獲，字禽，又叫展季。柳下，可能是他所住的地名，地在齊、魯之間。「惠」是私諡。

❸ 不與立——不肯與他並立朝廷之上。意思是排斥他，不推舉他當官。

【直譯】

孔子說：「臧文仲大概是個竊據官位的人吧！他知道柳下惠的賢能，卻不給他職位並立於朝。」

【新繹】

臧文仲為魯國司寇，柳下惠為士師（見下文〈微子篇〉第二章），正是司寇的屬下。據《左傳》和《國語．魯語》的記載，臧文仲是了解柳下惠的賢明的，可是他嫉才，卻不肯推薦柳下惠升官，同列於朝。所以孔子批評他是個竊位者。

這裡所說的「竊位」，指的是知賢不舉，偷安於位，意思是不稱其職。

第15章

子曰：「躬自厚而薄責於人，則遠怨矣。」

【直譯】

孔子說：「自己多責備自己，而少責備別人，就能夠避免怨恨了。」

【新繹】

多責備自己，是自我反省，可以減少錯誤；少責備別人，是原諒別人的過失，則人樂於跟從。「躬自厚」，有人以為當作「躬自厚責」的省略，但也可以解釋為：「自己看重自己」。能夠自重的人，會珍惜自己的名譽，不敢犯錯。

董仲舒《春秋繁露．仁義法篇》說：「求諸己，謂之厚；求諸人，謂之薄。」可以用來為本章作注。

第16章

子曰：「不曰『如之何，如之何』者，吾未如之何也已矣。」

【直譯】

孔子說：「不說『它該怎麼辦，它該怎麼辦』的人，我對他也不知道該怎麼辦了。」

【新繹】

「如之何，如之何」，用白話說，就是反覆問「該怎麼辦」。會這樣問的人，通常遇事謹慎，不會任意妄動。不會這樣問的人，則可能諱疾忌醫，錯過向人請教的機會，別人也無從幫助他解決問題。

第17章

子曰：「群居終日，言不及義，好行小慧❶，難矣哉！」

【校注】

❶ 小慧——小聰明。定州簡本、皇侃《論語義疏》等「慧」作「惠」。

【直譯】

孔子說：「大家整天在一起，談的話都沒有談到正經的事體，只喜歡賣弄小聰明，就很難有成就了吧！」

【新繹】

朋友有益友、損友之別。交了損友，不能進德修業、以友輔仁，反而在一起吃喝玩樂，這樣子只是浪費光陰而已。這和〈顏淵篇〉第二十四章曾子說的：「君子以文會友，以友輔仁。」對照來看，更可看出孔子對交友的態度。

第18章

子曰：「君子義以為質❶，禮以行之，孫❷以出之，信以成之。君子哉！」

【校注】

❶ 義以為質——以義為質。是說為人處事，以合理、適宜做為基本原則。

❷ 孫——通「遜」，謙遜。

【直譯】

孔子說：「君子拿義理來作原則，依照禮節來實踐它，用謙遜的言語來表現它，靠誠信的態度來完成它。這樣的人真是個君子啊！」

【新繹】

此章孔子說明君子應有的修養與態度，禮、義二者，發自自己；遜、信二者，用以待人。禮、義說的是德行，遜、信說的是言語。

《左傳．襄公十一年》說：「夫樂以安德，義以處之，禮以行之，信以守之，仁以厲之。」可以拿來和本章對照合讀。

第19章

子曰：「君子病無能焉，不病人之不己知也。」

【直譯】

孔子說：「君子只怕自己沒有能力，不怕別人的不了解自己。」

【新繹】

此章所言，與〈里仁篇〉第十四章及〈憲問篇〉第三十章孔子所說的話，意思一樣。「病」和「患」都是擔心的意思，孔子一直以為求學之要，首在自立，而不是為了虛名。

第20章

子曰：「君子疾沒世而名不稱焉。」

【直譯】

孔子說：「君子痛心離開世界後，卻名聲不能流傳下去。」

【新繹】

上章說，君子貴在自立，而不求虛名，所謂不求虛名，並不是說不要聲名流傳後代。清初顧炎武《日知錄》說：「疾名之不稱，則必求其實，君子豈有務名之心哉？」君子只是不求虛名而已，並不是說不要名。孔子以為：君子求為世用，如果學有所成，對社會人群有貢獻，死後留名，供後人懷念，那是名實相符合，自然是君子熱切的願望。

第21章

子曰：「君子求諸己，小人求諸人。」

【直譯】

孔子說：「君子有事只要求自己，小人有事卻要求別人。」

【新繹】

此章記孔子從為人處事的態度去比較君子和小人的不同。不管做任何事情，君子只問自己是否盡了心力，小人則要求別人；萬一犯了錯，君子也只責備自己，小人則必然怪罪別人。《大學》說：「君子有諸己，而後求諸人。」《中庸》也說：「正己而不求於人。」先要求自己做到，而後才能要求別人。如果自己做不到，就要求別人，那就是所謂小人了。

第22章

子曰：「君子矜❶而不爭，群而不黨❷。」

【校注】

❶ 矜——音「今」，矜持、莊敬自重。

❷ 黨——這裡是朋比、結黨、不公正的意思。

【直譯】

孔子說：「君子矜持卻不和人爭執，合群卻不結黨營私。」

【新繹】

此章孔子說明君子處世待人的道理。莊重矜持無妨，但不可過於嚴肅；平易近人，和樂處眾最好，但不可朋比營私。說的都是要合乎中庸之道，不可過或不及。〈為政篇〉說：「君子周而不比」，〈子路篇〉說：「君子和而不同」，說的都是一樣的道理。

第23章

子曰：「君子不以言舉人，不以人廢言。」

【直譯】

孔子說：「君子不因為一個人口才好就提拔他，不因為人壞就鄙棄他說的話。」

【新繹】

孔子說在上位的君子，要注意別人的談話。因為「有言者不必有德」（見〈憲問篇〉第四章），所以不可以言舉人；因為不肖之人或有善言，所謂「狂夫之言，聖人擇焉」（見《史記・淮陰侯列傳》），所以不可因人廢言。

第24章

子貢問曰：「有一言❶而可以終身行之者乎？」

子曰：「其❷『恕』乎！己所不欲，勿施於人。」

【校注】

❶ 一言——一個字。古人有此用法，例如五千言就是五千個字。

❷ 其——推測的口氣，有大概、應該是的意思。

【直譯】

子貢問道：「有沒有一個字可以終身奉行它的呢？」

孔子說：「大概只有『恕』字吧！自己所不喜歡的，不要加在別人身上。」

【新繹】

此章記孔子告訴子貢，恕道是行仁之方。〈里仁篇〉孔子和曾子談一貫之道，〈顏淵篇〉孔子和仲弓談仁道，都曾經提到這個「恕」字。所謂仁者，忠恕而已矣。忠是盡己之心，恕是推己及人。這一章所說的「己所不欲，勿施於人」，就是「恕」字「推己及人」的另一番解釋。「推己及人」的正面解釋，應是「己欲立而立人，己欲達而達人。」

第25章

子曰：「吾之於人也，誰毀誰譽？如有所譽者，其有所試❶矣。斯民也，三代之所以直道而行❷。」

【校注】

❶ 試——考察、考驗。

❷ 三代句——是說從夏、商、周三代以來就是如此才能直道而行的原因。

【直譯】

孔子說：「我對於別人呀，說誰壞誰好呢？假使有我所稱讚的人，那一定是經我考驗過的。這種人呀，都是夏商周三代所以能直道而行的人。」

【新繹】

此章孔子教人不應隨便對人毀譽。毀謗別人不應該，道理比較容易明白，但隨便稱譽別人，如果沒有實際考查，也不應該，否則就有失正直之道了。最後一句，是孔子說經他查實證明是好人的君子，即使放到三代去和直道而行的古人相比，也不遜色。換句話說，三代所以能直道而行，就是靠這種人。

第26章

子曰：「吾猶及史之闕文❶也，有馬者借人乘之❷……今亡❸矣夫！」

【校注】

❶ 史之闕文——是說史官在史書中有殘缺不懂的地方，就空下來不寫。闕，同「缺」。

❷ 有馬者借人乘之——前人多疑此句七字是衍文。筆者以為或即「史之闕文」的示例。

❸ 亡——同「無」。

【直譯】

孔子說：「我還來得及看到史官存疑的缺字，有馬的人借給別人騎牠……這種情形現在已經見不到了。」

【新繹】

依照前人的解釋，此章是記孔子感嘆兩件事，一是古代史官遇見有疑問的地方，就空著不寫；一是古人有馬不能馴服，就借給別人騎牠來訓練。孔子感嘆說這些事他還看過，但如今已不可見了。可能孔子藉此來告誡大家凡事不要自作聰明。近來有人把上述二事合在一起，說是：孔子看過的史書中，有一部原本有「有馬者借人乘之」這句話，但如今所見的本子卻不見了。這樣似較通順。但我一直以為：此章所記，是孔子感嘆古代良史遇到史書中有殘缺或有疑問的字句，為了慎重起見，不敢隨意增補附會，寧可空缺下來，以待高明。「有馬者借人乘之」就是他所舉例的殘缺句子。

朱熹以為此章旨意難明，不必強解。朱子說得對，我就不強解下去了。

第27章

子曰：「巧言亂德。小不忍，則亂大謀。」

【直譯】

孔子說：「動聽的言論會敗壞道德。小事不能忍耐，便會敗壞重大的計策。」

【新繹】

此章孔子說有兩種會敗壞德行的事情。一是花言巧語，會迷惑人的心志，一是小事不能忍耐，會破壞大計劃。

〈學而篇〉第三章說：「巧言令色，鮮矣仁！」花言巧語，最容易顛倒是非，使人迷惑，古代進讒言的佞者，就是這種人。這種人沒有仁慈之心，當然會做不義敗德的事情，所以《孟子・盡心篇下》也說：「惡佞，恐其亂義也。」亂義就是亂德。

至於「小不忍，則亂大謀」，是說佞者向君上進讒言時，花言巧語，設計陷害忠良，無論是君上或被陷害者，只要不能忍耐，沉不住氣，往往一兩句話或一件小事，就會釀成大禍。像〈顏淵篇〉孔子解釋「辨惑」時就說：「一朝之忿，忘其身，以及其親」，有時候確實是「小不忍」

就會「亂大謀」。這樣說來，這兩件事又是一件事了。

第28章

子曰：「眾惡之，必察焉；眾好之，必察焉。」

【直譯】

孔子說：「大家都討厭他，一定要去考察他；大家都喜愛他，也一定要去考察他。」

【新繹】

此章記孔子教人要有獨立思辨的能力，不可輕易相信別人的毀譽。之、焉二字，在這裡都是指示代名詞，可以指人、物、地、事等等。所以譯文中的「他」，也可以換成「它」。上面第二十五章和第二十七章講的道理，與此可以合看。〈子路篇〉第二十四章記子貢問「鄉人皆好之」、「鄉人皆惡之」的話，也可以一起合讀。

第29章

子曰：「人能弘道，非道弘人。」

【直譯】

孔子說：「人能夠弘揚道理，不是道理能弘揚人。」

【新繹】

此章記孔子說明人與道的關係。先秦諸子學說中的道，範圍極廣，孔子所說的道，比較偏重在人文社會的倫理道德和政治修為方面。至少此章如此。倫理道德和政治修為是由人推動的，人是主動，如果人不努力進修，道再博大精深，也不能使人偉大起來。所以說非道弘人。

第30章

子曰：「過而不改，是謂過矣。」

【直譯】

孔子說：「有了過失卻不改正，這就真叫做過失了。」

【新繹】

人非聖人，孰能無過？剛犯錯時，積染未深，容易改過自新，等到屢過不改，已成積習，那麼就很難矯正了。《穀梁傳．僖公二十二年》有云：「過而不改，又之，是謂之過。」《韓詩外傳》卷三也說：「過而改之，是不過也。」都是這個意思。

第31章

子曰：「吾嘗終日不食，終夜不寢，以思，無益，不如學也。」

【直譯】

孔子說：「我曾經整天不吃，整晚不睡，來苦思，卻沒有益處，還不如去學習的好啊。」

【新繹】

〈為政篇〉第十五章孔子說過：「學而不思則罔；思而不學則殆。」認為讀書和思考同樣重要。此章就「思而不學」的弊病來說。如果不讀書，不聽人說，不看人做，切實去體驗，而只強調思考，那就是流於空想了。流於空想，當然無益。

第32章

子曰：「君子謀道，不謀食也。耕也，餒❶在其中矣；學也，祿在其中矣。君子憂道不憂貧。」

【校注】

❶ 餒——吃不飽。

【直譯】

孔子說：「君子謀求真理，不謀求衣食。即使耕種，飢餓也會在那裡頭產生的；即使讀書，俸祿也會在那裡頭產生的。君子只憂慮真理，不憂慮貧窮。」

【新繹】

孔子勉勵人要志向遠大，不要只關心物質生活。農人種田，是為生活，但碰見荒年，沒有收成，也會挨餓的。而好好讀書，學有所成，一樣可得到俸祿，獲得物質生活上的滿足。這是孔子勉勵學生的話，不必解讀為孔子鄙視食祿。

第33章

子曰：「知❶及之，仁不能守之；雖得之，必失之。知及之，仁能守之，不莊以涖❷之，則民不敬。知及之，仁能守之，莊以涖之；動之不以禮，未善也。」

【校注】

❶ 知——同「智」。

❷ 涖——原作「蒞」，二字通用。

【直譯】

孔子說：「才智可以得到它，仁德不能保持它；即使得到它，也一定會失去它。才智可以得到它，仁德能夠保持它；假使不莊重的來面對它，那麼人民也不會尊敬。才智可以得到它，仁德能夠保持它，而且也能莊重的來面對它；但假使感化他們不用禮節，也還是不夠完善呀。」

【新繹】

內文談到「不莊以蒞之，則民不敬」，足證此章是對在上位者而言。「之」指其官職。在上位者居官治民，不但要有智慧才能，而且還要有仁德、莊嚴、禮節。此章說理，一層比一層重要，層次非常分明。

第34章

子曰：「君子不可小知而可大受也，小人不可大受而可小知也。」

【直譯】

孔子說：「君子不可以從小事觀察，卻可以把大事交給他呀；小人不可以把大事交給他，卻可以從小事觀察呀。」

【新繹】

此章孔子教人從處理事情方面去辨別君子小人的不同。小人注意細節，不識大體，所以適合找他處理小事情，而君子通常識大體而不關心細節，所以適合由他處理大事務。

〈泰伯篇〉曾子說：「可以託六尺之孤，可以寄百里之命，臨大節而不可奪也；君子人與？君子人也！」《淮南子．主術訓》說：「有大略者，不可責以捷巧；有小智者，不可任以大功。」又說：「審毫釐之計者，必遺天下之大數；不失小物之選者，惑於大數之舉。譬猶狸之不可使搏牛，虎之不可使搏鼠也。」這些話，都可與本章對照。

第35章

子曰：「民之於仁也，甚於水火。水火，吾見蹈而死者矣，未見蹈仁而死者也❶。」

【校注】

❶ 吾見蹈二句——定州簡本「蹈」作「游」，「蹈仁」作「游於仁」。蹈，指火而言；游，指水而言。義皆可通。

【直譯】

孔子說：「人民對於仁道的需要，超過了水火。水火裡，我看見踩進去而死掉的人，卻不曾看見走向仁道而死去的人。」

【新繹】

此章孔子勉勵人要推行仁道。孔子說水火是人們日常生活需要的東西，但它們有時候會傷害人的身體，而仁道所包含的忠恕禮義等等，也是人們日常生活裡需要的規範，雖然實踐起來也有難處，但無論如何，它們不像水火那樣，會傷害人的身體。

第36章

子曰：「當仁，不讓於師。」

【直譯】

孔子說：「面對仁義的事情，不必對老師謙讓。」

【新繹】

孔子教人勇於實踐仁道。仁道就是義之所在，理之所在。拜人為師，是為了進德修業，學習做人的道理。平日見到老師，要謙讓示敬，但一旦有仁義之事需要及時處理時，就不必謙讓了。因為一謙讓，就表示自己不能力行。

第37章

子曰：「君子貞而不諒❶。」

【校注】

❶ 貞而不諒——貞，正、言行堅持一致。諒，小信，是說講信用卻又固執，有時是不問是非的堅持。

【直譯】

孔子說：「君子堅貞卻不拘小節。」

【新繹】

孔子以為君子必須固守節操，依正道而行，但也不必過於固執，拘泥小信。上文〈子路篇〉

第二十章所說的：「言必信，行必果，硜硜然小人哉！」就是指過於拘泥小信小節的人。

諒者，信也，明也。但有時過於堅持、強調，不知變通，不能明察，就會有流弊。例如：發現事先承諾的約定，是錯誤的，卻還是照樣的固執信守，那就是不問是非了。所以信有兩種，一種是貞正而信，一種是信而不通，即小信。

第38章

子曰：「事君，敬其事而後其食。」

【直譯】

孔子說：「侍奉君上，要先慎重自己的工作，而後才考慮自己的俸祿。」

【新繹】

此章孔子教人事奉君上的道理。先敬業，努力工作，而後才論報酬，這樣比較容易獲得君上的信任。「事君」是古人的用語，換成現代人的觀念，說的就是貢獻國家，服務社會。

第39章

子曰：「有教無類。」

【直譯】

孔子說：「（我對學生）只有教導，不分什麼類別。」

【新繹】

人一出生，就有貧富、貴賤等等的差別，而且人的才性也往往有智愚、賢不肖的不同。孔子以為雖然有這些差異，但任何人受教育的機會應該是平等的，所以上文〈述而篇〉第七章說：「自行束脩以上，吾未嘗無誨焉。」孔子所以被稱為偉大的教育家，道理即在於此。

第40章

子曰：「道不同，不相為謀。」

【直譯】

孔子說：「志向不同，就不彼此互相討論。」

【新繹】

人各有志，如果志向不同，就很難有共同的話題；即使有共同的話題，也很難有一起討論的興趣。善與惡、正與邪，本來就很難相與謀的。

第41章

子曰：「辭，達而已矣。」

【直譯】

孔子說：「言辭，能夠表達意思就夠了。」

【新繹】

孔子以為言辭通暢明白即可，不必求其富麗。《左傳．襄公二十五年》引孔子的話說：「言以足志，文以足言。不言，誰知其志？言之無文，行而不遠。」意思相同。不過，也不可小看「達」這個字，說話作文要明白通暢，恰到好處，其實也不簡單。

第42章

師冕❶見，及階，子曰：「階也。」及席，子曰：「席也。」皆坐，子告之曰：「某在斯，某在斯。」

師冕出，子張問曰：「與師言之道與❷？」子曰：「然，固相❸師之道也。」

【校注】

❶ 師冕——人名。師，樂師，官名。冕，這位樂師的名字。古代的樂師一般都是瞎子。

❷ 與師言之道與——這是和樂師談話的方法嗎。與，同「歟」。

❸ 相——讀去聲（音「向」），扶持、幫助。

【直譯】

瞎眼的樂師冕來見孔子，他走到臺階前，孔子說：「這是臺階呀。」走到坐席前，孔子說：「這是坐席呀。」都坐定後，孔子告訴他說：「某人在這裡，某人在這裡。」

師冕出去後，子張問道：「這是和樂師談話的方法嗎？」孔子說：「是的，這本來就是幫助樂師的方法呀。」

【新繹】

古代的樂師，一般都是瞎子。古人重視禮樂，很多重要的典禮或宴會，多要樂師出席演奏。因為是瞎子，所以走路、上下臺階及坐席就位時，都需要相者幫忙扶持。此章記樂師冕到了階前席前時，孔子都要出聲告訴他位置，這是表示孔子善體人意，也是對瞎子應有的禮貌。

【十六】季氏篇

本篇共十四章，泛言世變，每舉禮義，多論正名之道、君子之行。各章皆標「孔子曰」，與前十五篇僅標「子曰」者不同，尤以字數多而記敘詳，大異於前。故或疑非孔子之徒所記，抑或出自七十子後人、鄒魯儒生之手。朱熹疑本篇是《齊論語》。

第1章

季氏將伐顓臾❶。冉有、季路見於孔子曰：「季氏將有事❷於顓臾。」

孔子曰：「求，無乃爾是過與❸？夫顓臾，昔者先王以為東蒙主❹，且在邦域之中矣，是社稷之臣也。何以伐為❺？」

冉有曰：「夫子❻欲之，吾二臣者皆不欲也。」

孔子曰：「求，周任❼有言曰：『陳力就列❽，不能者止。』危而不持，顛而不扶，則將焉用彼相❾矣？且爾言過矣，虎、兕出於柙❿，龜、玉毀於櫝⓫中，是誰之過與？」

冉有曰：「今夫顓臾固而近於費。今不取，後世必為子孫憂。」

孔子曰：「求，君子疾夫舍曰欲之而必為之辭⓬。丘也聞有國有家者，不患寡而患不均，不患貧而患不安。蓋均無貧，和無寡，安無傾。夫如是，故遠人不服，則修文德以來之；既來之，則安之。今由與求也，相夫子⓭，遠人不服，而不能來也；邦分崩離析，而不能守也；而謀動干戈於邦內。吾恐季孫之憂，不在顓臾，而在蕭牆之內⓮也。」

【校注】

❶ 季氏將伐顓臾——季氏，指季康子，魯國權臣「三家」之一。顓臾，音「專與」，國名，魯國的附庸國

家，故城在今山東省費縣西北。

❷ 將有事——準備發動戰爭。

❸ 無乃爾是過與——這恐怕是你（們）的過失吧。無乃，無非是。爾，你。過，過失。與，同「歟」。下文「是誰之過與」，同。

❹ 東蒙主——東蒙山的主祭人。東蒙，山名，在今山東省蒙陰縣西南，鄰接費縣。

❺ 何以伐為——何以，因何、為何。為，語末助詞。皇侃本作「何以為伐也」。

❻ 夫子——老人家、老先生。古代對大夫的尊稱。這裡指季氏（季康子）。

❼ 周任——周朝一位賢良的史官。

❽ 陳力就列——施展才力在團隊之中。

❾ 焉用彼相——何必用那些輔政的臣子。相，音「向」，助、輔佐，這裡作名詞用。

❿ 虎、兕出於柙——老虎兕牛從牢籠中跑出來。兕，音「似」，一種獨角的野牛。柙，音「匣」，柵欄、牢籠。

⓫ 櫝——音「讀」，木匣、木櫃。

⓬ 君子疾夫句——君子痛恨這種不肯明說想要，卻盡力找藉口的說法。疾，厭惡。夫，音「扶」，指下文「舍曰欲之而必為之辭」。舍，同「捨」。

⓭ 相夫子——幫助他老人家（指季康子）。

⓮ 蕭牆之內——蕭牆，在門口用作屏障的土牆，君臣相見行禮處。一說指自己家裡。

【直譯】

季氏準備攻伐顓臾。冉有、季路來見孔子，說：「季氏準備對顓臾採取行動。」

孔子說：「求，這無非是你（們）的過錯吧？那顓臾，是從前先王派來做東蒙山的主祭者，而且就在國境之內，也是國家的臣屬呀。為什麼要討伐它呢？」

冉有說：「是他老人家要這樣做的，我們兩位做臣子的都不贊成。」

孔子說：「求，周任有這樣的話說：『奉獻力量去就任職位，不能做好的就該辭退。』假如有危險卻不保護，要倒下卻不扶起，那麼又何必用那輔助的人呢？而且你說錯了，試問老虎、兕牛從柵欄裡跑出來，龜甲、美玉在匣櫃裡毀壞了，這是誰的過失呢？」

冉有說：「如今顓臾城郭堅固而且接近季孫的費邑。現在要是不攻下來，將來一定會成為子孫們的憂患。」

孔子說：「求，君子厭惡這種不肯明說想要它卻盡力為它掩飾的說法。我孔丘聽說有國的諸侯和有家的卿大夫，不擔心人民少，只擔心財富不平均；不擔心人民窮，只擔心社會不安定。因為財富平均就沒有貧窮，人民和諧就不致寡弱，社會安定就不會傾危。假使能夠這樣子，遠方的人仍舊不來歸順，就再修治文化道德來招撫他們。等到已經招撫他們了，就要安定他們。如今由和求你們兩個人，輔佐季氏他老人家，遠方的人不來歸順，又不能設法招撫；國家破碎支離，又不能設法維持，卻反而計劃在國內發動戰爭。我恐怕季孫的憂患，不在顓臾，卻在魯君的門牆之內哩！」

【新繹】

此篇有人以為原是齊國所傳的《論語》本子，已難以確考。不過，本篇的「子曰」，都稱為「孔子曰」，文體果然與他篇不同。

這一章記孔子訓誡門人冉有（求）、季路（子路）不能以大義勸阻權臣季氏專恣征伐之事。當時冉有、季路做季氏季康子的家臣。季康子執政當權，魯君魯哀公想要削除他。顓臾是直屬魯君的附庸國，季氏怕將來對自己不利，想要派兵先消滅它。冉有、季路把這消息告訴了孔子。孔子聽了之後，以為顓臾是先王封國，又在魯國邦域之中，是社稷之臣，從這些方面論，都不應該是季氏攻伐的對象。然後孔子引用古代良史周任的話，說冉有、季路二人既然知道此事不妥，就應該勸阻季氏出兵，如果季氏不聽，則應當掛冠求去。孔子用「虎、兕出於柙，龜、玉毀於櫝中」來做比喻，說明此乃典守者之過，亦即說季氏假若真的攻伐顓臾，冉有、季路二人也有不盡言責之失。

等到冉有為季氏說話，企圖卸責時，孔子又說了「不患寡而患不均，不患貧而患不安」以及「遠人不服，則修文德以來之；既來之，則安之」的道理。這是孔子重要的政治主張。從他的話中，可以知道孔子反對戰爭，愛好和平，主張用文化道德的感召，來取代戰爭武力的征伐。這些都是非常重要而且寶貴的思想。

此章所記季氏將伐顓臾之事，不見於史傳記載，可見後來並未成為事實。有人以為這應該與孔子的諫止有關。

當時魯國君弱而臣強，季氏和孟孫、叔孫當權，魯君不免有危亡之感，所以後來魯哀公時，真的曾經發生哀公奔往越國借兵，想要伐魯而去季氏之事。此是後話，不贅。

冉有、季路二人同任季氏家臣，大約在魯哀公十一年至十四年之間。季路比冉有年長，平日性情也比較剛直好勝，可是在本章之中，在孔子面前，卻由冉有代表發言，有人推測原因是：冉有當時在季氏的職位比較高，也可能是子路心有愧疚，所以一言不發。

第2章

孔子曰：「天下有道，則禮樂征伐自天子出❶；天下無道，則禮樂征伐自諸侯出。自諸侯出，蓋十世希不失❷矣；自大夫出，五世希不失矣；陪臣執國命，三世希不失矣。天下有道，則政不在大夫；天下有道，則庶人不議。」

【校注】

❶ 自天子出——由天子發號施令，意思是由天子決定。

❷ 蓋十世希不失——蓋，大概。十世，經歷十代。希，通「稀」，少的意思。失，失位。

【直譯】

孔子說：「天下上軌道，那麼制禮作樂、出征討伐的事，都由天子發令；天下不上軌道，那麼制禮作樂、出征討伐的事，便由諸侯發令。由諸侯發令，大概傳到十代就很少不喪失執政權的了；由大夫發令，傳到五代就很少不喪失執政權的了；假使是大夫的家臣主持國政，傳到三代就很少不喪失執政權的了。天下上軌道，那麼執政權不會在大夫手裡；天下上軌道，那麼一般民眾不會非議政府。」

【新繹】

此章記孔子據當日觀察所得，討論國政得失的道理。他以為禮樂制度和征伐號令都由天子作主頒布，那就是政治上軌道，如此則平民也不會私下議論政事。可是據孔子的觀察，西周時尚且如此，但東周以後，君弱臣強，執政大權已下移諸侯了。後來卿大夫把持國政，目無國君，政權又下移於大夫。甚至大夫所用的家臣，也有擅權作主的。例如齊桓公以後，周天子已無發號施令的能力，而齊自桓公稱霸，歷孝公、昭公、懿公、惠公、頃公、靈公、莊公、景公、悼公、簡公十公，至簡公而為陳恆所殺；晉自文公稱霸，歷襄公、靈公、成公、景公、厲公、悼公、平公、昭公、頃公九公，六卿專權，這些都是孔子親見之史事。也就是「十世希不失」的例子。魯國自季友專政，歷文子、武子、平子、桓子而為陽虎所執，這是「五世希不失」的例子。至於「三世希不失」的例子，像魯國家臣南蒯、公山弗擾、陽虎等人都是當身而敗，連三世都不到。

可見孔子的評論，都有史實依據，並非憑空臆造。

第3章

孔子曰：「祿之去公室五世❶矣，政逮於大夫四世❷矣，故夫三桓之子孫❸微矣。」

【校注】

❶ 五世——指魯宣公、成公、襄公、昭公、定公五代。

❷ 四世——季氏專政，在魯定公時，已歷文子、武子、平子、桓子四代。

❸ 三桓之子孫——魯國三卿仲孫（孟孫）、叔孫、季孫都是魯桓公之後，所以稱「三桓」。

【直譯】

孔子說：「（魯國）政權離開魯君公室已經五代了，政權把持在大夫手中已經四代了，所以那三家桓公的子孫也將要衰微了。」

【新繹】

此章承上章之餘，而專論魯國政事。魯君自魯文公死後，已歷宣、成、襄、昭、定五公，都無政治權力，所以說：「祿之去公室五世矣。」而季氏專政，在定公時，已歷季文子、武子、平子、桓子四代，所以說：「政逮於大夫四世矣。」而季孫、孟（仲）孫、叔孫都出於魯桓公之後，所以稱為「三桓」或「三家」。他們的子孫到了魯定公時，勢力也逐漸衰微了。孔子說這些史實，應有警惕魯國權臣的意味。

第4章

孔子曰：「益者三友，損者三友。友直，友諒❶，友多聞，益矣。友便辟❷，友善柔，友便佞，損矣。」

【校注】

❶ 友諒——友，作動詞用，交友。諒，誠信。

❷便辟——便，音「駢」，熟習。辟，通「僻」，偏頗、不正直。一說：便，順人所欲；辟，避人所惡。

【直譯】

孔子說：「有益的有三種朋友，有害的也有三種朋友。交正直的朋友，交誠信的朋友，交博學多聞的朋友，是有益的。交善於周旋的朋友，交善於恭維的朋友，交善於口辯的朋友，是有害的。」

【新繹】

此章孔子教人要慎於交友。朋友在一起，會彼此影響，如果所交的是益者三友，對自己的進德修業，當然有所幫助，否則，所交的是損友的話，遲早會身受其害。以下幾章，孔子說明道理，舉例常分三種，這是孔子說話的特色。

〈公冶長篇〉第二十五章孔子說的「巧言，令色，足恭」，和本章所說的「損者三友」，對照來看，孔子的交友之道，可以思過半矣。

第5章

孔子曰：「益者三樂，損者三樂。樂節禮樂❶，樂道人之善，樂多賢友，益矣。樂驕樂，樂佚遊，樂晏樂，損矣。」

【校注】

❶ 樂節禮樂——樂於協調禮樂。上「樂」字動詞，讀「勒」或「耀」，下「樂」字名詞，音「悅」。

【直譯】

孔子說：「有益的有三種愛好，有害的也有三種愛好。樂於調節禮樂，樂於稱揚別人的好處，樂於多交賢能的朋友，是有益的。樂於驕傲放縱，樂於安逸遊蕩，樂於飲宴荒淫，是有害的。」

【新繹】

此章孔子教人要注意自己的嗜好。嗜好有好有壞，他舉例說明各有三種。好的重在精神德性的修養，壞的偏於身體物欲的追求。

第6章

孔子曰：「侍於君子有三愆❶：言未及之而言謂之躁，言及之而不言謂之隱，未見顏色而言謂之瞽❷。」

【校注】

❶ 愆——音「千」，過失。

❷ 瞽——音「鼓」，盲目、瞎眼。

【直譯】

孔子說：「侍奉君子時常犯的有三種過失：話還不到該說的時候就說，這叫做急躁；話到了該說的時候不說，這叫做隱瞞；還沒察看臉色就說話，這叫做瞎眼。」

【新繹】

此章孔子教人說話要注意適當的時機。這裡的「君子」，是指在上位者。《荀子・勸學篇》說：「未可與言而言，謂之傲；可與言而不言，謂之隱；不觀氣色而言，謂之瞽。君子不傲，不隱，不瞽，謹順其身。」顯然是受了此章的影響，但他所說的「君子」，是就有品德修養的君子而言。

第7章

孔子曰：「君子有三戒：少之時，血氣未定，戒之在色；及其壯也，血氣方剛，戒之在鬥；及其老也，血氣既衰，戒之在得。」

【直譯】

孔子說：「君子有三件要警戒的事情：少年的時候，血氣尚未固定，要警戒的是色欲；等到他壯年了，血氣正值旺盛，要警戒的是爭鬥；等到他老年了，血氣已經衰弱了，要警戒的是貪得。」

【新繹】

此章孔子教人從小到老要注意控制自己的血氣情性，都不可放縱。少年時放縱，就容易犯色戒；壯年時放縱，就容易犯殺戒；老年時放縱，就會貪得無饜。

少年、壯年、老年究竟是指多少年紀，古人未有定論。《禮記．曲禮》說：「三十曰壯」，大概三十歲稱壯年，三十歲以下稱少年。《禮記．王制》又說：「五十始衰」，五十歲才開始衰老，不過真正的老年，是指七十歲以後。

第8章

孔子曰：「君子有三畏：畏天命，畏大人，畏聖人之言。小人不知天命而不畏也，狎大人，侮聖人之言。」

【直譯】

孔子說：「君子有三件敬畏的事情：敬畏上天的意旨，敬畏地位崇高的大人物，敬畏聖人的言論。小人不知道天命因而不怕，輕視道德崇高的大人物，戲侮聖人的言論。」

【新繹】

此章孔子說明君子對三件事有敬畏之心，小人則否。君子敬畏的事情，孔子舉了三個例子：君子敬鬼神，所以畏天命；知禮義，所以畏大人；明是非，所以畏聖人之言。天命不可測，大人在上位，聖人有道德。小人因為沒有誠敬之心，不明禮義，不講是非，所以不怕。舉三例是概括言之，並不是說君子真的只有這「三畏」。

「大人」自然是大人物，包括在上位的王公大人和道德崇高的人。上言「天命」，下言「聖人之言」，因此這裡的「大人」，筆者以為主要是就崇德者而言。

第9章

孔子曰：「生而知之者，上也；學而知之者，次也；困而學之，又其次也；困而不學，民斯為下矣。」

【直譯】

孔子說：「生來就懂得道理的人，是上等人；學習然後懂得道理的人，是次一等的人；遇見困難才去學習它的人，是再次一等的人；遇見困難也不學習的人，這種人就是最下等的人了。」

【新繹】

孔子依照人的稟賦和學習態度的不同，將人分為四等。他分類的重點，應該是鼓勵「困而學之」以上的人要善用天賦，更求進步，而對於「困而不學」的人，則予以警告。

孔子評論事物，常常採用三段論法，例如上面幾章都是，此章表面上看，將人的資質分為四種，似乎不同，但仔細推究，其實仍是三種而已。《中庸》就說：「或生而知之，或學而知之，或困而知之。及其知之，一也。」「困而學之」和「困而不學」其實都屬於「困」的一種，它們的差別，在於學與不學而已。如果肯學，那還是可以趕得上「生而知之」和「學而知之」的人。孔子藉此來說明「學」的重要。

第10章

孔子曰：「君子有九思：視思明，聽思聰，色思溫，貌思恭，言思忠，事思敬，疑思問，忿思難，見得思義。」

【直譯】

孔子說：「君子有九種要用心想到的事情：看時要想到看明白，聽時要想到聽清楚，臉色要想到溫和，容貌要想到端莊，說話要想到誠實，做事要想到認真，疑問要想到請教，發怒要想到後患，看見利益要想到該不該得。」

【新繹】

此篇各章所記，常以數目字來列述事項。在古人觀念裡，像「三」、「九」這些數目字，蓋泛指多數而言，不必呆看，以為恰恰是「三」、「九」。

此章孔子說君子有九件事必須常常提醒自己。這裡的「君子」，兼指在上位者和有道德修養的人，而「九思」的「思」，有自我反省之意。所列的九件事，都與待人接物有關，而且都是日常生活中就會隨時遇見之事，所以可以應用到每個人身上。《尚書．洪範篇》說：「貌曰恭，言曰從，視曰明，聽曰聰，思曰睿。」比較起來，本章說得詳細些，其中「事思敬」、「忿思難」、「見得思義」等項，都與人事行政有關，也都與道德修養有關，而這個也才是孔子立論的重點。

第11章

孔子曰：「『見善如不及，見不善如探湯。』吾見其人矣，吾聞其語矣。『隱居以求其志，行義以達其道。』吾聞其語矣，未見其人也。」

【直譯】

孔子說：「『看見善良的就好像怕趕不上，看見不善良的就好像觸摸到滾燙的水。』我看過這樣的人了，我聽過這樣的話了。『退避隱居來保全自己的節操，出仕行義來實現自己的理想。』我聽過這樣的話了，卻沒有看過這樣的人呀。」

【新繹】

此章記孔子慨嘆德行兼備的不易。「見善如不及，見不善如探湯」、「隱居以求其志，行義以達其道」，都是孔子引述前人的話語，說明德行兼備的君子，善善惡惡，把是非得失分辨得很清楚，所以能夠窮則獨善其身，達則兼濟天下。

第12章

齊景公❶有馬千駟，死之日，民無德而稱焉。伯夷、叔齊餓于首陽之下❷，民到於今稱之。其斯之謂與❸？

【校注】

❶ 齊景公——見〈顏淵篇〉第十一章。

❷ 伯夷叔齊句——見〈公冶長篇〉第二十三章。首陽，山名，在今山西省永濟市，一說河南省偃師市西北。

❸ 其斯之謂與——所說的就是這種情況吧。與，同「歟」。

【直譯】

齊景公有馬四千匹，他死的時候，人民沒有感德而稱頌他的。伯夷、叔齊餓死在首陽山之下，人民直到現在還稱頌他們。所說的道理，就是這樣的意思吧？

【新繹】

此章因為句首沒有「孔子曰」，所以前人懷疑應與其他章句合為一章。例如宋儒程頤、朱熹都懷疑此章為〈顏淵篇〉第十章末二句「誠不以富，亦祇以異」上下文的錯簡。不過，並無證據。

此章重在勉人敦品勵德，寧可如伯夷、叔齊之餓死，不可如齊景公之貪物欲。看起來，與上章似有關聯，合為一章，亦無不可。

第13章

陳亢❶問於伯魚❷曰：「子亦有異聞乎？」

對曰：「未也。嘗獨立，鯉趨而過庭。曰：『學《詩》❸乎？』對曰：『未也。』『不學《詩》，無以言。』鯉退而學《詩》。他日，又獨立，鯉趨而過庭。曰：『學禮乎？』對曰：『未也。』『不學禮，無以立。』鯉退而學禮。聞斯二者。」

陳亢退而喜曰：「問一得三：聞《詩》，聞禮，又聞君子之遠其子❹也。」

【校注】

❶ 陳亢——就是孔子的學生子禽。見〈學而篇〉第十章。

❷ 伯魚——孔子的兒子，名鯉，字伯魚，也是孔子的學生。

❸《詩》——指《詩經》。已見前。

❹ 遠其子——不偏心獨厚他自己的兒子。遠，讀去聲，作動詞用。

【直譯】

陳亢向伯魚問道：「您有沒有得到特別的教誨啊？」

（伯魚）答道：「沒有。有一次父親獨自站著，我快步地經過庭前，他問說：『學《詩》了嗎？』我答道：『沒有。』（他說）『不學《詩》，就沒有辦法來酬答應對。』我退下後就去學《詩》。後來有一天，他又獨自站著，我快步地經過庭前。他問說：『學禮了嗎？』我答道：『沒有。』（他說）『不學禮，就沒有辦法來立身。』我退下後就去學禮。只聽到這兩件。」

陳亢退下後，高興地說：「問一件事卻學得三樣道理：知道學《詩》，知道學禮，又知道君子不偏私自己的兒子。」

【新繹】

此章記述陳亢與孔子兒子孔鯉的對話，從中我們可以知道孔子對《詩經》和禮制的重視，它們的功用以及他不偏私的教學精神。上文〈述而篇〉第二十四章，孔子曾說：「二三子以我為隱乎？吾無隱乎爾！」可見他教學生和教自己的孩子，沒有什麼不同，沒有什麼「家傳祕方」。這才是真正的教育家。

第14章

邦君之妻，君稱之曰夫人，夫人自稱曰小童。邦人稱之曰君夫人，稱諸異邦曰寡小君。異邦人稱之，亦曰君夫人。

【直譯】

國君的妻子，國君稱她為「夫人」，夫人自稱為「小童」。國內的人稱她為「君夫人」，對外國人稱她為「寡小君」。外國人稱她，也是「君夫人」。

【新繹】

此章記君夫人的稱謂。據何晏《論語集解》引孔安國的《古文論語訓解》云：「當此之時，諸侯嫡妾不正，稱號不審，故孔子正言其禮也。」可知漢初仍以此章為孔子所言，如此則句首當闕「孔子曰」或「子曰」。不過，疑此章乃後人所摻入的學者也不少，像清人崔述《洙泗考信錄》就有這樣的看法。《論語》一書，像上面的〈鄉黨篇〉，下面的〈微子篇〉、〈堯曰篇〉，這幾篇的篇末，都有若干章節被懷疑不是《論語》的原文，而是後人所攙入的。

近來有學者根據新出土的定州漢墓竹簡《論語》，亦收有此章，確信應非後人所攙入。推其用意，應在於孔子講求名正言順，希望通過邦君之妻的稱謂，正其名份，以期恢復禮制。

#【十七】陽貨篇

本篇共二十六章，多論處世之方、習性之成和禮樂之教，同時對君子、小人其行之各異，和古今世風之不同，作比較評論。漢石經凡二十六章，何晏《論語集解》把第二、第三兩章合為一章，第九、第十兩章合為一章，故題二十四章。

第1章

陽貨❶欲見孔子，孔子不見，歸孔子豚❷。孔子時其亡❸也，而往拜之，遇諸塗❹。謂孔子曰：「來，予與爾言。」曰：「懷其寶而迷其邦，可謂仁乎？」曰：「不可。」「好從事而亟失時❺，可謂知乎？」曰：「不可。」「日月逝矣，歲不我與❻。」孔子曰：「諾。吾將仕矣。」

【校注】

❶ 陽貨——有人以為就是季氏的家臣陽虎。陽虎曾囚其主季桓子而專魯政，後來他試圖剷除三桓，失敗後逃往齊國，最後逃到晉國，投靠趙簡子。
❷ 歸孔子豚——送給孔子小豬。歸，通「饋」，贈送。豚，音「屯」，此指蒸熟的小豬。
❸ 時其亡——時，通「伺」，等候。亡，同「無」，不在家。
❹ 遇諸塗——遇之於途。諸，之乎、之於的合音。塗，同「途」，路上。
❺ 亟失時——屢次失去機會。亟，音「氣」，屢次、常常。
❻ 歲不我與——「歲不與我」的倒裝句。

【直譯】

陽貨想見孔子，孔子不肯見，他便送給了孔子一隻小豬。孔子伺候他不在家的時候，才去拜謝他，卻遇見他在途中。他對孔子說：「來，我跟你說話。」

陽貨說：「有人抱著一身的才略，卻聽任他的國家昏亂，可以說是仁者嗎？」（孔子）說：「不可以的。」

「喜歡從政做事，卻屢次錯過機會，可以說是智者嗎？」（孔子）說：「不可以的。」

「日月消逝，年歲是不等待我們的。」孔子說：「是，我打算出來做官了。」

【新繹】

陽貨的名字未曾見於《左傳》，但據《孟子．滕文公篇下》說：「陽貨欲見孔子而惡無禮。大夫有賜於士，不得受於其家，則往拜其門。陽貨矙孔子之亡也，而饋孔子蒸豚。」可見陽貨見孔子之事，早就流傳，漢儒孔安國、宋儒朱熹等也都以為陽貨即季氏的家臣陽虎。雖然東漢趙岐注《孟子》時說：「陽貨，魯大夫也。陽虎，魯季氏家臣也。」似乎陽貨、陽虎未必同為一人。但貨、虎二字同音相假，尋繹文中語氣，陽貨又必為位高權重之人，與孔子同時者，固非陽虎莫屬。

此章所記，頗為生動，一方面寫陽貨的殷勤，勸孔子出仕；一方面寫孔子的應對，都非常得宜。孔子不見者，可能是因為陽虎曾囚季桓子，以下犯上，名聲不佳，這是義的表現；孔子往拜者，是因為按禮：大夫送禮，應當親往拜謝，這是守禮的表現。必伺其不在家才去拜謝的原因，是想禮到即可，相見無益也；在途中相遇而不避者，是不想過於決絕；隨問而對、對而不辯者，是既合情理而又謙遜的表現。從此章歷歷如繪的描述中，可以想見二人當時的神態，以及孔子的善於應對、交往，完全合乎中庸之道。

此章分段斷句，歷來頗多學者主張「曰：懷其寶而迷其邦」以下，至「歲不我與」為止，都是陽貨自問自答之辭，包括三個「曰」，兩個「不可」，都非孔子所說。清儒閻若璩、毛奇齡、王引之、俞樾等等，也都引為例證。這樣的解讀，自可成立，但筆者反復推敲，仍然覺得文中陽貨「來，予與爾言」，並非虛筆，故仍以作二人對話為宜。

第2章

子曰：「性相近也，習相遠也。」

【直譯】

孔子說：「人的天性本是彼此近似的，習染卻使彼此相差遠了。」

【新繹】

此章記述孔子說明人的善惡，也會受到後天環境的影響。孔子既然說：「性相近」，當然是說每個人天生的稟性氣質雖有不同，但不會差別太大，只要後來好好學習，都會去惡而向善。後來孟子倡言人性是善的，荀子力主人性是惡，各有道理，但較之孔子所說的「性相近」，似乎是過於求之兩端了。

第3章

子曰：「唯上知與下愚不移。」

【直譯】

孔子說：「只有上等的智者和下等的愚人不能改變。」

【新繹】

此章與上章可以合看。上章所言「性相近、習相遠」，都是就一般人而言。孔子的一切主張，本來就是為一般肯受教育的人而發。因為上智者生而知之，不學而能，而下愚者困而不學，自暴自棄，都是屬於極少數。此章所記，只是說孔子認為「唯上知與下愚不移」，並不是說這兩種人不能接受教育。先天的稟性氣質是一回事，後天的學習教養是另一回事。

第4章

子之武城❶，聞弦歌之聲。夫子莞爾❷而笑，曰：「割雞焉用牛刀？」子游對曰：「昔者偃也❸聞諸夫子曰：『君子學道則愛人，小人學道則易使也。』」子曰：「二三子！偃之言是也。前言戲之耳。」

【校注】

❶ 之武城——前往武城。之，作動詞用，往。武城，地名，在今山東省費縣西南。子游在這裡做邑宰。

❷ 莞爾——莞然，形容微笑的樣子。莞，音「宛」，植物名。此以莞之萌芽形容人之微笑。

❸ 偃也——子游自稱。子游名「偃」。已見前。

【直譯】

孔子到武城去，聽到了彈奏琴瑟、歌唱詩篇的聲音。孔子微微地笑著，說：「殺雞何必用宰牛的刀？」

子游答道：「以前我聽過老師這樣說：『執政者學習禮樂就能愛護人民，老百姓學習禮樂就容易聽從指揮呀。』」

孔子說：「你們幾位同學！言偃的話是對的啊。我剛才的話開他玩笑而已。」

【新繹】

此章記孔子非常欣賞子游能以禮樂管理武城。「殺雞焉用牛刀」，一是開玩笑，說管理武城這種小地方，哪裡需要大有用處的禮樂，一是惋惜子游這樣的人才，大材小用了。從孔子的先是「莞爾而笑」，到後來他告訴身邊的幾位學生，說「前言戲之耳」，可以看出孔子的欣賞之情，以及他親切溫馨的一面。

此章記子游與孔子對話時，當面稱孔子為「夫子」，這是前十篇所未見的，下面第七章記子路與孔子的對話也一樣。可見《論語》後十篇確實和前十篇有些地方不相同。

第5章

公山弗擾❶以費畔❷，召，子欲往。

子路不說❸，曰：「末之也已，何必公山氏之之❹也。」

子曰：「夫召我者，而豈徒哉？如有用我者，吾其為東周乎！❺」

【校注】

❶公山弗擾——人名，即公山不狃，字子洩。始為季桓子費邑宰，後不得意，遂內結陽虎據費以叛。事見《左傳》定公五年、八年、十二年及哀公八年。不過《左傳》定公十二年所寫的公山不狃反叛魯國時，不但沒有請孔子去，而且孔子當時正為魯司寇，反而派人打敗了他。因此有人以為《論語》這段文字不可信。但也有人以為《論語》與《左傳》所記，係定公五年、八年之事，是一前一後的兩回事，不可混為一談。

❷以費畔——以費邑為根據地，來反叛季氏。畔，通「叛」，叛變。

❸說——同「悅」，高興。

❹之之——前「之」字，助詞。後「之」字，動詞，前往的意思。

❺吾其為東周乎——我將在東方復興周朝的王道呢。其，將、表示希望的語氣。

【直譯】

公山弗擾據守費邑反叛，召見孔子，孔子準備去。

子路不高興，說：「沒有地方去就算了，何必到公山氏那裡去呢？」

孔子說：「那叫我去的人，難道是徒然叫我去的嗎？如果有用我的機會，我將在東方復興周朝的教化呢！」

【新繹】

此章記孔子不避亂世，一直想復興周公之道。公山弗擾，歷來都認為即《左傳》的公山不狃。公山不狃是季氏家臣，為費城宰。據《史記．孔子世家》的記載，魯定公八年，公山不狃乘陽虎為亂，共同囚禁季桓子，但最後竟被季桓子逃脫了。定公九年，孔子五十歲，陽虎逃往齊國，公山不狃則據費城叛變季氏，並派人召請孔子。孔子本擬前往，但因子路等人反對，最後沒有成行。此章所記，應即魯定公九年之事。不過，因為《左傳》沒有公山不狃據費叛而召孔子的記載，所以清人像趙翼的《陔餘叢考》和崔述的《洙泗考信錄》，都認為此章所記不可靠。

第6章

子張問仁於孔子。孔子曰：「能行五者於天下為仁矣。」「請問之。」曰：「恭，寬，信，敏，惠。恭則不侮，寬則得眾，信則人任焉，敏則有功，惠則足以使人。」

【直譯】

子張向孔子請教仁道。孔子說：「能實行這五種美德於天下的，就是仁了。」（子張）說：「請問它們是什麼。」（孔子）說：「恭敬，寬厚，誠實，勤敏，慈惠。恭敬就能不受侮辱，寬厚就能得到群眾，誠實就能被人信賴，勤敏就會有成績，慈惠就能夠差遣人民。」

【新繹】

此章記孔子向子張解釋行仁的道理。仁德的範圍極廣，也適用於全天下。孔子此章所說的恭、寬、信、敏、惠，都切近生活行事，是人人只要肯做都做得到的。

第7章

佛肸❶召，子欲往。

子路曰：「昔者由也聞諸夫子曰：『親於其身為不善者，君子不入也。』佛肸以中牟畔❷，子之往也，如之何？」

子曰：「然，有是言也。不曰堅乎，磨而不磷❸；不曰白乎，涅而不緇❹。吾其匏瓜❺也哉？焉能繫而不食？」

【校注】

❶ 佛肸——音「畢係」，晉卿范氏、中行氏的家臣，為中牟宰。趙簡子攻伐范氏、中行氏時，佛肸據中牟反叛。孔安國注以為是趙簡子的家臣。

❷ 以中牟畔——以，據守。中牟，春秋時晉國的地名，在今河北省邯鄲市附近。畔，同「叛」。

❸ 磨而不磷——磨也磨不薄。磷，音「吝」，堅硬而不薄。

❹ 涅而不緇——是說染也染不黑。涅，音「聶」，一種黑色染料，這裡作動詞用。「緇」，音「姿」，黑色。

❺ 匏瓜——果實葫蘆形的一種植物，幼嫩時叫瓠（音「戶」），味甜可吃，老了叫匏（音「袍」），味苦，可作瓢壺之用。

【直譯】

佛肸召請孔子，孔子準備前去。

子路說：「以前我聽過老師這樣說：『親身做了壞事的人那裡，君子不去。』佛肸據守著中牟叛變，您卻想去，這怎麼說呢？」

孔子說：「對，是有說過這些話。但我不是也說過堅硬呀，磨也磨不薄；不是也說過潔白呀，染也染不黑。我難道是匏瓜嗎？怎麼可以只是懸掛著卻不給別人吃用呢？」

【新繹】

此章與第五章一樣，都是記述孔子不避亂世，思有所用。根據《左傳．哀公五年》及《史記．孔子世家》的記載，佛肸在趙簡子攻打范氏、中行氏時，據中牟叛，並派人召請孔子，孔子欲往，由於子路等人的反對，最後沒有成行。此章所記，即當時孔子與子路的對話。孔子以堅白與匏瓜為喻，來說明自己的用世行道之心，同時也說明了孔子不反對權宜之計。

清人崔述的《洙泗考信錄》據《韓詩外傳》考證，以為佛肸據中牟叛，事在魯哀公二十年，那時候，孔子已死去五年了，所以此事不可信。但也有學者（如馮浩菲）根據《左傳》、《史記》所載相關資料推斷，佛肸以中牟叛而召孔子之事，是在魯哀公二年前後，其時趙簡子健在，距離趙襄子嗣立，尚有十八年，故《論語》所記無誤。

第8章

子曰：「由也，女聞六言六蔽矣乎❶？」對曰：「未也。」「居，吾語女❷。好仁不好學，其蔽也愚；好知不好學，其蔽也蕩；好信不好學，其蔽也賊；好直不好學，其蔽也絞❸；好勇不好學，其蔽也亂；好剛不好學，其蔽也狂。」

【校注】

❶ 女聞六言六蔽句——你聽說過六言、六蔽了嗎。女，同「汝」，你。六言（言似為「善」字之訛），指下文仁、知、信、直、勇、剛。六蔽，指下文愚、蕩、賊、絞、亂、狂。

❷ 居，吾語女——居，坐。語，讀去聲，告訴。

❸ 絞——音「皎」，原意是兩條繩子交互紐緊。這裡比喻太正直，反而會急切而傷害別人。

【直譯】

孔子說：「由呀，你聽過六種美德六種弊病了嗎？」子路答道：「沒有。」

孔子說：「坐下來，我告訴你。喜愛仁德卻不喜愛學習，它的流弊是愚蠢；喜愛智慧卻不喜愛學習，它的流弊是放縱；喜愛誠信卻不喜愛學習，它的流弊是受害；喜愛正直卻不喜愛學習，它的流弊是急切；喜愛勇敢卻不喜愛學習，它的流弊是衝動；喜愛剛強卻不喜愛學習，它的流弊是狂妄。」

【新繹】

此章孔子說明學習對於進德修業的重要。學習不但要學，而且要問。別人好的方面，自己要去學；而自己不知道的部分，一定要向別人請教。這樣才是學習的真諦。上文〈泰伯篇〉曾經說：「恭而無禮則勞，慎而無禮則葸，勇而無禮則亂，直而無禮則絞。」那是就禮之一端舉例說明。如果能好好學習，那麼，仁、知、信、直、勇、剛六種美德都不難做到，否則，便可能會出現愚、蕩、賊、絞、亂、狂等六種弊病了。

第9章

子曰：「小子！何莫學夫《詩》？《詩》，可以興❶，可以觀，可以群，可以怨。邇❷之事父，遠之事君，多識於鳥獸草木之名。」

【校注】

❶ 興——讀去聲，感發、起興。是說使人觸動情感，引譬連類。

❷ 邇——音「爾」，近。這裡是說在家裡，與下文的「遠」（出外）相對。

【直譯】

孔子說：「年輕朋友們！為什麼不學習這些《詩》呢？《詩》，可以感發心志，可以觀察得失，可以溝通情感，可以抒寫憂愁。近則可以侍奉父母，遠則可以服事君上，而且可以多多認識鳥獸草木的名稱。」

【新繹】

此章孔子教學生要好好研讀《詩經》。小子，是孔子對學生的暱稱。《詩經》在孔子的時代已經成書，簡稱為《詩》，孔子對它曾經做過校訂的工作。《詩經》是後人所起的名稱。「何莫學夫《詩》」，是很親切的口氣。「夫」音「扶」，指示代詞，指所用的教本。孔子說學《詩經》的種種好處：不但可以抒發情感，而且對人倫日用、政治教化也都有益處。

第10章

子謂伯魚曰：「女為〈周南〉、〈召南〉矣乎❶？人而❷不為〈周南〉、〈召南〉，其猶正牆面而立也與❸？」

【校注】

❶ 女為周南、召南矣乎——你學過〈周南〉、〈召南〉了嗎。女，汝、你。為，治、學。《詩經》有十五〈國風〉，〈周南〉、〈召南〉各為其一。〈周南〉、〈召南〉又簡稱為「二南」。

❷ 而——連接詞，表示假設。如果的意思。

❸ 其猶正牆面而立也與——那就好像正面對著牆壁而站著。表示太接近，反而看不遠，比喻眼光短淺。也與，表示疑問的語末連詞，等於白話的「了吧」。

【直譯】

孔子對伯魚說：「你讀過〈周南〉、〈召南〉了嗎？一個人假使不讀〈周南〉、〈召南〉，那就像是正面對著牆壁而站著（什麼都看不見）了吧？」

【新繹】

此章與上章前人或合為一章。上章孔子教學生要好好研讀《詩經》，此章則問自己的兒子，是否學過了《詩經》卷首的〈周南〉、〈召南〉。〈周南〉、〈召南〉合稱「二南」，前人認為其中作品多修身齊家之作，可謂「正始之道，王化之基」。孔子問他兒子伯魚學過〈周南〉、〈召南〉沒有，不曰「學」而曰「為」，可能是因為「為」字，不僅有讀過的意思，而且還同時有絃之歌之及身體力行之意。至於「正牆面而立」一語，是說眼前一片空白，別無所見，而且不能舉步前進。這是孔子的善於就近取譬。

第11章

子曰：「禮云禮云，玉帛❶云乎哉？樂云樂云，鐘鼓❷云乎哉？」

【校注】

❶ 玉帛——玉，圭璋之類的玉器。帛，束帛之類的絲織品。這些都是古代貴族朝聘會盟時行禮奉獻用的器物。

❷ 鐘鼓——泛指古代貴族在朝聘會盟或祭祀典禮中用以演奏的樂器。

【直譯】

孔子說：「所謂禮呀禮呀，只是指玉帛這些物品來說的嗎？所謂樂呀樂呀，只是指鐘鼓這些樂器來說的嗎？」

【新繹】

孔子一向重視禮樂，認為禮主敬，重秩序；樂主和，重調諧，它們都是王化之本。好好推展，禮可以安上治民，樂可以移風易俗，真可謂其用大矣哉！此章所說的玉帛，是行禮時所用的禮具，鐘鼓是奏樂時所用的器具。如果僅把玉帛鐘鼓等同於禮樂，那就是徒具形式，不知其真正的作用及目的，可謂捨本而逐末了。

第12章

子曰：「色厲而內荏❶，譬諸小人，其猶穿窬❷之盜也與？」

【校注】

❶ 色厲而內荏——表情嚴厲卻內心畏怯。荏，音「忍」，柔弱。

❷ 穿窬——穿，挖、鑽。窬，音「俞」，牆上挖的洞。

【直譯】

孔子說：「外表威嚴，內心怯弱，這種人拿小人來比喻他，大概就像是穿鑿牆洞的小偷吧？」

【新繹】

孔子以為表面威嚴而內心怯懦的人，常常表裡不一，會做些欺世盜名之事。這種人比起不講求道德的小人，恐怕還比不上。這裡的小人，古代指一般地位較低的平民而言。

第13章

子曰：「鄉原❶，德之賊❷也。」

【校注】

❶ 鄉原——鄉野世俗喜歡的偽君子。原，音「願」，一作「愿」，貌似忠厚，內實狡詐的人。

❷ 賊——害蟲。有一種專吃禾苗稻根的害蟲，就叫蟊（音「矛」）賊。

【直譯】

孔子說：「迎合鄉野世俗的好好先生，是道德的敗壞者啊。」

【新繹】

鄉原，今作「鄉愿」。有人說「鄉」同「嚮」，即「向」，見到人就「原其趣向」，隨風轉向，盡量討好人，所以大家都喜歡他，稱他「原人」，用今天白話講，就是「好好先生」。但這裡有其特定的含意。《孟子．盡心篇下》說：「一鄉皆稱原人焉，無所往而不為原人」、「閹然媚於世也者，是鄉原也。」又說：「同乎流俗，合乎污世，居之似忠信，行之似廉潔。眾皆悅之，自以為是，而不可與入堯舜之道，故曰德之賊也。」這是最佳的詮釋。這種人為了迎合世俗，博人好感，誰也不得罪，因而善惡不分，是非混淆，所以也是欺世盜名的偽君子。

第14章

子曰：「道聽而塗說，德之棄也。」

【直譯】

孔子說：「在路上聽到傳言就在途中散播，這種人是道德的背棄者啊。」

【新繹】

道聽而塗說的人，入乎耳而出乎口，不辨真偽，不分是非，常常敗壞別人名譽而不自知。這種人，孔子稱之為「德之棄也」，似乎比「德之賊也」的鄉愿，還令人嫌厭。

第15章

子曰：「鄙夫可與事君也與哉❶？其未得之也，患得之❷；既得之，患失之。苟患失之，無所不至矣。」

【校注】

❶ 也與哉——用來表示反問語氣的連用語末助詞。

❷患得之——《荀子・子道篇》、劉向《說苑・雜言篇》等書引此句，皆作「患不得之」。一說：古人語有緩急，「得」即「不得」，猶如《尚書》以「可」為「不可」。

【直譯】

孔子說：「卑鄙的人可以跟他一起來服事君上嗎？他沒有得到職位的時候，擔心得不到它；已經得到職位了，又擔心失去它。只要擔心失去它，便無所不用其極了。」

【新繹】

鄙夫，可指鄉鄙之人，也可指貪鄙之人，此章所指是後者。孔子以為這種人貪戀富貴，常常患得患失，會為一己之得失利害算計別人。有人說：志在道德的人，不會太在乎功名；追求功名的人，不會太在乎富貴；但貪戀富貴的人，一定無所不用其極，說的頗有道理。

「患得之」、「患失之」二句，互文對舉，即患得患失之意。

第16章

子曰：「古者民有三疾，今也或是之亡❶也。古之狂也肆，今之狂也蕩；古之矜❷也廉，今之矜也忿戾；古之愚也直，今之愚也詐而已矣。」

【校注】

❶或是之亡——等於「或亡是」。是，此，指上文「三疾」。亡，通「無」。一說：亡，喪失。

❷ 矜——矜持，有所不為。類似狂狷的狷者。

【直譯】

孔子說：「古時候，人民有三種毛病，現在呢或許連這三種毛病都談不上了。古代的狂人不拘小節，現在的狂人放蕩不羈；古代矜持的人廉潔方正，現在矜持的人易怒暴戾；古代的愚人直率，現在的愚人只是欺詐而已。」

【新繹】

此章記孔子對當時社會風氣的敗壞，深致感慨。狂、矜、愚雖然是人的心志上的毛病，但畢竟是小毛病而已，何況它們也還有肆、廉、直等等可取之處。「今也或是之亡也」這句話，是孔子感嘆今猶不如昔。朱熹說的是：「昔所謂疾，今亦亡之，傷俗之益衰也。」

第17章

子曰：「巧言令色，鮮矣仁。」❶

【校注】

❶ 巧言令色二句——已見〈學而篇〉第三章。

【直譯】

孔子說：「動聽的言論，偽善的面貌，（這樣的人）是很少有仁心的。」

【新繹】

此章已見上文〈學而篇〉第三章。不贅論。

第18章

子曰：「惡紫之奪朱也❶，惡鄭聲之亂雅樂❷也，惡利口之覆邦家者。」

【校注】

❶ 惡紫之奪朱也——惡，音「務」，厭惡。紫，赤中帶黑的顏色，古人視為間色。朱，大紅色，即赤色，它與青、黃、黑、白被古人視為正色。間色雜而不純，古人鄙之。

❷ 鄭聲之亂雅樂——鄭聲，鄭國流行的新聲，淫靡動聽。雅樂，西周初年以前的古樂，如《韶》、《武》之類。

【直譯】

孔子說：「討厭紫色奪去了大紅的正色呀，討厭鄭國的新樂擾亂了雅正的古樂呀，討厭巧言利舌顛覆國家的人。」

【新繹】

此章記孔子教人要分別正邪善惡。第一句講色。朱是大紅色，古人視為正色；紫是紅中帶黑，容易與紅色相混，古人視為間色。第二句講聲。雅樂是周朝用於祭饗的正樂；鄭聲是鄭國的流行音樂，古人說其聲淫蕩，是不正當的淫樂。這兩句所說的聲色，用來突顯第三句所說的：利口巧舌之人，他們混淆是非，不分正邪，是會敗亡國家的人。《孟子．盡心篇下》引用孔子說的「惡利口，恐其亂信也；惡鄭聲，恐其亂樂也；惡紫，恐其亂朱也；惡鄉原，恐其亂德也。」等等，可以合觀並讀。

第19章

子曰：「予欲無言。」子貢曰：「子如不言，則小子何述焉？」子曰：「天何言哉？四時行焉，百物生焉，天何言哉？」

【直譯】

孔子說：「我不想說話了。」子貢說：「您如果不說話，那同學們傳述什麼呢？」孔子說：「上天何曾說話呢？四季自然在運行，百物自然在生長，上天何曾說話呢？」

【新繹】

上文說過，孔子罕言怪力亂神之事，也罕言天道。此章所記，或即孔子回答此類問題所說的話。四季的運行遞嬗，屬於天道；百物的滋生成長，屬於地理；人處乎其間，只要順應天地之道，又何必說些什麼呢？《詩經．大雅．文王篇》：「上天之載，無聲無臭。」陶淵明詩：「此中有真意，欲辯已忘言。」旨哉斯言！

第20章

孺悲❶欲見孔子，孔子辭以疾。將命者❷出戶，取瑟而歌，使之聞之。

【校注】

❶ 孺悲——魯國人，曾向孔子學禮。

❷ 將命者——為主人（孺悲）傳話的人。將，持。命，辭令、言辭。

【直譯】

孺悲想見孔子，孔子推辭了，以生病為藉口。傳話的人剛出房門，孔子就拿了瑟來彈奏，而且唱歌，故意讓他聽見它。

【新繹】

此章記孔子拒絕孺悲的請教，還故意讓他知道。孔子這樣做，令人不無疑問，因而後人有的推測孔子一定嫌孺悲言行有不當處，所以不肯見他。據《禮記．雜記篇》的記載，孺悲受魯哀公之命，曾學「士喪禮」於孔子，可見他後來還是成為孔子的學生。因此又有人推測：古代「士不中間而見，女無媒而嫁者，非君子之行也。」中間，就是今日所謂介紹人。可知孺悲起先之見孔子，沒有人先居間介紹，就隨便派個傳話人來求見，於禮不合，所以孔子拒見，而且讓他知道他失禮了。

第21章

宰我問三年之喪❶：「期❷已久矣。君子三年不為禮，禮必壞；三年不為樂，樂必崩。舊穀既沒，新穀既升，鑽燧改火❸。期可已矣。」

子曰：「食夫稻，衣夫錦，於女安乎❹？」

曰：「安。」

「女安，則為之！夫君子之居喪，食旨不甘，聞樂不樂，居處不安，故不為也。今女安，則為之！」

宰我出，子曰：「予之不仁也❺！子生三年，然後免於父母之懷。夫三年之喪，天下之通喪❻也。予也，有三年之愛於其父母乎？」

【校注】

❶ 三年之喪——古人為父母之喪，服喪三年。

❷ 期——音「基」，同「朞」，一周年。下同。

❸ 鑽燧改火——古代鑽木取火，所鑽的木，四季不同，春天是榆柳，夏天是棗杏，季夏是桑柘，秋天是柞楢，冬天是槐檀。一年輪迴一次。

❹ 於女安乎——對你而言，安心嗎。女，同「汝」，你。

❺ 予之不仁也——宰我這樣殘忍不仁啊。予，宰我的名。之，如此、這樣的意思。

❻ 通喪——從天子到庶民都通行的喪禮。

【直譯】

宰我請教為父母守孝三年的喪制：「一年已經夠久了。君子三年不去學禮，禮一定破壞；三年不去學樂，樂一定荒廢。舊穀已經吃完，新穀已經登場，取火用的燧木也又輪換了。守孝一年應該就可以了。」

孔子說：「（父母才去世一年）你就吃那白米，穿那錦鍛，對你來說，安心嗎？」

宰我說：「安心。」

孔子說：「你安心，就那樣去做吧！一般說來，君子守孝的時候，吃美味不覺得可口，聽音樂不覺得快樂，住在家裡不覺得舒適，所以不肯那樣做啊。現在你既然安心，就那樣去做吧！」

宰我出去後，孔子說：「宰予是個不仁的人呀！孩子生下來三年，然後才能離開父母的懷抱。那為父母守孝三年的喪制，是天下通行的喪制啊。宰予啊，在他父母那裡也得過三年的撫愛吧？」

【新繹】

此章記述孔子與宰我討論守喪三年的問題。這是喪禮中服喪時間最長的一種。這一制度起於何時，已不可考，但《尚書．堯典》中已有帝堯死時，百姓如喪父母、停樂致哀三年的記載，可見起源甚早。後來古人將此制度適用於兒女之於父母、諸侯之於天子、臣子之於君上，生者須為死者穿規定的孝服，經過三年才能換除。實際上，喪期不滿三年，只有二十五到二十七個月。

此章記宰予說三年之喪時間太長，一年應該就夠了。這一定也反映了一些人的意見，所以孔子以「天下之通喪也」以及「子生三年，然後免於父母之懷」的話來回答，希望大家勉以行之。

第22章

子曰：「飽食終日，無所用心，難矣哉！不有博弈❶者乎？為之猶賢乎已❷。」

【校注】

❶ 博弈——博，古代一種類似棋局的遊戲，以擲采（骰子）博勝負，所以後來稱為賭博。弈，圍碁（「碁」同「棋」）。

❷ 猶賢乎已——總好過於什麼事都不做、還比不用心的好。已，止、不為。

【直譯】

孔子說：「吃飽飯，整天閒著，沒有事情肯用心思，這種人才是難搞的吧！不是有博采下棋的遊戲嗎？玩玩它也比不用心思好。」

【新繹】

飽食表示生活無憂，如果生活無憂，無所事事，就容易懶散，沒有進取之心，要不然，就會飽後而思淫樂，做不正當的事。孔子所說的「用心」，道理在此。他說博采下棋比閒著無事、不肯用心的好，只是鼓勵人要用心，而不是鼓勵人去博采下棋。而且博采下棋本來只是一種局戲而已，跟後人所謂賭錢，意義是不同的。

第23章

子路曰：「君子尚勇乎？」

子曰：「君子義以為上。君子有勇而無義為亂，小人有勇而無義為盜。」

【直譯】

子路說：「君子崇尚勇敢嗎？」

孔子說：「君子認為道義是最高尚的。假使在上位的人，只有勇力而沒有道義，就會作亂；假使在下位的人，只有勇力而沒有道義，就會做盜賊。」

【新繹】

此章孔子教人不但要有勇氣，而且要講正義。子路為人勇氣有餘，思慮不足，所以孔子因材施教，要他凡事多加思慮，多想想那些事該做不該做，不能只憑一時血氣之勇，否則就可能會做一些不合禮法的事情。

第24章

子貢曰：「君子亦有惡乎？」

子曰：「有惡。惡稱人之惡❶者，惡居下流而訕上❷者，惡勇而無禮者，惡果敢而窒者。」

曰：「賜也亦有惡乎？」

「惡徼以為知❸者，惡不孫❹以為勇者，惡訐❺以為直者。」

【校注】

❶ 惡稱人之惡——厭惡宣揚別人的壞處。上「惡」字，音「務」，討厭。稱，宣揚。下「惡」字，音「餓」，壞處。

❷ 惡居下流而訕上——厭惡身居下位卻譏嘲上司。惡，討厭。居下流，在下位。有人說「流」字是衍文。訕，音「擅」，譏嘲。

❸ 徼以為知——徼，音「交」，伺察、偷襲。定州簡本及鄭注本「徼」作「絞」。知，同「智」。

❹ 不孫——不謙虛。孫，同「遜」。

❺ 訐——音「節」，攻訐、揭發別人隱私。

【直譯】

子貢說：「君子也有厭惡的嗎？」

孔子說：「有厭惡的。厭惡宣揚別人缺點的人，厭惡在下位而毀謗上司的人，厭惡勇敢卻沒有禮節的人，厭惡果斷卻不通事理的人。」

孔子說：「賜呀，你也有厭惡的嗎？」

（子貢說：）「厭惡抄襲別人創見而自以為聰明的人，厭惡不謙虛而自以為勇敢的人，厭惡揭發別人陰私而自以為正直的人。」

【新繹】

此章記孔子與子貢討論他們所厭惡的人的種類。孔子厭惡的是真小人，子貢厭惡的是偽君子。

第25章

子曰：「唯女子與小人為難養❶也，近之則不孫❷，遠之則怨。」

【校注】

❶ 難養——難以教養。

❷ 孫——同「遜」，謙遜、順從。

【直譯】

孔子說：「只有女子和小人是難以教養的，親近他們就對你不恭順，疏遠他們就對你怨恨。」

【新繹】

古代男女授受不親，地位不平等，社會上尊卑貴賤的階級觀念很重，就現代人來看，都不能接受。但那是歷史事實，所以我們不必諱言。有人為了避開爭議，把此章所謂女子、小人，解釋為婢妾和僕隸之輩，甚至曲解「女子」為兩個詞語，指「女中小人」或「你的兒子」等等，實在沒有必要。我們只要認清這是歷史事實，就不必對孔子心存偏見了。

孔子是提供平民教育的人，他以為一般人都可以接受教育，唯獨一些女子與小人難以教養，因為不能太親近，也不能太疏遠。〈泰伯篇〉第二十章記周武王有良臣十人，其中文王妃太姒即為婦女，故孔子說：「有婦人焉，九人而已」，顯然他也認為有的婦女值得推崇。同時，他的學生之中，也不乏出身貧寒平民身份的「小人」，所以這裡的女子與小人，應是他有感而發，只針對一些他認為無法教養的人（例如南子與彌子瑕）而言。

第26章

子曰：「年四十而見惡焉，其終也已。」

【直譯】

孔子說：「年紀到了四十歲，卻還被人厭惡，他的一生也就完了。」

【新繹】

此章記孔子勉人及時努力。後人所謂「少壯不努力，老大徒傷悲」，即由此推衍而來。孔子說：「三十而立，四十而不惑」，如果到了四十歲，還沒有立定志向，或者雖然立定了志向，卻蹉跎無成，毫無進境，甚至有什麼惡行，被人憎恨，那就真的餘無足觀了。〈子罕篇〉第二十三章，孔子曾說：「四十、五十而無聞焉，斯亦不足畏也已。」說的也是一樣的道理。

其實，這是孔子勸人及時努力的話語，可能針對某些特定的對象而說的。否則過了四十歲，願意改過自新，還是應該鼓勵。而且古今中外，四十歲以後才開創美好人生的，也大有人在。

【十八】微子篇

本篇共十一章，記述聖賢的出處，感嘆禮樂的崩壞。因篇中多稱「孔子曰」，故歷來有些學者推測是出於鄒魯諸儒的記錄。

第1章

微子❶去之，箕子❷為之奴，比干❸諫而死。孔子曰：「殷有三仁❹焉。」

【校注】

❶ 微子——紂王的哥哥，一說是紂王的叔父。名啟，「子」是爵稱。封於微（今山東省梁山縣附近）。因見紂王無道拒諫，故避禍遠去。周滅殷後，封於商丘（今河南省境內），國號宋。相傳其弟微仲即孔子的遠祖。

❷ 箕子——紂王的叔父。名胥餘，「子」是爵稱。任太師，封於箕（今山西省太谷縣附近）。因為進諫紂王不聽，於是披髮佯狂，降為奴隸。

❸ 比干——紂王的叔父。任少師。因為力諫激怒了紂王，被紂王剖心而死。

❹ 三仁——定州簡本作「三人」。仁，古通「人」。仁，也就是仁人。

【直譯】

微子離開他，箕子做了他的奴隸，比干勸諫他而被殺。孔子說：「商紂時有三個仁人。」

【新繹】

此章記孔子評論商紂時的三個仁人。微子、箕子、比干三人，因為看到紂王的暴虐無道，人民受苦，社會不安，擔心國家社稷的危亡，所以先後力諫紂王而獲罪。微子，據《史記．殷本紀》的記載，他是紂王的庶兄，而據《孟子．告子篇》，則說微子是紂王的叔父。他因為紂王好酒淫樂，厚賦稅，人民怨望，幾次勸諫不聽，所以離開紂王而他去。同樣的原因，紂王的叔父箕子和比干，也都因屢諫急諫而得罪紂王。紂王對比干特別生氣，說：「吾聞聖人心有七竅。」故意剖開比干的心臟，來看看是否真的如此。箕子也因此事，佯狂為奴，相傳後來周武王滅殷以後，尊重箕子，封之於朝鮮，所以朝鮮至今有一部分人民，自稱是箕子的後裔。微子、箕子、比干三人雖然存亡不一，但他們都能仁民愛物，捨生取義，所以孔子稱之為仁人。

第2章

柳下惠為士師❶，三黜❷。人曰：「子未可以去乎？」曰：「直道而事人，焉往而不三黜？枉道而事人，何必去父母之邦？」

【校注】

❶ 士師——典獄之官。廣義的法官。

❷ 三黜——三代表多次，不必限三次。黜，音「觸」，斥退、免職。

【直譯】

柳下惠做法官，三幾次被免職。

有人說：「您還沒有到可以離開魯國的時候吧？」他回答說：「假使用正直的方法來服事別人，到哪裡去才不會被多次免職呢？假使用邪曲的方法來服事別人，又何必離開這父母一樣的國家？」

【新繹】

柳下惠，已見上文〈衛靈公篇〉。此章所說的「三黜」，有人落實說柳下惠因管訟獄之事過於正直，真的被三次免職；一次是因岑鼎之事被魯君所黜，一次是與臧文仲意見不合，一次是與夏父弗忌意見不合，所以被黜。是否如此，有待查考。不過，此章柳下惠所言「直道而事人」與「枉道而事人」的意見，有人以為值得商榷。否則，孔子何必去魯而周遊列國？或許這也正是孔子與柳下惠的不同之處。

第3章

齊景公❶待孔子曰：「若季氏，則吾不能；以季孟之間❷待之。」曰：「吾老矣，不能用也。」孔子行。

【校注】

❶ 齊景公——已見〈顏淵篇〉。齊景公以晏嬰為正卿。在魯定公十年（西元前五〇〇年）齊魯夾谷之會後，曾有意任用孔子，而為晏嬰所阻。

❷ 季孟之間——季氏與孟氏之間。季、孟，指魯國三桓，請看下文。

【直譯】

齊景公談到接待孔子時，說：「像季氏那樣，是我不能做到的；我用次於季氏、高於孟氏的禮貌來接待他。」又說：「我老了，不能採用你的主張了。」

孔子於是離開了齊國。

【新繹】

此章記齊景公時，孔子所以離開齊國的原因。據《史記·孔子世家》的記載，孔子三十五歲以後，因魯國內亂曾到齊國去，齊景公本來有意用孔子，但為大臣晏嬰反對，因此以「吾老矣，不能用也」為藉口，也因此孔子離開齊國而回到魯國。所謂「以季孟之間待之」，是因為魯國當時三卿之中，季氏權力最大，最為尊榮，而孟氏最下，所以齊景公之意，是表示不想待孔子以上卿之禮。這種話應該不會對孔子當面說，所以後人多以為此章所記，係間接聽聞而來。而且齊景公的兩次說話，並非同時之言，上「曰」應在未見孔子之前，下「曰」則在既見孔子之後。

第4章

齊人歸女樂❶，季桓子❷受之，三日不朝。孔子行。

【校注】

❶ 歸女樂——歸，通「饋」，贈送。女樂，表演歌舞的女子樂隊。

❷ 季桓子——就是季孫斯，魯國的上卿。季平子的兒子，季康子的父親。在魯定公到哀公初年，掌管國政。

【直譯】

齊國人送來一批歌姬舞女，季桓子接受了她們，一連三幾天不上朝。孔子於是離開魯國出走了。

【新繹】

上一章記孔子離開齊國的原因，此章則記孔子離開魯國的原因。據《史記·孔子世家》的記載，魯定公十四年，孔子五十六歲，以大司寇攝行相事，與聞國政。齊人乃用犁鉏之計，選八十位彩袖善舞的美女，以及良馬一百二十匹，送給魯君，並陳列於魯城南高門外。季桓子微服往觀，怠於政事，三日不聽政。孔子見幾知著，知道不能行道於魯，所以去魯而適衛。不過，根據《史記·十二諸侯年表》及《史記·魯世家》等資料，孔子去魯的時間是在魯定公十二年，而齊人饋送女樂之事，是在魯定公十四年，時間不合，因此也有人以為此事或可存疑。

第5章

楚狂接輿❶歌而過孔子曰：「鳳兮，鳳兮！何德之衰？往者不可諫，來者猶可追。已而❷，已而！今之從政者殆而❸！」

孔子下，欲與之言。趨而辟❹之，不得與之言。

【校注】

❶ 接輿——楚國的狂者，不知其名。《論語》記隱士常因其事而稱之，例如下章提到的兩位隱士，同在水邊耕田，身長的便叫長沮（沮，低濕的地方），高大的便叫桀溺（溺，腳沒入水中）。接輿，就是指一個靠近孔子車子的隱士。一說接輿姓陸，名通。楚國人。因披髮而佯狂，故稱楚狂。

❷ 已而——已，止，罷了。而，語助詞。已而，意思是可以休矣。

❸ 殆而——危險了。

❹ 辟——同「避」。

【直譯】

楚國的狂人接輿唱著歌，經過孔子的車前，說：「鳳凰呀，鳳凰呀！為什麼運氣這樣壞呀？過去的不可挽回，未來的還來得及更改。算了吧，算了吧！現在的執政諸公都很危險啊！」

孔子下車，想跟他談話。

他快步避開了，孔子沒有機會跟他談。

【新繹】

孔子在陳、蔡遇難脫困之後，到了楚國。楚昭王本來想重用孔子，但有人諫阻，而且昭王不久也死了，接輿之勸孔子，應當是在這個時間。

楚狂接輿，不但見於《論語》，而且在《莊子》、《荀子》、《戰國策》、《楚辭》等書中，也都曾提及其人其事。孔子志在用世，與接輿高蹈避世的想法不同。孔子聞接輿之歌，願意與他交談，而接輿則趨而避之，亦可見二人處世態度的不同。「鳳兮鳳兮」這首歌辭，各書所錄也各有不同。

第6章

長沮、桀溺耦而耕❶，孔子過之，使子路問津❷焉。

長沮曰：「夫執輿者❸為誰？」子路曰：「為孔丘。」曰：「是魯孔丘與？」曰：「是也。」

曰：「是知津矣。」

問於桀溺。桀溺曰：「子為誰？」曰：「為仲由。」曰：「是魯孔丘之徒與？」對曰：「然。」

曰：「滔滔者天下皆是也，而誰以易❹之？且而❺與其從辟人之士也，豈若從辟世之士哉！」耰❻而不輟。

子路行以告。

夫子憮然❼曰：「鳥獸不可與同群，吾非斯人之徒與，而誰與❽？天下有道，丘不與易也。」

【校注】

❶ 長沮、桀溺耦而耕——長沮（音「居」）、桀溺，兩位避世的隱士，參閱上章注❶。耦，音「偶」，並行共

耕的意思。耦耕，古代一種耕田方法，牛在前，二人在後，各持農具同耕並進。

❷ 津——渡口。

❸ 夫執輿者——那執轡坐在車上的人。

❹ 易——改變、改革。

❺ 而——你。

❻ 耰——音「憂」，原指填平田土的農具，這裡作動詞用，指播種後又覆蓋泥土。

❼ 憮然——悵然，失望的樣子。憮，音「武」。

❽ 吾非斯人二句——我不和這些人在一起，要跟誰在一起呢。與，親近、在一起。

【直譯】

長沮、桀溺一同耕田，孔子經過那裡，叫子路去問渡口的所在。

長沮說：「那拿著轡繩坐在車上的人是誰？」子路說：「是孔丘。」問：「是魯國的孔丘嗎？」答：「是呀。」

長沮說：「他是知道渡口的。」

子路又向桀溺問。桀溺說：「您是誰？」答：「是仲由。」問：「是魯國孔丘的學生嗎？」答道：「是。」

桀溺說：「滔滔滾滾的混亂情勢，天下到處都是呀，你同誰來改革它呢？而且你與其跟從逃避壞人的人，還不如跟從逃避塵世的人呢！」繼續播種填土，不曾停下來。

子路走回來把這些話告訴孔子。

孔子悵惘地說：「鳥獸是不可以跟牠們在一起的，我不跟這些世人在一起，又跟誰在一起呢？天下要是上軌道，我孔丘就不必跟誰去改革了。」

【新繹】

此章記孔子與長沮、桀溺處世態度的不同。據《史記．孔子世家》的記載，魯哀公六年，孔子年六十四，由楚返蔡途中，遇見此事。長沮、桀溺二位隱者，「長」、「桀」二字形容其身材，「沮」、「溺」二字說明其並耕處，是在低濕之地。他們不說津口方向，還勸子路離開孔子，表示他們不認同孔子積極用世的態度。「津」在這裡不止有指示津渡所在的意思，同時也指示人生觀及處世的道理。孔子的答話，可以顯示他的仁者情懷。避世隱居，與鳥獸同群，而不與人同流合污，固然是清高的表現，但畢竟是自私的行為，在孔子看來，既然生而為人，就應當與世人在一起。這是他與長沮、桀溺處世態度的不同。

第7章

子路從而後，遇丈人❶，以杖荷蓧❷。子路問曰：「子見夫子乎？」丈人曰：「四體不勤，五穀不分。孰為夫子？」植其杖而芸❸。子路拱而立。

止❹子路宿，殺雞為黍而食之❺；見其二子焉。

明日，子路行以告。子曰：「隱者也。」使子路反❻見之。至，則行矣。

子路曰：「不仕無義。長幼之節，不可廢也；君臣之義，如之何其廢之❼？欲潔其身，而亂大倫。君子之仕也，行其義也。道之不行，已知之矣。」

【校注】

❶丈人——老人。丈有「長」義，故稱年長齒尊者為「丈人」。舊注以為老而杖于人，故稱丈人，恐誤。

❷以杖荷蓧——拿木杖扛著除草挖土的農具。杖，這裡指用來輔助在田中除草的木杖。荷，音「賀」，肩挑、扛著。蓧，音「吊」，除草的農具。

❸植其杖而芸——植，豎立。芸，除草。是說老人到田中拄著木杖用腳來除草。古代水田除草有手耘、足耘之分。足耘時，拄著木杖以防滑倒。見《農政全書》卷二十二。

❹止——留。

❺殺雞為黍而食之——款待子路的意思。為黍，做飯。食，音「飼」，作動詞用。食之，給他吃。

❻反——同「返」。

❼如之何其廢之——為何其廢之。

【直譯】

子路跟隨孔子出行卻落後了，遇見一位老人，用木杖肩挑著除草的工具。子路問道：「您看見我們老師嗎？」老人說：「四肢不常勞動，五穀不能辨認。我怎麼知道誰是老師？」仍然拄著他的手杖來鋤草。子路拱著手肅立。

老人留子路過夜，殺雞作飯給他吃；又引見了他的兩個兒子。

第二天，子路趕上了孔子，把這些事說了。孔子說：「這是隱士呀。」叫子路回去看他。子路到時，他卻出門不在家。

子路（對他兒子）說：「不出來做官，是沒有道理的。長幼間的禮節，不可以廢除；君臣間的道理，又怎麼可以廢除它呢？光是隱居想要潔淨他本身，其實卻悖亂了君臣間重要的倫理。君子的出來做官，是做他該做的事呀。至於理想的不能實現，是早已知道的了。」

【新繹】

此章記子路與荷蓧老人的對話，說子路與孔子一樣，都有用世之心。《史記．孔子世家》繫此章於前章子路向長沮、桀溺問津之後。可以看出，子路在孔子學生中，是比較勇敢的，所以問路之事，都是他以身為先。荷蓧老人立杖而耘草，所以說自己四體不勤，五穀不分。他具食招待子路，引見他的二子，表示他通情達禮。因此子路感嘆這樣的人既懂長幼之節，應當也行君臣之義才對。

文中「以杖荷蓧」及「植其杖而芸」二句，寫老人在草田裡拄杖足耘，這是古代一種耘田除草的方法。不但《農政全書》說過：「手耘曰耘，足耘曰耔」，《天工開物》卷一也有稻禾分秧後「則耔可施焉」的記載。讀者可以自己查閱。

另外，最後一段「子路曰」所說的一大段話，很像孔子說話的口氣。我每次讀到這裡，都懷疑「子路曰」是不是多了「路」這個字。

第8章

逸民❶：伯夷、叔齊❷、虞仲❸、夷逸❹、朱張❺、柳下惠❻、少連❼。

子曰：「不降其志，不辱其身，伯夷、叔齊與！」謂柳下惠、少連：「降志辱身矣，言中❽倫，行中慮，其斯而已矣。」謂虞仲、夷逸：「隱居放言，身中清，廢中權。我則異於是，無可無不可。」

【校注】

❶ 逸民——品行高潔或隱居不仕的人。逸，通「佚」，通常指不肯出仕或懷才不遇的人。
❷ 伯夷叔齊——已見〈公冶長篇〉。
❸ 虞仲——西周初的賢人。據《史記》，虞仲有二：一指吳泰伯弟弟，古公亶父的次子，即仲雍；一指仲雍的曾孫，周武王封於北吳。
❹ 夷逸——古代隱士。《尸子》說他自稱：寧可做農田的耕牛，也不願當廟堂上的犧牲。
❺ 朱張——見《漢書．古今人表》，生平不詳。
❻ 柳下惠——已見〈衛靈公篇〉。
❼ 少連——孝子。《禮記．雜記篇》說他三年服喪期間，最盡孝道。
❽ 中——音「仲」，合。下同。

【直譯】

隱逸的人有：伯夷、叔齊、虞仲、夷逸、朱張、柳下惠、少連。

孔子說：「不委屈他的意志，不污辱他的身體，是伯夷、叔齊吧！」又說柳下惠、少連：「是委屈意志、污辱身體了，但說話合乎禮法，做事經過考慮，大概就是這樣罷了。」

又說虞仲、夷逸：「逃世隱居，不談世事，身體保持清潔，不仕合乎權宜。我就不同於這些人，沒有什麼可以，沒有什麼不可以。」

【新繹】

此章記孔子對伯夷、叔齊等七位隱逸之士的評價。他說伯夷、叔齊是一組，所謂「不降其志，不辱其身」；柳下惠、少連是一組，雖然降志辱身，但仍然能「言中倫，行中慮」；虞仲、夷逸又是另一組，隱居放言，所謂「身中清，廢中權」。唯獨對「朱張」一人，沒有評價，不知何故。然後孔子表示自己和上述逸民隱士的不同。他說自己是「無可無不可」的人。「無可無不可」，也就是後來孟子所說的：「孔子可以仕則仕，可以去則去，可以久則久，可以速則速。」一切以道義為依歸，這與隱逸之士但求潔身自愛又有所不同。

第9章

大師摯❶適齊，亞飯干適楚，三飯繚適蔡，四飯缺適秦❷。鼓方叔入於河❸，播鼗❹武入於漢，少師❺陽、擊磬襄入於海❻。

【校注】

❶ 大師摯——大，同「太」。大師即太師，樂官的首長。摯，音「至」，魯國太師的名。

❷ 亞飯三句——古代天子諸侯用飯時都要奏樂，天子一日四餐，諸侯一日三餐，每次用餐時都要奏樂，每次主持演奏的樂師也不同，分別叫做亞飯、三飯、四飯。干、繚、缺，分別是樂師的名。適，往。

❸鼓方叔入於河——鼓方叔，敲鼓的樂師，名叫方叔。河，指黃河一帶。

❹播鼗——搖小鼓。鼗，音「逃」，一種可以搖動木柄伴奏的小鼓。

❺少師——樂官的助理。

❻擊磬襄入於海——磬，用玉石做成的樂器。已見前。襄，人名。入於海，進入海濱隱居。

【直譯】

魯國的太師摯到齊國去，二飯樂師干到楚國去，三飯樂師繚到蔡國去，四飯樂師缺到秦國去。鼓手方叔住到黃河邊，搖小鼓的武住到漢水邊，少師陽、擊磬的襄都流落到海濱。

【新繹】

此章記魯國政衰、樂師四散的情況。魯哀公時，禮崩樂壞，魯國太師，即樂官之長，連他都到齊國去了；其他如魯君吃飯時奏樂的樂師，也分別到了楚、蔡、秦等國。這種情況，說明了魯國禮崩樂壞情況的嚴重。

至於這些樂師的身世及時代，都已無法詳考。有人根據〈泰伯篇〉第十五章的「師摯之始」，以為師摯就是本章的太師摯，並推測本章提到的八個樂師，都與孔子同時。也有人根據《漢書．禮樂志》說殷紂無道，「樂官師瞽抱其器而奔散，或適諸侯，或入河海。」因而推斷這八人是紂王朝的樂官。這個說法不可靠。朱熹《論語集注》：「此記賢人之隱遯，以附前章，然未必夫子之言也。末章倣此。」

第10章

周公謂魯公❶曰：「君子不施❷其親，不使大臣怨乎不以❸。故舊無大故，則不棄也。無求備於一人。」

【校注】

❶ 魯公——周公的兒子伯禽，封於魯，故稱魯公。

❷ 施——音「使」，通「弛」，鬆弛、遺忘。

❸ 不以——不用、不被任用。

【直譯】

周公對魯公說：「在上位的君子，不怠慢他的親人，不讓大臣怨恨不被任用。親友故舊沒有重大的事故，就不可拋棄。不要對某一個人求全責備。」

【新繹】

此章記周公訓誡他兒子伯禽的話語。後人推測是訓誡伯禽被封為魯公之時，可能是孔子教導學生時曾經引述，所以學生才記錄下來。

「無求備於一人」，是說對人不宜求全責備，配合上文來看，此「一人」應指上級而言。伯禽被封為魯公，他的上級不是周天子，就是當權執政的王公大人。「一人」之前的「親」、「大臣」、「故舊」，則分別指自己的親屬、屬下和故舊老友。

第11章

周有八士：伯達、伯适、仲突、仲忽、叔夜、叔夏、季隨、季騧❶。

【校注】

❶伯達等八士——不詳。八人中兩人一組，依照伯仲叔季排行，而且達、适（音「瓜」）一韻，突、忽一韻，夜、夏一韻，隨、騧（隨古音「惰」，騧古音「過」）一韻。因此，有人以為這是四對雙生子。

【直譯】

周朝有八個才士：伯達、伯适、仲突、仲忽、叔夜、叔夏、季隨、季騧。

【新繹】

此章記周朝有八位賢士。觀其名字，用伯、仲、叔、季來排行，而且還兩兩一組，各自成韻，所以有人以為或出於同母所生之四對孿生兄弟。《詩經．大雅．大明》：「唯此文主，小心翼翼。昭事上帝，聿懷多福。」董仲舒《春秋繁露．郊語篇》引《傳》：「周國子多賢蕃殖，至於駢孕男者四，四產而得八男，皆君子俊雄也。此天之所以興周國也，非周國之所能為也。」有人據此結合《逸周書．和寤解》所說的「尹氏八士」，認為此章所謂八士，應即周文主時代尹氏所生的四對孿生兄弟。另外，還有人主張八士的時代應在成王或宣王之時。這些都是臆測推論，因此不必採信。

【十九】子張篇

本篇共二十五章，都是孔子弟子的言論，以子夏、子貢、曾子、子張、子游五人為主。或記志士之交情，或記仁人之勉學，有的是接聞孔子之語，有的是辨揚先師之德。至於沒有顏回和子路的記敘，有人以為是因他們先孔子而死的緣故。清代崔述《洙泗考信錄》說此篇記孔門弟子的言論，「較前後兩篇，文體獨為少粹，惟稱孔子為仲尼，亦與他篇小異。」

第1章

子張曰：「士見危致命，見得思義，祭思敬，喪思哀，其可已矣。」

【直譯】

子張說：「士人看見危難能獻出生命，看見利益能想到道義，祭祀時一心敬肅，居喪時一心悲傷，那也就可以了。」

【新繹】

此章記子張所言士人應有的立身處事的四種大節。上文〈憲問篇〉第十二章孔子說過：「見利思義，見危授命。」〈季氏篇〉第十章孔子也說：「見得思義。」可見子張所言，係承自孔子的教誨。

第2章

子張曰：「執德不弘，信道不篤，焉能為有？焉能為亡❶？」

【校注】

❶ 亡——同「無」，沒有。

【直譯】

子張說：「實踐道德不能弘大，信仰真理不能堅定，這種人怎麼能說是有什麼？怎麼能說是沒有什麼？」

【新繹】

此章記子張說行德守道，貴在有決心和毅力。如果沒有決心和毅力，那麼這種人在世上就可有可無，無足輕重了。上文〈泰伯篇〉第七章記曾子說：「士不可以不弘毅，任重而道遠。仁以為己任，不亦重乎？死而後已，不亦遠乎？」第十三章孔子說：「篤信好學，守死善道。」都可以與此章並讀。

第3章

子夏之門人問交❶於子張。子張曰：「子夏云何？」對曰：「子夏曰：『可者與之❷，其不可者拒之。』」

子張曰：「異乎吾所聞：君子尊賢而容眾，嘉善而矜不能❸。我之大賢與❹，於人何所不容？我之不賢與，人將拒我，如之何❺其拒人也？」

【校注】

❶ 問交——請教交友之道。

❷ 可者與之——可以結交的，就與他結交。與，偕同、結交。

❸ 矜不能——矜，同情、憐恤。不能，沒有才能的人。

❹ 與——同「歟」。
❺ 如之何——如何、怎麼能。

【直譯】

子夏的學生向子張請教結交朋友的道理。子張說：「子夏說些什麼？」學生答道：「子夏說：『可以結交的人就結交他，那些不可以結交的人便拒絕他。』」

子張說：「這不同於我所聽到的：君子尊敬賢者卻也容納凡人，嘉勉好人卻也同情無能的人。我要是非常賢能嘛，對別人有什麼不能容納的？我要是不賢能嘛，別人都拒絕我，又怎麼能去拒絕別人呢？」

【新繹】

此章記子張和子夏論交友之道，二人看法有所不同，卻各有其道理。這可能與他們自己的個性以及從孔子那兒聽到的教誨，有不同的緣故。子夏為人較為寬厚，所以孔子告訴他交朋友要有選擇，因為朋友之中，有益友，也有損友；子張為人較為謹嚴，所以孔子告訴他交朋友可以「汎愛眾」。前者講的是「知交」，後者講的是「汎交」，其實都各有道理，不必妄加軒輊。

上文〈先進篇〉第三章，孔子談他的及門弟子，「文學」方面，稱許子游、子夏，此〈子張篇〉先記子張之言論，次及子夏、子游，或可推知編撰者為子張之門人，故子夏的學生同時請教子張問題，才會並錄於此。

第4章

子夏曰：「雖小道，必有可觀者焉；致遠恐泥❶，是以君子不為也。」

【校注】

❶ 泥——音「逆」，滯塞不通。

【直譯】

子夏說：「即使是小技藝，也一定有值得觀察的地方；但追求遠大目標時，怕它不通達，所以君子不去學習。」

【新繹】

道有大道小道之分，此章記子夏教人宜從大處著眼，不可拘守小道。大道指的是由修身養性乃至治國平天下的學問，小道指的是生活技藝等等而言。前人解釋小道，有的說是百家諸子之書，有的說是農圃醫卜之屬，不一而足。儒家講的君子，指成德的在上位者，當然崇尚大道。〈子路篇〉第四章記述樊遲請學稼、學為圃，孔子告訴他：「吾不如老農」、「吾不如老圃」，並不是瞧不起老農老圃。他認為他們「必有可觀者焉」，但他期待他的學生進德修業，研求齊家治國平天下的學問，而不是只求一技一藝之精而已，所以他才那麼說。此章所記子夏之言，顯然也是受了孔子的影響。

第5章

子夏曰：「日知其所亡❶，月無忘其所能，可謂好學也已矣。」

【校注】

❶ 亡——同「無」，欠缺的。

【直譯】

子夏說：「天天知道他所欠缺的，月月不忘記他所學到的，就可以說是好學的了。」

【新繹】

此章記子夏說明做學問的方法，與上文〈為政篇〉孔子所說的「溫故而知新」、〈泰伯篇〉孔子所說的「學如不及，猶恐失之」，道理相通。「日知其所亡」，即「知新」；「月無忘其所能」，即「溫故」。合而言之，「日知」、「月無忘」二句，即「學如不及，猶恐失之」。

第6章

子夏曰：「博學而篤志，切問而近思，仁在其中矣。」

【直譯】

子夏說：「廣泛地學習卻能堅定志向，切實地發問卻能就近思考問題，仁道就在這裡面了。」

【新繹】

此章子夏教人求學行仁的方法，博學、篤志、切問、近思為其四端。孔門弟子以為道德可以學習而來，而且也源於知識，所以要人博學；篤志，有人解釋為篤定志向，有人則解釋為牢牢記住所學的知識，都講得通。博學、篤志是一層，切問、近思是另一層。〈雍也篇〉最後一章所說的：「能近取譬，可謂仁之方也已」，與此章的「切問而近思，仁在其中矣」，道理是相通的。《中庸》說：「博學之，審問之，慎思之，明辨之，篤行之」，又說：「力行近乎仁」。篤行、力行，講的一樣是孔門做學問的實踐工夫，但似乎比此章所說的「篤志」，更為具體完整。

第7章

子夏曰：「百工居肆以成其事，君子學以致其道。」

【直譯】

子夏說：「各種工匠在廠房裡觀摩實習，來完成他們的工作；君子依靠從師讀書求學，來達到他們的理想目標。」

【新繹】

此章記子夏論百工成器與君子求學的關係。百工成其事，必先在居肆，多觀摩實習，才能學得技藝；君子致其道，必先跟從師長讀書求學，才能達到目標。子夏之意，究竟為何，已不得而知。一說：前者百工成器是用來比喻後者君子致道；一說：前後句為並列關係，作比較之用，如此則「百工」句，指上文第四章之「小道」而言，而「君子」句，則指「大道」而言。

第8章

子夏曰：「小人之過也，必文。」

【直譯】

子夏說：「小人的過錯呀，一定會掩飾。」

【新繹】

文過飾非，那是自欺欺人的行為。小人通常如此。如果是君子，則有過不憚改。此篇前後論君子小人，多寓有比較之意。

第9章

子夏曰：「君子有三變：望之儼然，即之也溫，聽其言也厲。」

【直譯】

子夏說：「君子給人的印象有三種變化：遠看他時覺得莊重威嚴的樣子，接近他時覺得溫和可親，聽他說話時又覺得嚴正不苟。」

【新繹】

此章子夏所說的「君子有三變」，是說一位有德行的君子，在外表言談方面給人的印象。這和上文〈述而篇〉最後一章所說的：「子溫而厲，威而不猛，恭而安。」極為近似，所以有人以為此章子夏所說的君子，即指孔子。

第10章

子夏曰：「君子，信而後勞其民；未信，則以為厲❶己也。信而後諫；未信，則以為謗己也。」

【校注】

❶ 厲——虐待、剝削。

【直譯】

子夏說：「在上位的君子，要先獲得（百姓）信賴，然後才能去勞動他的百姓；沒有獲得信賴，百姓就會以為在虐待他們自身。要先取得（君上）信任，然後才去進諫；沒有取得信任，君上就會以為在毀謗他自己。」

【新繹】

此章記述子夏認為君子不管是事上或使下，都必須先取得別人的信任。事奉君上，先取得信任，才不會因進諫而被誤會是毀謗；差使人民，先取得信任，才不會因勞役而被誤會是虐待。

孔子教學的目標，是希望他所教導的學生，能成為文武合一的士，能為國家服務，成為德業兼修的君子。子夏這裡所說的君子，正介乎王侯公卿與百姓平民之間，信為善述者！

第11章

子夏曰：「大德不踰閑❶，小德出入❷可也。」

【校注】

❶ 不踰閑——踰，音「俞」，同「逾」，超越。閑，可以阻攔通行的木欄，引申為範圍、規範。

❷ 出入——進出於範圍、法度的內外，稍有不同。

【直譯】

子夏說：「在重大的節操上，不可踰越規矩；在小節上稍有出入，是可以的。」

【新繹】

此章記子夏教人德行要識大體，有時候可以不拘小節。但這樣說，並非教人完全可以不注意小德小節。所謂「出入可也」，只是說有時候稍有出入，無妨大德大體而已。古人說：「不矜細行，終累大德。」說的就是這個道理。

第12章

子游曰：「子夏之門人小子❶，當洒掃、應對、進退❷，則可矣，抑❸末也。本之則無，如之何？」

子夏聞之，曰：「噫！言游過矣❹！君子之道，孰先傳焉？孰後倦焉？❺譬諸草木，區以別矣。君子之道，焉可誣也？有始有卒❻者，其惟聖人乎！」

【校注】

❶ 門人小子——門下弟子。小子，年輕小朋友，古代老師對學生的稱呼。有人以為「小子」當屬下讀，指門人中的幼小者。

❷ 洒掃應對進退——泛指基本的生活禮儀。洒掃，洒水掃地。洒，同「灑」。應對，酬應對答。進退，升降堂階、上座退席之事。

❸ 抑——連接詞，轉折的口氣，則、但、抑且。

❹ 言游過矣——子游說得過分了。言，是子游的姓。這裡連名帶姓稱子游。

❺ 孰先傳焉二句——是說什麼學問先教，什麼學問後學，要看學生的才性程度而有不同。倦，有廢止不教之意。一說「倦」亦當作「傳」。

❻ 有始有卒——就是有始有終。是指本末貫通的學問。

【直譯】

子游說：「子夏的門下學生，在灑水掃地、應話對答、上前退下的禮節方面，是可以的，但這只是末節罷了。根本的大道理是沒有學的，這怎麼可以呢？」

子夏聽到這些話，說：「唉！言游錯了！君子的道理，哪一樣該先傳授呢？哪一樣放在後面可以不管呢？這就好像草木，種類是要加以區別的。君子的道理，怎麼可以歪曲呢？能夠有始有終的，大概只有聖人吧！」

【新繹】

此章記子游譏笑子夏沒有教學生修齊治平大道理，只注意灑掃、應對、進退等等一些生活細節，而子夏則以為教人學問，應有層次，不可躐等，除了聖人可以本末兼顧之外，一般都須因材施教，並循序漸進。《大學》說：「物有本末，事有終始，知所先後，則近道矣。」和子夏所說的道理，比較接近。

或許可以這樣說：子游注重教學的目的，子夏則先講求教學的程序和方法，至於目的，並無不同。

第13章

子夏曰：「仕而優則學，學而優則仕。」

【直譯】

子夏說：「做了官還有餘力，就去讀書；讀了書還有餘力，就去做官。」

【新繹】

子夏像孔子一樣認為讀書人如果才能學識好，就應該出仕為官，貢獻所學；但學問之道，並無止境，所以做了官之後，如果有空暇餘力，還要不斷充實學問。「優」，是良好的意思，子夏這兩句話，仔細推究，意思應該是：官做得好，還有餘力，就該讀書，提升自己；書讀得好，還有餘裕，就該出仕，服務社會。

第14章

子游曰：「喪，致乎哀而止。」

【直譯】

子游說：「居喪的時候，能盡到哀思也就夠了。」

【新繹】

此章子游教人遇見喪事時，盡到哀思即可，不必過度悲傷，否則壞了身體，反而不好了。上文〈八佾篇〉第四章孔子說的：「喪，與其易也，寧戚。」還有《禮記・檀弓篇上》子路傳述孔子的話：「喪禮，與其哀不足而禮有餘也，不若禮不足而哀有餘也。」這些話都可與本章合看。

第15章

子游曰：「吾友張也，為難能也，然而未仁。」

【直譯】

子游說：「我的朋友子張啊，是難能可貴的了，然而還不能做到仁的地步。」

【新繹】

此章記子游對子張的評價。從本章及上文第十二章等等資料看，子游為人謹嚴，常常善意的批評同門。從上文第三章來看，子張也似乎偶而會如此。

子游稱子張僅呼其名：「吾友張也」，和下一章曾子之稱子張一樣，他們對子張的觀感和批評也一樣。可以想見孔門弟子討論學問的風氣與態度。

第16章

曾子曰：「堂堂乎張也，難與並為仁矣。」

【直譯】

曾子說：「儀表堂堂的子張呀，很難跟他一同實踐仁道了。」

【新繹】

從《論語》有關子張的記載來看，子張的儀表文飾頗有可觀，但內在的修養不夠厚實，所以上章的子游、此章的曾子，對他都有難以輔仁的感嘆。不過，這是善意的批評，都是在稱美子張的優點之後提出來的，應有鼓勵子張更求完美之意。

上文〈先進篇〉第十八章孔子比較幾位門下弟子的性情及其缺點，曾批評子張「師也辟」。師即子張（顓孫師）的本名。據朱熹說：「辟，便辟也。謂習於容止，少誠實也。」可謂與子游、曾子的評語，初無二致。

第17章

曾子曰：「吾聞諸夫子：人未有自致❶者也，必也親喪❷乎！」

【校注】

❶ 自致——自然流露感情。一說：自我克制。

❷ 親喪——父母親喪亡時。喪，音「桑」，死亡。

【直譯】

曾子說：「我聽我們老師這樣說過：人沒有自然流露真情的時候，有的話一定是在父母親死的時候吧！」

【新繹】

此章記曾子轉述孔子的話語，說人在父母親死的時候，一定真情流露。核對本篇第十四章子游所說，似乎一向以孝著稱的曾子，與子游的看法不一樣。子游以為盡到哀思即可，曾子則以為即使哀傷逾恆，也是人之常情。不過，要注意的是，子游所說的喪，可能泛指一般喪事，和曾子此章所說的「親喪」並不一樣。

第18章

曾子曰：「吾聞諸夫子：孟莊子❶之孝也，其他可能也❷；其不改父之臣❸與父之政，是難能也。」

【校注】

❶ 孟莊子——魯國的大夫。姓仲孫，名速，是孟獻子仲孫蔑的兒子。以孝著稱。

❷ 其他可能也——其他的事都可以做得到。一說：其他的人也可以做得到。

❸ 父之臣——父親所用的家臣。一說：父親所給的職稱。

【直譯】

曾子說：「我聽我們老師這樣說過：孟莊子的孝呀，其他的都可以做得到呀；但他不更換父親的家臣和父親的政令，是很難做到的呀。」

【新繹】

此章亦記曾子轉述孔子之語。每句話結尾都有「也」字，令人想見孔子說話時的神氣。孟莊子的父親孟獻子，本姓仲孫，以其先祖慶父弒君，因而諱稱孟氏。孟獻子有賢德，孟莊子能用其臣，守其政，自可稱為孝順。曾子所以如此轉述，一則見其重視孝道，一則見當時當權者往往改於父之道，對於先人的舊臣舊業往往棄而不顧。《中庸》說：「夫孝者，善繼人之志，善述人之事者也。」能夠好好繼承、延續先人的志業，當然是難能可貴的。

第19章

孟氏使陽膚❶為士師，問於曾子。曾子曰：「上失其道，民散久矣。如得其情，則哀矜而勿喜❷。」

【校注】

❶陽膚為士師——陽膚，曾子的學生。他後來當法官，掌管法律訴訟之事。士師，官名，即掌管法律訴訟之事。

❷哀矜而勿喜——表示同情，不可幸災樂禍。

【直譯】

孟氏派陽膚做了法官，來向曾子請教。

曾子說：「在上位的人，失去了教養的法則，民心離散已經很久了。如果能夠查出犯案的實情，一定要表示同情而不要沾沾自喜。」

【新繹】

此章記曾子教學生從政判案時，要體恤民情。當法官判案，發現有人犯了罪，應該哀矜勿喜。因為「上失其道」，教之無方，人民才會乖離情義，干犯法令。因此非窮凶極惡之人，他們的犯法，一般而言，不是迫於不得已，就是陷於不自知。判案時，一定要有同情憐憫之心，仔細查究事實，千萬不可幸災樂禍。如果能夠查得實情，也不要沾沾自喜。因為那只是盡了自己的本份職責而已。

第20章

子貢曰：「紂之不善，不如是之甚也。是以君子惡居下流，天下之惡皆歸焉。」

【直譯】

子貢說：「紂王的無道，不像現在傳說的這麼厲害呀。因此君子厭惡處在卑污下流的地方，使天下的惡名都集中到他身上來。」

【新繹】

商紂暴虐無道，成為千夫所指、惡名所聚的對象，很多不是他做的壞事，也都說是他的惡行。子貢不是同情商紂，而是藉此警惕世人千萬要自愛，不可犯過不改，成為千夫所指的惡人。

第21章

子貢曰：「君子之過也，如日月之食❶焉。過也，人皆見之；更❷也，人皆仰之。」

【校注】

❶ 日月之食——日、月的虧蝕。即日蝕和月蝕。食，同「蝕」。

❷ 更——變更、改變。這裡是改過的意思。

【直譯】

子貢說：「在上位者的過失，好像日月的虧蝕。有過失，人人都看到它；改正了，人人都敬仰他。」

【新繹】

子貢說道理，善於譬喻。此章記他用日蝕月蝕來比喻君子所犯的過失，一則說明君子犯過錯，是極少見的，二則說明君子一旦犯了過錯，不會文飾掩蓋，所以誠心改過之後，仍然會得到別人的尊敬。上文引用過孔子所說的「過則勿憚改」之類的話，其道理亦即在此。

第22章

衛公孫朝❶問於子貢曰：「仲尼焉學？」

子貢曰：「文、武之道❷，未墜於地，在人❸。賢者識其大者，不賢者識其小者，莫不有文、武之道焉。夫子焉不學？而亦何常師之有？」

【校注】

❶ 衛公孫朝——衛國的大夫。春秋時代，魯國、楚國、鄭國、衛國都有名叫公孫朝的人，所以冠上「衛」字來區別之。

❷ 文武之道——周文王、武王的禮樂教化和典章制度。

❸ 在人——還在人間。

【直譯】

衛公孫朝向子貢問道：「仲尼在哪裡求得學問的？」子貢說：「周文王、武王的大道，並沒有失落到地下，還在人間流傳。賢明的人記得它的大綱，不賢明的人記得它的細節，人間處處莫不保有文王、武王的大道。我們老師哪裡不能求學呢？而且又何必要有固定的老師呢？」

【新繹】

此章記子貢回答衛國公孫朝之問，孔子為何如此博學。一般而言，古人求學，必有專師，所以公孫朝有此一問。子貢的回答，是說孔子學無常師，古代如周文王、武王時代流傳下來的典章制度、禮樂文明等等，大家都還可以接觸得到，孔子當然也可以從中學習。除此之外，孔子到處留心，所謂「三人行，必有我師焉」，「賢者識其大者，不賢者識其小者」，換言之，就是轉益多師，博古通今。子貢把孔子的求學態度方法，詮釋得很得體，推崇備至，啟人深思。

第23章

叔孫武叔❶語大夫於朝，曰：「子貢賢於仲尼。」

子服景伯❷以告子貢。

子貢曰：「譬之宮牆，賜之牆也及肩，窺見室家之好；夫子之牆數仞❸，不得其門而入，不見宗廟之美，百官❹之富。得其門者或寡矣；夫子❺之云，不亦宜乎？」

【校注】

❶ 叔孫武叔——魯國的大夫。姓叔孫，名州仇。「武」是謚號。

❷ 子服景伯——已見〈憲問篇〉第三十六章。

❸ 仞——音「任」，周代測量的名稱。七尺（或八尺）為一仞。

❹ 百官——眾官員。這裡指各式各樣的房舍。俞樾《群經平議》說：「官、館，古同字。」

❺ 夫子——那老人家。上面的夫子指孔子，這個夫子指叔孫武叔。

【直譯】

叔孫武叔在朝廷上告訴大夫們說：「子貢的賢明超過仲尼。」

子服景伯把這話告訴子貢。

子貢說：「把它比喻成房屋的圍牆：我端木賜的圍牆只到肩膀高，可以探望到房子的美好；我們老師的圍牆有幾丈高，假使不能找到它的門戶進去，就不能看到宗廟的宏美，各種建築的富麗。能夠找到門戶的人或許太少了；武叔他老人家所說的話，不是也很自然嗎？」

【新繹】

此章記子貢推崇孔子的偉大，自己遠遠不如。子貢說道理，一向善於譬喻，此章用居室建築來說明人格學問，令人印象深刻。

第24章

叔孫武叔毀仲尼。

子貢曰：「無以為也。仲尼不可毀❶也。他人之賢者，丘陵也，猶可踰也；仲尼，日月也，無得而踰焉。人雖欲自絕，其何傷於日月乎？多見其不知量❷也。」

【校注】

❶ 毀——詆毀、毀謗。

❷ 不知量——不自量力。

【直譯】

叔孫武叔毀謗仲尼。

子貢說：「不可以這樣做啊。仲尼是不可以毀謗的呀。別人的賢明，就像丘陵，還可以超越呀；仲尼，就像日月，沒有人可能超越它的。人即使想要自己隔絕日月的光明，那又怎麼能損害到日月呢？只是多顯示他自己不知量力罷了。」

【新繹】

此章與上章一樣，都記述魯國大夫叔孫武叔在子貢面前批評孔子，而子貢則一直維護老師，盛推孔子的崇高偉大。他把孔子比喻為日月，是非常恰當的。有人說：「天不生仲尼，萬古如長夜。」孔子真的像日月一般，光華普照大地，千百年來，一直受到後人的肯定和歌頌。例如宋人辛棄疾也以「日月光中行坦途」，來詮釋孔孟之道，有如日月之光，即是一例。

第25章

陳子禽❶謂子貢曰：「子為恭也，仲尼豈賢於子乎？」子貢曰：「君子一言以為知，一言以為不知，言不可不慎也。夫子之不可及也，猶天之不可階而升❷也。夫子之得邦家者，所謂立之斯立，道之斯行，綏之斯來❸，動之斯和。其生也榮，其死也哀，如之何其可及也？」

【校注】

❶ 陳子禽——即陳亢，已見〈學而篇〉第十章。但有人以為不是，另有其人，只是姓名相同而已。

❷ 階而升——沿著階梯拾級而上。古人由階而升堂，這裡把孔子比為上天，高高在上，不是升階上臺那樣就可以企及的。

❸ 綏之斯來——綏，安撫。之，指人民。是說用仁政來安撫百姓，他們自然就會歸附。

【直譯】

陳子禽對子貢說：「您是客氣的啊，仲尼難道好過您嗎？」

子貢說：「君子一句話就可以顯示聰明，一句話就可以顯示不聰明，說話是不可以不謹慎的呀。我們老師的不可及，就像上天的不能用階梯爬上去呀。我們老師假使能得到諸侯、卿大夫的地位，那就如人們所說的：要樹立百姓就能樹立起來，要引導百姓就能向前進行，要安定百姓他們就會來歸附，要勞動百姓他們就會團結。他活的時候大家尊崇，死的時候大家悲痛，別人怎麼能夠趕得上呢？」

【新繹】

此章和前面二章都是記子貢稱頌孔子偉大之辭，比喻為宮牆、日月、天，都是形容孔子的崇高偉大，俱非人所能及。孔子死後，子貢曾經相魯執政，頗有政績，所以有人以為他賢於孔子。子貢再三為老師辯護，其為人之恭謹，概可想見。

陳子禽，前人都說即陳亢，是孔子或子貢的學生。但也有人懷疑此章所說的陳子禽，另有其人。因為在子貢的面前，批評孔子，稱「仲尼」，就古代的學生而言，是幾乎不可能之事。

【二十】 堯曰篇

本篇共三章，記述堯、舜、三代聖王及孔子之語，闡述天命政教之美，可以垂訓後世。據何晏《論語集解．敘》說：西漢初年，出自孔府壁中的《古文論語》，將本篇第二章「子張問於孔子」以下另立一篇，亦稱「子張篇」，故全書二十一篇；《魯論語》則無最後「不知命」一章（康有為以為當是《齊論語》），故本篇只列兩章。本篇所記堯、舜、湯、武之事，與其他各篇記述的問答之辭，頗不相同，朱熹《朱子語類》卷五十就認為這應該是：「夫子誦述前聖之言，弟子類記於此。」錢穆的《論語新解》更進而「疑此章乃戰國末年人意見」。

第1章

一

堯曰：「咨❶！爾舜！天之曆數在爾躬❷，允執厥中❸。四海困窮，天祿❹永終。」

二

舜亦以命禹。

三

曰：「予小子履❺，敢用玄牡❻，敢昭告于皇皇后帝❼：有罪不敢赦，帝臣不蔽，簡❽在帝心。」

「朕❾躬有罪，無以萬方；萬方有罪，罪在朕躬。」

四

周有大賚❿，善人是富。「雖有周親⓫，不如仁人。百姓有過，在予一人。」

五

謹權量，審法度，修廢官，四方之政行焉；興滅國，繼絕世，舉逸民，天下之民歸心焉。

所重：民、食、喪、祭。

六

寬則得眾，信則民任焉，敏則有功，公則說⓬。

【校注】

❶咨爾舜——咨，音「姿」，語首感嘆詞。古代皇帝的誡命之辭。爾舜，你舜啊。堯誡命舜時的稱謂。

❷曆數在爾躬——曆數，原是推算天文星象節氣的用語，此指天命朝代更替的順序、次第。在爾躬，在你身上。意思是：由你主導了、輪到你做帝王了。

❸允執厥中——允執，誠實把握。厥中，那不偏不倚的中道。

❹天祿——上天賜給的名位。指帝位。

❺予小子履——履，商湯名。予小子，商湯的自謙之詞。

❻玄牡——毛色玄黑的公牛。商朝初襲夏制，祭祀時尚黑，後來才尚白。牡，音「母」，指公牛。

❼皇皇后帝——偉大的上帝。皇皇，光明偉大。后、帝，古代都是帝王的尊稱。

❽簡——這裡作動詞用，檢閱、明白。

❾朕——音「振」，我，上古自稱之詞。秦始皇以後，才改為皇帝的專稱。

❿大賚——指周武王克商之後，大封諸侯之事。賚，音「賴」，賞賜。

⓫周親——至親。

⓬寬則得眾四句——漢石經、皇侃《義疏》本無「信則民任焉」一句。「公則說」，皇侃本「說」上有「民」字。說，同「悅」。

【直譯】

一

堯說：「啊！你舜啊！天命的順序落在你身上了，要確實地掌握那中正之道。如果天下百姓困苦貧窮，上天給你的祿位便將永遠終止了。」

二

舜（讓位給禹時）也拿這些話來告誡禹。

三

（商湯）說：「我小子履，大膽的用黑色的公牛來獻祭，大膽的明白報告給光明偉大的上帝：有罪的人，我不敢赦免；上帝的賢臣，我也不敢蒙蔽，這些都清清楚楚在您心裡。」「我本身有罪，不要牽累到萬方百姓；萬方百姓有罪，罪在我自己身上（由我承擔）。」

四

周朝得到上天大大獎賞，賢人這樣眾多。（周武王說：）「雖然有至親，卻不如有外姓仁德的賢人。百姓要是有過錯，過錯都在我一個人身上。」

五

統一度量衡的標準，審定法律制度，恢復廢棄的官職，四方的政令便能通行了；復興被滅亡的國家，延續已斷絕奉祀的宗族，提拔被遺落民間的隱逸人才，天下的百姓就會歸順向心了。

所重視的是：人民、糧食、喪禮、祭祀。

六

寬厚就能得到群眾，誠實就能取得人民信任，勤敏就會有成績，公正就能使人民心悅誠服。

【新繹】

此章記敘二帝三王之事，歷述堯、舜、禹、湯、文、武的禪讓、征伐等政績。茲依其內容分為六節說明如下：

第一節記帝堯禪讓帝舜時的訓誡之辭。第二節說後來帝舜禪讓時，亦以此命禹。「天之曆數」四句，散見《古文尚書．大禹謨》中，而不見於〈堯典〉。〈大禹謨〉是後人偽託之作，並非大禹時所留傳的文獻，所以後人對此節所記，或疑是根據上古傳說而成，未必真實。

第三節所記的這段話，因為下文有「予小子履」一句，「履」是商湯的名，所以知道這段話應是商湯所說。至於在什麼場合說的，有人以為：「簡在帝心」以上，是商湯討伐夏桀時的通告諸侯之辭，「簡在帝心」以下，是商湯的祈雨之辭。核對《古文尚書．湯誥篇》，字句雖有不同，但全視為商湯伐桀之後的誥辭，應無問題。

第四節記周初的政績。開頭二句，說周武王克商之後，大賚於四海，見《古文尚書．武成篇》，而「雖有周親」以下四句，則見於《古文尚書．泰誓篇中》，因為〈武成篇〉和〈泰誓篇〉，都見於《偽古文尚書》，所以上文所記，究竟是否後人偽託之辭，皆有待考定。

第五節以下，像是通論政治之道，與上文文體不類。「謹權量，審法度，修廢官」等數句，據《漢書．律曆志》引述，係孔子所言，但文字略有不同，而第六節「寬則得眾」等數句，核對上文〈陽貨篇〉第六章子張問仁，孔子所說的：「寬則得眾，信則人任焉，敏則有功，惠則足以使人。」文字亦大同小異，足見第五、六節，應是孔子的話語。

孔子所說的話，為什麼會和周武王以前的一些帝王的誥辭編在一起，現在已無從得知箇中原因。前人說此章「編簡絕亂」、「語皆零雜而無倫序」，則似貶抑太過。

第2章

子張問於孔子曰：「何如斯可以從政矣❶？」子曰：「尊五美，屏❷四惡，斯可以從政矣。」

子張曰：「何謂五美？」子曰：「君子惠而不費，勞而不怨，欲而不貪，泰而不驕，威而不猛。」

子張曰：「何謂惠而不費？」子曰：「因民之所利而利之，斯不亦惠而不費？擇可勞而勞之，又誰怨？欲仁而得仁，又焉貪？君子無眾寡，無小大，無敢慢，斯不亦泰而不驕乎？君子正其衣冠，尊其瞻視，儼然人望而畏之，斯不亦威而不猛乎？」

子張曰：「何謂四惡？」子曰：「不教而殺，謂之虐；不戒視成，謂之暴；慢令致期，謂之賊；猶之與人❸也，出納之吝❹，謂之有司❺。」

【校注】

❶ 何如斯可以從政矣——要怎麼樣才可以從政呢。何如，如何、怎麼樣。斯，才。

❷ 屏——音「丙」，排除、摒棄。

❸ 猶之與人——同樣分財物給人民。猶之，均之、把財物分給別人的意思。

❹ 出納之吝——出手交給別人時卻捨不得。出納，偏義複詞，偏重在「出」。

❺ 有司——古代官吏的通稱。此指過於謹慎的小吏。

【直譯】

子張向孔子請教說：「怎麼樣才可以從事政治呢？」孔子說：「尊尚五種美德，摒棄四種缺點，就可以從事政治了。」

子張說：「什麼叫做五種美德？」孔子說：「君子給人恩惠卻不浪費，勞動人民卻不招怨，有欲望卻不貪求，安泰卻不驕傲，威嚴卻不兇猛。」

子張說：「什麼叫做給人恩惠卻不浪費？」孔子說：「順著人民能得便利的地方就便利他們，這不也就是給人恩惠卻不浪費嗎？選擇可以勞動的時間而勞動他們，又有誰會怨恨？想要仁德就得到仁德，又哪裡是貪求？君子不論多的少的，不論小的大的，都不敢怠慢，這不也就是安泰卻不驕傲嗎？君子端整他的衣帽，莊重他的觀瞻，嚴肅的樣子使人看了就怕他，這不也就是威嚴卻不兇猛嗎？」

子張說：「什麼叫做四種缺點？」孔子說：「不曾教導便加殺戮，就稱它為殘酷；不曾告誡便要成效，就稱它為急暴；遲下命令卻限定完成日期，就稱它為迫害；同樣是要分送給人的東西，出手時吝惜它，就稱它為小家氣。」

【新繹】

此章記述孔子向子張說明為政的道理。《古文論語》把此章以下別立一篇，篇名仍題「子張」，因此全書二十一篇。同一本書有兩篇〈子張篇〉，大可不必。

在《論語》一書中，孔子回答為政之道，以此章所說的五美四惡，最為詳盡，與上章所記帝王之治，正好可以互相對照。

第3章

孔子曰：「不知命，無以為君子也；不知禮，無以立也；不知言，無以知人也。」

【直譯】

孔子說：「不懂得天命的道理，沒有辦法成為君子呀；不懂得禮節的重要，沒有辦法立足社會呀；不懂得言論的究竟，沒有辦法辨識人才呀。」

【新繹】

此章記述孔子以為知命、知禮、知言是君子必備的三項基本常識。知命用以修養自己的心性，知禮用以端正自己的行為，知言則用以辨識別人的好壞，這是做人處事最基本的道理。尤其是在上位的君子，無論是自修或治人，都必須從這幾方面做起。

有人說《論語》以此終篇，足見此章所言為人之大道，非常重要。但《魯論語》原來是沒有此章的，因此我們以為不獨此章重要，《論語》其他的各篇各章，其實都一樣重要。

孔子年表簡編

一歲（魯襄公二十二年，周靈王二十一年，西元前五五一年）

・孔子名丘，字仲尼，生於魯國陬邑（今山東省曲阜市東南）。一說，生年為魯襄公二十一年。據近代學者用春秋曆法及天文學計算方法推算，以前說為是。

三歲（魯襄公二十四年，周靈王二十三年，西元前五四九年）

・孔子父親叔梁紇去世。叔梁紇，曾任陬邑大夫。遠祖相傳為殷人之後、宋國始祖微子啟的弟弟微仲衍。

八歲（魯襄公二十九年，周景王元年，吳王餘祭四年，西元前五四四年）

・吳國公子季札到魯國訪問，參觀魯國所保存的周朝禮樂。

・弟子冉耕（冉伯牛）生。

十歲（魯襄公三十一年，周景王三年，西元前五四二年）

・孔子幼童時，就「常陳俎豆，設禮容」，玩一些與祭祀行禮有關的遊戲。見《史記・孔子世家》。

・弟子子路（仲由、季路）生。

十二歲（魯昭公二年，周景王五年，晉平公十八年，西元前五四〇年）

・晉國韓宣子到魯國訪問，讚嘆：「周禮盡在魯矣。」

・弟子漆雕開生。

十五歲（魯昭公五年，周景王八年，西元前五三七年）

・孔子自稱：十五歲就有志於學。見《論語・為政篇》。下同。

・魯國三家（三桓）分掌國政，季孫氏權力最大。

十六歲（魯昭公六年，周景王九年，鄭簡公二十六年，西元前五三六年）

・孔子母親顏徵在（顏氏季女，名徵在）在這一兩年內去世。

・弟子閔子騫（閔損）生。

・鄭國子產（公孫僑）執政，立謗政，鑄刑書。鄭國大治。

十七歲（魯昭公七年，周景王十年，楚靈王六年，西元前五三五年）

・孔子自稱：「少也賤，故多能鄙事。」見《論語・子罕篇》。

・季平子（季孫意如）宴請士人，孔子前往參加，被季氏家臣陽貨拒於門外。

・孟僖子隨魯昭公訪問楚國，不知如何相禮行儀。

十九歲（魯昭公九年，周景王十二年，宋平公四十三年，西元前五三三年）

・孔子娶宋國人亓官氏為妻。二人家世背景相同，祖先都由宋遷居於魯。

二十歲（魯昭公十年，周景王十三年，西元前五三二年）

・孔子約自此年起，擔任委吏（管理倉庫）、乘田（管理牲畜），並嘗以助祭、助喪為業，故自稱：「吾不試，故藝。」

・子孔鯉生。

二十三歲（魯昭公十三年，周景王十六年，楚靈王十二年，西元前五二九年）

・楚國內亂。楚靈王自盡，楚平王繼位。為穩定政權，楚國前年消滅的蔡國及四年前所消滅的陳國，都恢復其國。

二十七歲（魯昭公十七年，周景王二十年，西元前五二五年）

・郯國國君郯子來朝魯國，因熟知古代官制，孔子從學請益。問樂於師襄子。

三十歲（魯昭公二十年，周景王二十三年，西元前五二二年）

・孔子自稱：「三十而立」。立者，立於禮，立足於世。孔子開始設教授徒，琴張似已從遊。

・弟子仲弓（冉雍）、冉求（冉子）、宰我（宰予）、澹臺滅明（子羽）生。

三十一歲（魯昭公二十一年，周景王二十四年，西元前五二一年）

・弟子顏回（顏淵）、高柴（子羔）、宓不齊（子賤）、巫馬施（子旗）生。

・早期弟子顏路、曾點、冉耕、子路、閔子騫等，當在此年前後受教。

三十二歲（魯昭公二十二年，周景王二十五年，西元前五二〇年）

・弟子子貢（原名端木賜，故字作子贛。賜、贛同義）生。

・周景王死，悼王立，被殺，由周敬王繼位。王子朝據王城雒邑叛，三年才平息。

三十四歲（魯昭公二十四年，周敬王二年，西元前五一八年）

・孟僖子臨終前，囑咐二子孟懿子、南宮敬叔，須向孔子學禮。南宮敬叔遂上書魯君，願偕孔子適周學禮。史稱孔子問禮於老聃，問樂於萇弘，當於此一、二年內。

• 弟子有若（子有）生。

三十五歲（魯昭公二十五年，周敬王三年，西元前五一七年）

• 魯國三桓擅權悖禮，僭用天子儀節。不但祭祖撤饌時唱天子所專有的〈雍〉詩，而且季氏在家祭時，也在庭中陳列天子所專有的八佾舞，這些都讓孔子覺得：「是可忍也，孰不可忍也！」所以這年九月，昭公想奪回政權，討伐季氏，季平子帶兵率同孟氏、叔氏攻打昭公，魯國發生內亂時，魯昭公出奔齊國，齊景公安置於鄆（今山東省鄆城縣東）。孔子也前往齊國。

三十六歲（魯昭公二十六年，周敬王四年，齊景公三十二年，西元前五一六年）

• 孔子住在齊國，依高昭子。齊景公曾多次向他問政，也曾考慮封地給他，但都被大臣晏嬰阻止了。

• 在齊期間，孔子曾與齊國樂官談論音樂之道，也曾聽到古代《韶》雅樂，說是「三月不知肉味」。

三十七歲（魯昭公二十七年，周敬王五年，齊景公三十三年，晉頃公十一年，西元前五一五年）

• 孔子因齊景公不能任用，於是取道回國。返魯途中，遇見吳公子季札為其子舉行喪禮。孔子知曉季札嫻熟禮儀，前往觀禮。一說孔子返魯，在魯定公即位之時。

• 弟子樊須（樊遲）、原憲生。

• 秋，晉頃公會諸侯於扈（今河南省原陽縣西），欲納魯昭公。

三十八歲（魯昭公二十八年，周敬王六年，晉頃公十二年，西元前五一四年）

• 春，魯昭公前往晉國，居於乾侯（今河北省成安縣東南）。

四十歲（魯昭公三十年，周敬王八年，西元前五一二年）

• 孔子自稱：「四十而不惑。」〈子罕篇〉曾說：「知者不惑」，可知「不惑」指「知」而言。〈季氏篇〉又說：「知」有「生而知之者」，有「學而知之者」。可知此是孔子自謙學有所成之意。他所說的「學」，兼指學識與品德二者。

四十二歲（魯昭公三十二年，周敬王十年，晉定公二年，西元前五一〇年）

• 十二月，魯昭公病死於晉國的乾侯。半年後，季平子立昭公弟（公子宋），是為魯定公。昭公靈柩運回魯國，季平子命其與魯國先君分葬。

四十五歲（魯定公三年，周敬王十三年，西元前五〇七年）

• 郳國大夫經由孟懿子介紹，向孔子請教冠禮。

• 弟子子夏（卜商）生。

四十六歲（魯定公四年，周敬王十四年，西元前五〇六年）

• 孔子此數年間，無意出仕，專心於《詩》、《書》及禮、樂的整理工作。從學求教的弟子越來越多。仲弓、冉求、宰我、顏回、子貢當於此年後幾年間從孔子受教。

• 弟子子游（言偃）生。

四十七歲（魯定公五年，周敬王十五年，西元前五〇五年）

• 季平子逝世，季桓子繼位。季桓子鑿井，得一羊形古物，請孔子鑑定。

• 弟子曾參（曾子）生。

・季氏家臣陽貨當權得勢，竟囚禁季桓子。十月殺其族人，後與季桓子結盟，主導國政。

四十八歲（魯定公六年，周敬王十六年，鄭獻公十年，西元前五〇四年）

・陽貨伴隨魯定公侵略鄭國，佔有匡邑（今河南省長垣縣西南）。八月，陽貨又與魯定公及三家盟於周社，與國人盟於亳社，並在五父之衢祭神。所以孔子在〈季氏篇〉中感嘆說這是：「陪臣執國命」。

四十九歲（魯定公七年，周敬王十七年，西元前五〇三年）

・陽貨欲見孔子，孔子不見。此事當在這一、二年之間。

・弟子子張（顓孫師）生。

五十歲（魯定公八年，周敬王十八年，西元前五〇二年）

・孔子自稱：「五十而知天命。」天命，指上帝天神的意旨和命令。〈季氏篇〉說：「君子有三畏：畏天命，畏大人，畏聖人之言。」〈堯曰篇〉也說：「不知命，無以為君子也；不知禮，無以立也；不知言，無以知人也。」對照這兩段話，可知「三十而立」與「禮」有關，「四十而不惑」與「知言」有關，而「五十而知天命」則與「君子」有關。五十而知天命，即孔子自信五十歲已成德，所謂「君子」。

・陽貨想要剷除三家勢力，取而代之。季氏家臣公山弗擾佔據費邑，以為內應，曾召孔子，孔子原想前往，後因子路反對，沒有成行。這年冬天，季桓子有所警覺，陽貨陰謀未能得逞，反被三家驅逐，敗走陽關，次年逃到齊國，最後投奔晉國趙簡子。

五十一歲（魯定公九年，周敬王十九年，西元前五〇一年）

‧陽貨敗逃後，孔子才出仕，任中都（今山東省汶上縣西，一說中都即中城，指魯都曲阜）宰。頗著政績。

五十二歲（魯定公十年，周敬王二十年，齊景公四十八年，西元前五〇〇年）

‧孔子由中都宰升任小司空，屬下大夫之職，掌管魯國工程事務。不久又升為魯司寇，是最高司法首長，位同卿大夫。任內強調教化，反對濫刑。傳說孔子曾攝相國七日，有誅少正卯之事，不可盡信。

‧齊、魯國君會於夾谷（今山東省萊蕪縣南）。孔子赴會相禮。會後，齊景公歸還所侵魯國的汶陽等地。齊大臣晏嬰卒。

‧叔孫氏（三家之一）家臣侯犯據郈邑（今山東省汶上縣北）叛亂。孔子憂三家之亂政。

五十四歲（魯定公十二年，周敬王二十二年，西元前四九八年）

‧孔子為魯司寇，子路為季氏宰。一說孔子曾以大司寇攝行相事，誅少正卯。

‧孔子以為古制，「邑無百雉之城」，季孫的費邑（今山東省費縣西北）、叔孫的郈邑（今山東省汶上縣北）、孟孫的成邑（今山東省寧陽縣東北），都超越規制，因此請魯定公「皆損之」，並由當時擔任季氏宰的子路去執行。這就是所謂「墮三都」。結果孟孫氏強烈反對，季桓子和叔孫氏也虛與委蛇，因此功敗垂成。子路因此不再續任季氏宰。

五十五歲（魯定公十三年，周敬王二十三年，齊景公五十一年，衛靈公三十八年，西元前四九七年）

‧此年前後，季桓子接受齊國饋贈的女樂和好馬，同時魯定公郊祭後也沒有分送祭肉給孔子。因此孔子以為君臣都荒怠政事，於是離開魯國，前往衛國。從行弟子有顏回、子路、子貢、冉求等。起先孔子受到歡迎，邊境守吏稱孔子為木鐸，衛靈公及其夫人南子也頗禮遇。他們在衛國住了十個月。

五十六歲（魯定公十四年，周敬王二十四年，衛靈公三十九年，陳湣公六年，西元前四九六年）

‧孔子見衛靈公夫人南子，子路不悅。

‧孔子在衛國受到權臣排斥，於是帶弟子前往陳國。途經匡邑時，被誤認為陽貨（陽貨曾率軍攻打該地），受到包圍；途經蒲邑時，又遇到衛國大夫公孫戍叛亂，情況都非常危險，所以孔子師生又折返衛國。孔子借住大夫蘧伯玉家。

五十七歲（魯定公十五年，周敬王二十五年，衛靈公四十年，西元前四九五年）

‧衛靈公及其夫人南子，曾以副車載孔子、宦官雍渠出遊，招搖過市。孔子恥之，批評靈公好色。因此又回到魯國。這年五月，魯定公逝世，魯哀公繼位。

五十八歲（魯哀公元年，周敬王二十六年，西元前四九四年）

‧吳王夫差已繼位，打敗越王勾踐，獲得一特大的骨節，曾派人到魯國向孔子請教。

‧當時天下大亂，吳越相爭，六家分晉，互相攻伐，永無寧日。孔子又前往衛國，曾擬赴晉國訪趙簡子，已到黃河岸邊，聽說趙簡子剛殺死竇鳴犢、舜華二賢人，就作罷了。

五十九歲（魯哀公二年，周敬王二十七年，西元前四九三年）

‧衛靈公問兵陣之事，孔子答：「軍旅之事，未之學也。」夏，衛靈公逝世，子孫爭位，後由其孫輒繼位，是為衛出公。

- 孔子離開衛國，經曹國到宋國。曹未接待，宋景公則對孔子建言不感興趣。宋國司馬桓魋還因不堪孔子批評，曾派兵想殺害孔子。孔子、子貢等師生一行人易容間道，急累如喪家之狗，才能逃到鄭國稍作停留。
- 晉國正卿趙簡子攻打范氏、中行氏，佛肸據中牟（今河北省境內）叛。佛肸使人召請孔子。孔子欲往，子路阻之。

六十歲（魯哀公三年，周敬王二十八年，陳湣公十年，宋景公二十五年，西元前四九二年）

- 孔子自稱：「六十而耳順。」鄭玄注：「耳聞其言，而知其微旨。」〈堯曰篇〉所謂：「不知言，無以知人也。」耳順者，不但知言，而且知人。五十歲以前之「立」、「不惑」、「知天命」，皆就自身修持而言，此「耳順」乃有待人知人之意。耳順者，成德之謂也。
- 孔子被桓魋追殺時，曾說：「天生德於予，桓魋其如予何？」逃到鄭國東門時，聽子貢說有人笑他們如喪家之狗，竟然不生氣，還「欣然笑曰：形狀末也；而似喪家之狗，然哉？然哉！」耳順之義，可由此得之。
- 孔子由鄭國到了陳國。起先住在司城貞子家。當時陳湣公在位，奉為上賓。孔子在陳，聞魯火災。
- 秋，魯國季桓子卒於此年，臨終交代季康子務須召回孔子以興魯邦之事，亦當在此時或稍後不久。

六十一歲（魯哀公五年，周敬王三十年，西元前四九〇年）

- 孔子來往陳國、蔡國之間。並曾到楚國附庸葉邑（今河南省境內），與葉公等人見面。

六十三歲（魯哀公六年，周敬王三十一年，楚昭王二十七年，陳湣公十三年，衛出公四年，西元前四八九年）

・孔子應楚昭王之聘，與子路、顏回、子貢、宰我等，取道陳、蔡之間，前往楚國。在負函（今河南省信陽市）附近，被陳、蔡大夫圍困荒野之中，情勢非常危急。最後子貢赴楚求救，楚昭王派兵來接，才得脫困。

・孔子派宰我見楚昭王，進退得宜。昭王想分封土地給孔子，為令尹子西反對，作罷。秋，昭王病卒。

・孔子由楚經陳返衛。遇見楚狂接輿、長沮、桀溺、荷蓧丈人等隱士，當在此一、二年之間。

六十四歲（魯哀公七年，周敬王三十二年，衛出公五年，西元前四八八年）

・衛出公有意任用孔子。孔子答子路何為首要政務，說：「必也正名乎！」似乎針對衛靈公之失道、衛出公父子之爭位，有感而發。

・子貢等弟子先回魯國。夏，魯吳盟於鄫，季康子派子貢回報吳太宰嚭，說以周禮。

六十五歲（魯哀公八年，周敬王三十三年，吳王夫差九年，西元前四八七年）

・孔子在衛。〈先進篇〉：「從我於陳、蔡者，皆不及門也。」當為此時孔子有感而發。

・三月，吳王夫差攻打魯國，兵敗而歸。孔子弟子有若參與此役。

六十七歲（魯哀公十年，周敬王三十五年，西元前四八五年）

・孔子之妻亓官氏去世。

六十八歲（魯哀公十一年，周敬王三十六年，西元前四八四年）

・孔子自衛返魯。從此結束遊宦生活，專心編書教學。所謂「自衛反魯，然後樂正，雅頌各得其所」，所謂「讀《易》，韋編三絕」，並開始著手編著《春秋》。

・晚年所收弟子子夏、子游、曾參、子張等，當於此年前後從孔子受教。子夏、子游、子張俱非魯國人。

・孔子返魯之後，魯哀公、季康子常問政求教。孔子弟子如冉求、子路、子貢等，亦多出仕，任季氏家臣。此年齊國攻魯，冉求即曾為季氏率左師擊退齊軍。

六十九歲（魯哀公十二年，周敬王三十七年，西元前四八三年）

・子孔鯉卒（一說明年），年五十。孫孔伋生。

・魯昭公夫人孟子卒。孔子往弔。

・孔子不滿弟子冉求、子路為季氏家宰，季氏擬加重賦稅，擬發兵攻打顓臾，冉求等人都未曾諫阻，孔子為此非常生氣，告訴門下弟子說：「非吾徒也！小子鳴鼓而攻之，可也。」

七十歲（魯哀公十三年，周敬王三十八年，西元前四八二年）

・孔子自稱：「七十而從心所欲，不踰矩。」有人斷句為：「七十而從心，所欲不踰矩。」從心所欲，人人盡能，難在不踰矩。能從心所欲，順乎自然而不逾越規矩，此不止「君子」而已。豈聖人乎！

・吳王夫差會諸侯於黃池（今河南省封丘縣西南）。越王趁虛攻入吳都。

七十一歲（魯哀公十四年，周敬王三十九年，齊簡公四年，西元前四八一年）

・春，孔子聽說叔孫氏西狩，車士捕獲怪獸，孔子去看，原來是麒麟。孔子非常哀慟，哭道：「吾道窮矣！」當時他正編寫《春秋》，在此年頭寫「西狩獲麟」，就此擱筆。

- 得意弟子顏回去世。孔子非常哀傷，嘆道：「天喪予！」
- 齊國大夫陳成子（陳恆，一名田常）弒齊簡公，立簡公弟，是為齊平公，陳成子自立為相。孔子聽到齊簡公被殺的消息，馬上齋戒沐浴，立刻上朝奏請魯哀公出兵討伐。可是哀公卻要孔子去向季氏等三家報告。〈憲問篇〉有相關記述。

七十二歲（魯哀公十五年，周敬王四十年，衛莊公元年，西元前四八〇年）

- 衛國發生政變。此年衛國執政孔文子死後，由其子孔悝繼任。孔悝被蒯聵（衛靈公長子，衛出公之父。因得罪南子，被靈公驅逐在外）脅迫，承認蒯饋回齊即位，是為衛莊公；於是衛出公逃亡魯國。在這次政變中，子路因擔任孔悝的邑宰，為解救孔悝，入孔宅與人格殺，被剁成肉醬。孔子聽到這不幸消息，悲痛不已，把眼前準備食用的肉醬都倒掉了。

七十三歲（魯哀公十六年，周敬王四十一年，西元前四七九年）

- 四月己丑，孔子去世。據推算為夏曆二月十一日，西曆三月四日。葬於魯城之北，泗水之上，即今山東省曲阜市北。死後被追謚為「至聖先師」，尊稱為「萬世師表」，甚至神而明之，稱為「素王」。

參考書目舉要

- 《無求備齋論語集成》，嚴靈峰編，台北：藝文印書館，一九六六年
- 《論語古注》，馬國翰輯，台北：藝文印書館，一九六六年
- 《定州漢墓竹簡論語》（簡稱定州簡本），北京：文物出版社，一九九七年
- 《影印日本論語古鈔本三種》，高橋智、林嵩、吳國武等，北京大學出版社
- 《論語集解義疏》，皇侃，知不足齋叢書本
- 《經典釋文滙校》，黃焯校，北京：中華書局，二〇〇六年
- 《論語注疏》，邢昺，台北：藝文印書館《十三經注疏》本
- 《重刊宋本論語注疏校勘記》，阮元，台北：藝文印書館《十三經注疏》本
- 《四書章句集注》，朱熹，台北：世界書局本
- 《洙泗考信錄》，崔述，《續修四庫全書》本
- 《論語述何》，劉逢祿，《皇清經解》本
- 《論語說義》，宋翔鳳，《清經解、清經解續編》本
- 《論語正義》，劉寶楠，北京：中華書局，一九九〇年
- 《群經平議》，俞樾，台北：藝文印書館，一九六六年
- 《論語注》，康有為，北京：中華書局，一九八四年
- 《論語集釋》，程樹德，北京：中華書局，一九九〇年
- 《論語疏證》，楊樹達，上海：上海古籍出版社，二〇〇七年
- 《論語譯注》，楊伯峻，北京：中華書局，一九八〇年
- 《四書讀本》，蔣伯潛，杭州：浙江人民出版社，一九八六年
- 《論語今注今譯》，毛子水，台北：商務印書館，一九八四年
- 《論語臆解》，陳大齊，台北：商務印書館，一九六八年
- 《論語新解》，錢穆，香港：三聯書店，二〇〇二年
- 《論語通釋》，王熙元，台北：學生書局，一九八一年
- 《論語今讀》，李澤厚，天津社會科學院出版社，二〇〇七年
- 《論語通說》，高專誠，山西人民出版社，二〇〇四年
- 《論語歧解輯錄》，高尚榘主編，北京：中華書局，二〇一一年
- 《論語人物考》，諸橋轍次，東京：春陽堂書店，日本昭和十二年
- 《論語辭典》，安作璋主編，上海古籍出版社，二〇〇四年
- 《孔子辭典》，夏乃儒主編，上海辭書出版社，二〇〇八年
- 《孔子辭典》，傅佩榮主編，台北：聯經出版事業公司，二〇一三年
- 《論語二十講》，傅杰選編，北京：華夏出版社，二〇〇九年

人生三書 1

論語新繹

積極向上的生活態度

作者：吳宏一
主編：曾淑正
企劃：叢昌瑜
內頁設計：Zero
封面設計：丘銳致

發行人：王榮文
出版發行：遠流出版事業股份有限公司
地址：台北市中山北路一段十一號十三樓
郵撥：0189456-1
電話：（02）25710297
傳真：（02）25710197

著作權顧問：蕭雄淋律師
二〇一七年七月一日　初版一刷（印數：二〇〇〇冊）
二〇二三年十月十六日　初版三刷（印數：五〇〇冊；總印數：三六〇〇冊）
售價：新台幣五〇〇元

ISBN 978-957-32-8023-1（平裝）

YLib 遠流博識網 http://www.ylib.com
E-mail: ylib@ylib.com

國家圖書館出版品預行編目(CIP)資料

論語新繹：積極向上的生活態度／
吳宏一著. -- 初版. -- 臺北市：
遠流, 2017.07
面；　公分
ISBN 978-957-32-8023-1（平裝）

1. 論語　2. 注釋

121.222　　106009157